심령과학 시리즈 ②

영혼과 4차원 세계

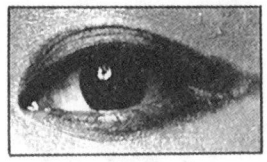

존 맥클린 / 저
안 동 민 / 역

瑞音出版社

영혼과 4차원 세계 • 차례

제1장 4차원의 세계란?

1. 차원(次元)이란 무엇인가? ——— 16
2. 미래는 어떻게 형성되는가? ——— 27

제2장 저주받은 영혼

1. 살아 있는 사람의 생령(生靈) ——— 34
2. 망령(亡靈)이 들러붙은 장식상자 ——— 42
3. 죽음을 부르는 라벤다의 향내 ——— 52
4. 파헤쳐진 마녀의 저주 ——— 57
5. 현대에 살아있는 마녀의 저주 ——— 65

제3장 현대에 나타난 과거

1. 유령전쟁의 소용돌이 속에 들어가다 ——— 76
2. 영웅반이 고백한 살인사건 ——— 83
3. 처자를 죽이는 유령현장을 촬영 ——— 91
4. 18년 전의 열차사고를 목격 ——— 97
5. 영화 속에 나타난 여자 유령 ——— 103

6. 모자(母子)를 습격한 문학자의 영혼 ——— 109
7. 결혼 전날 밤에 죽은 부인의 영혼 ——— 116

제4장 영혼의 수수께끼

1. 런던을 떨게 한 수수께끼의 소리 ——— 124
2. 유령비행사 기지로 돌아오다 ——— 132
3. 온실의 괴사(怪事) ——— 136
4. 선의(善意)에 가득찬 추악한 유령 ——— 141
5. 울부짖는 해골 ——— 145
6. 동숙자(同宿者)는 유령이었다! ——— 149
7. 영원한 미사를 드리는 유령신부 ——— 154

제5장 우주로부터의 침략자

1. 2천년 전에 그려진 우주인 ——— 162
2. 비행접시에 붙잡힌 부부 ——— 169
3. UFO는 지구에서 물을 보급한다 ——— 174
4. 모세는 외계인(外界人)이었다 ——— 178
5. 유럽을 습격한 외계인 ——— 183

제6장 현실속의 4차원 현상

1. 동시에 일어난 수상한 소사(燒死)사건 ——— 188
2. 증발된 에스키모 부락의 수수께끼 ——— 193
3. 바다를 건너온 열 아홉 송이의 장미 ——— 198
4. 저주받은 악마의 기관차 ——— 206
5. 푸른 난을 둘러싼 수수께끼 ——— 209
6. 불도저를 거부하는 신목(神木) ——— 216

제7장 인간의 불가사의

1. 독약과 총알에도 죽지 않는 사나이 ────── 222
2. 파라오의 장군이었던 교수 ────── 232
3. 가로웨이 동굴의 식인일가(食人一家) ────── 235
4. 벤·마구듀이 산의 잿빛 거인 ────── 240
5. 6년 동안 땅속에서 산 사나이 ────── 245
6. 어둠 속에서 나타난 수수께끼 소년 ────── 250

제8장 심령의 신비

1. 10년 뒤의 살인을 예고한 환영 ────── 256
2. 미래를 비쳐 주는 난로 ────── 267
3. 1천년 뒤의 대전을 투시한 소녀 ────── 274
4. 대서양을 비행한 심령 ────── 280
5. ESP를 증명한 사나이 ────── 284
6. 싸움터에서 허깨비를 본 병사 ────── 289
7. 미래를 두려워 하는 투시능력자 ────── 294

제 I 장
4차원의 세계란?

1. 차원(次元)이란 무엇인가?

 차원이란 움직이는 방향의 자유도(自由度), 그런 뜻으로 해석하면 됩니다. 영어에서는 디멘션(dimension)이라고 하지요. 우리들은 3차원까지의 차원을 아주 쉽게 인식할 수가 있습니다.
 우선 0차원(零次元)――이것은 기하학에서 말하는 점(點)입니다. 어느 평면(平面)에 점을 찍습니다. 실제로는 찍혀진 점에도 어떤 넓이가 있을 것이지만, 기하학에서는 이상화(理想化)하여 생각하기 때문에 점이라는 위치만을 갖고 있을 뿐 크기나 넓이는 갖고 있지 않은 것이라고 정의를 내립니다. 어떤 위치에 고정되어 있어 전혀 움직임이 없는 것이 0차원입니다.
 다음에 1차원, 이것은 기하학에서 말하는 선(線)입니다. 선은 위치와 방향을 갖고 있습니다. 이 선 위를 점은 자유스럽게 움직일 수가 있습니다. 그러나 그 방향으로만 움직일 뿐입니다.
 다음은 2차원, 이것은 기하학에서 말하는 면(面)입니다. 선이 가리키는 방향으로 직각으로 움직이는 그 자리가 면입니다.
 다음은 3차원, 이것은 기하학에서 말하는 입체(立體)입니다. 입체는 가로·세로·높이라는 3개의 차원을 갖고 있습니다.

교통기관의 예를 들어보면 선로 위를 달리기만 하는 전차는 1차원의 교통기관이라고 하겠지요.

다음은 자동차, 이것은 평면 위의 어디든지 갈 수 있기 때문에 2차원의 교통기관이라고 할 수 있지요. 그리고 비행기, 이것은 3차원의 교통기관이라고 할 수 있습니다. 높이라는 차원이 보태지기 때문이지요. 자동차의 핸들과 같이 좌우로 움직이게 하는 것만으로는 차원이 모자라기 때문에 비행기의 조종간은 앞뒤로도 움직일 수 있게 되어 있습니다. 앞으로 꺾으면 기수(機首)는 아래를 향하게 되고, 뒤로 꺾으면 기수는 위를 향하게 됩니다.

물질은 3차원

우리들의 몸과 책상, 집 따위는 모두가 3차원입니다. 그러니까 폭과 길이와 높이가 있는 것이지요. 그런데 또 하나의 차원(次元), 즉 4차원이라고 하는 것을 우리들은 생각할 수 있습니다.

4차원이란 길이와 폭과 높이에다가 시간이라는 차원이 더 있는 경우가 아닌가 합니다.

가령, 어떤 사람이 자기가 타려는 비행기가 사고로 추락하는 꿈을 꾸고 그 비행기를 타지 않았더니 나중에 그 사고가 실제로 일어났다는 그런 예가 많은데, 이것은 우리가 잠자는 동안에 4차원인 시간의 세계에 들어갔기에 미리 앞으로 일어날 일을 알게 된 좋은 예라고 하겠습니다.

이런 일은 나도 몇년 전에 경험한 일이 있습니다.

하루는 가까운 분들과 내 차로 계룡산을 가기로 했었는데 떠날 때쯤 해서 이상한 예감이 들었습니다. 그것은 지금은 모르지만 지금 이 차에 중대한 결함이 두 가지 있어서 이 차를 타고 가면 우리 일행 모두가 사고를 당하리라는 느낌이었습니다. 그리고 그 원인이 무엇인지는 내일 아침이면 알 수 있다는 생각이 들었던 것입니다.

그래서 나는 함께 가기로 한 일행들에게 차를 빌려 줄 수 없다고 말하고 대신 차비를 드렸습니다.

다음 날 아침이었습니다. 운전수가 와서 말하기를,

"선생님! 어제 우리 차로 안 가시기를 잘했습니다. 튜우브 뒷바퀴에 큰 못이 둘이나 박혀 있고, 라이반이 고장이 나서 기아 변속이 전혀 안됩니다."

라고 말하는 것이었습니다.

나는 일상생활에서 이런 경험을 거의 매일같이 하고 있습니다. 그래서 우리의 마음은 분명히 육체와는 차원이 다른 4차원적인 존재가 아닌가 하는 생각을 하게 되었습니다.

여기서 영국의 심령연구협회(心靈研究協會)가 엄밀하게 조사한 후, 수 많은 증인들의 말에 의하여 사실임에 틀림없다고 인정되고 있는 하나의 실례를 소개해 볼까 합니다.

영국의 어느 부인이 이런 꿈을 꾸었습니다.

"집에서 3마일 떨어져 있는 승마(乘馬) 길 위에 백부님이 시체가 되어 쓰러져 있었습니다. 백부님은 검은 홈스판의 양복을 입고 계셨고 근처에는 말이 서 있었습니다. 시체는 두 필이 끄는 농가의 마차에 실려서 집으로 운반이 되어 왔습니다. 마차 바닥에는 마른 풀들이 깔려 있었습니다. 도착한 마차에는 잘 아는 사람이 두 명 타고 있어서 시체를 이층으로 운반했습니다. 몸집이 굉장히 큰 백부님을 들어 올리는 것은 대단히 힘이 들었습니다. 그리하여 시체의 왼쪽 손이 늘어져서 계단을 올라올 때 난간에 부딪치는 것을 보았습니다."
　이 꿈을 꾸고 놀란 부인은,
　"이제부터 그 승마 길에서는 혼자서 말타지 않도록 하세요."
　라고 백부에게 말했습니다. 백부는 마부와 함께가 아니면 다시는 그 길 위에서는 말을 타지 않겠노라고 그녀에게 약속을 했습니다.
　2년이 지난 뒤, 부인은 다시 전에 꾼 것과 똑같은 꿈을 꾸었던 것입니다. 깜짝 놀란 부인은 백부가 약속을 깨뜨리고 그곳에서 마을 타고 있었다는 사실을 알고 백부를 책망했습니다.
　백부도 이 사실을 인정하고 사과를 하지 않을 수 없었습니다.
　4년 뒤 부인은 결혼을 하여 런던에 살고 있었는데, 머지 않아 첫 아이가 태어나려고 하였습니다. 그 무렵, 그녀는 또다시 앞서 두 번과 똑같은 꿈을 꾸었던 것입니다. 다만 이번 꿈에서는 부인이 백부의 집에 있지 않았고 런던에 있었으며 검은 옷을 입은 신사가 그녀의 침대 곁에 서서,
　"백부님이 돌아가셨습니다."
　라고 말한 것만이 들렸을 뿐이었습니다.
　2, 3일이 지난 뒤, 부인은 백부에게 편지를 썼습니다. 편지가 도착한 뒤 이틀 후에 정말 백부가 죽었다고 합니다.
　아버지가 검은 옷을 입고 부인의 방으로 들어오는 것을 보고 아버지가 뭐라고 이야기하기 전에 부인은,
　"백부님이 돌아가셨군요. 저는 모두 알고 있습니다. 여러 번 꿈을 꾸었거든요."

하고 외쳤다고 합니다. 뒤에 조사해 보니까 꿈은 모든 면에서 사실과 같았습니다. 시체의 손이 난간에 부딪친 것이며 시체를 운반한 두 남자의 이름까지도 같았습니다.

이 꿈은 6년 후에 일어날 일들을 정확하게 미리 알아 맞추었고 더우기 시체의 손이 난간에 부딪친다는 아주 세밀한 상황까지도 맞았던 것입니다.

이와 같이 우리들의 마음은 미래에 일어날 일을 거의 시간과는 관계없이 정확하게 알 수 있음을 알겠는데 이것은 도대체 무엇을 뜻하는 것일까요?

여기에서 또 하나 꿈에 얽힌 실화를 더 소개해 보도록 하겠습니다.

뉴욕에 사무소를 갖고 있는 프랭크·제임스씨는 아마도 이 세계에서 가장 분주한 사업가들 가운데 한 사람일 것입니다.

그는 사업때문에 나라 안은 물론이고, 중남미·유럽·아프리카·아시아 등에 자주 여행을 합니다. 여행할 때는 되도록 비행기를 이용했습니다.

그는 입버릇처럼,

"시간은 돈이다."

라고 말했듯이 조금이라도 빨리 갈 수 있는 비행기를 이용했던 것입니다.

"비행기만큼 안전한 교통수단은 없다."

라디오나 신문 등에서 배나 기차, 자동차 등의 사고가 난 이야기를 들을 때마다 그는 언제나 웃으면서 이렇게 말했던 것입니다.

그런 제임스씨가 상용(商用)으로 어느 날 아침 비행기로 샌프란시스코에 가게 되었습니다. 그 전날 그는,

"내일 아침은 일찍 떠나야 하니까……."

하면서 여느 때보다 일찍 사무소에서 나와, 집에 돌아오자 저녁식사도 드는둥 마는둥 하고 자리에 눕고 말았다고 합니다.

이로 부터 얼마나 시간이 지났는지 모릅니다.

"여보, 여보!"

하고 부인이 흔들어 깨우는 소리에 제임스씨는 잠에서 깨어났습니다.

"아까부터 몹시 잠꼬대를 하고 계셨는데 무엇인가 나쁜 꿈이라도 꾸신 것이 아니예요?"

부인은 제임스씨의 모습을 보고 걱정스럽게 물었습니다. 그의 온 몸에는 식은 땀이 잔뜩 흐르고 있었으니까요.

"정말 아주 끔찍스러운 꿈을 꾸었오. 어딘지 잘 모르겠는데 아주 넓은 곳을 젊은 여자가 나를 끌고가는 것이었오. 무엇때문에 끌려가는지 통 영문을 알 수가 없었오. 주위는 조용하고 아무도 눈에 띄지 않았오. 무시무시해서 도망치려고 했지만 도무지 발이 땅에 꼭 붙어서 떨어지지를 않는구려. 젊은 그 여자는 때때로 나를 보고 빙긋이 웃곤 하였는데, 그 눈초리의 차거움이란 온몸의 피가 한꺼번에 얼어붙는 듯하였오.

그런 식으로 얼마를 걸어가는 사이에 이윽고 13계단이 있는 곳에 이르렀오. 여자는 나에게 그 계단을 올라가라고 하지를 않겠오. 나는 그 계단이 무엇을 뜻한다는 것을 알고 있었오. 교수대로 통하는 계단이었오. 어째서 이 계단을 올라가야만 하는 것일까? 도대체 내가 무슨 잘못을 저질렀다는 것인가? 통 영문을 알 수가 없었오. 여자에게 물어보아도 그저 기분 나쁜 미소를 지을 뿐, 아무런 대답도 해 주지를 않는 것이었오. 아무리 도망치려고 해도 발이 땅에 붙어서 어쩔 수가 없는 것이었오. 큰 소리로 도움을 요청하려고 해도 전혀 목이 막혀서 소리가 나지 않았오. 바로 그때 당신이 나를 깨워 준 것이었오."

제임스씨는 방금 꾼 꿈을 생각한 것처럼 크게 한숨을 몰아 쉬었습니다.

"어머나! 참 기분나쁜 꿈이에요. 무엇인가 좋지 않은 일이 있으려나 보군요."

하고 부인도 불안스러운 듯이 중얼거렸습니다.

"아니, 걱정할 것은 없오. 조금 피곤해서 이런 이상한 꿈을 꾼 것일게요. 꿈은 몸이 피곤하면 꾸게 되는 것이라니까. 자 아 내일 아침은 일찍 일어나야 하니 조금이라도 더 자 두는 게 좋겠오."

제임스씨는 이렇게 말하고는 또 다시 담요를 덮어쓰고 누웠습니다.

출발하던 날 아침 제임스씨는 식사를 끝내자 비행장까지 자동차를 몰고 갔습니다. 샌프란시스코행 제트기는 이미 엔진에 발동을 걸고 곧 출발할 준비가 되어 있었습니다.

"샌프란시스코행 손님은 빨리 비행기에 오르시기 바랍니."

비행장의 장내 아나운서 목소리가 싱그러운 아침 공기를 뚫고 울렸습니다.

제임스씨는 작은 여행 가방을 한 손에 들고 마구 뛰었습니다. 샌프란시스코행 비행기를 탄 손님은 그가 마지막 사람인 것 같았습니다.

제임스씨는 비행기로 오르는 트랩을 밟으면서 자기도 모르게 층계를 세었습니다. 하나, 둘, 셋, …… 열 하나, 열 둘,

열 셋! 하고 세었을 때 비행기 속에서 젊은 스튜어디스가 불쑥 얼굴을 내어 밀었습니다. 그 얼굴을 본 순간 제임스씨는 자기도 모르게, '앗!' 소리를 지르면서 들었던 가방을 떨어뜨리고 말았습니다.

스튜어디스의 얼굴은 지난 밤에 꿈 속에서 제임스씨를 사형대(死刑臺)로 끌고 간 그 젊은 여자와 똑 같았던 것이었습니다.

제임스씨는 그 비행기에 탈 생각이 전혀 나지 않았다고 합니다. 떨어뜨린 가방도 그대로 남겨 둔 채 그는 다시 비행장 구내로 되돌아 오고 말았습니다.

뒤에서는 비행기가 이륙하는 소리가 들려왔습니다.

이로부터 몇 시간 뒤였습니다.

래디오의 임시 뉴스는 그날 아침 뉴욕공항을 떠난 샌프란시스코행 여객기가 도중에서 원인불명의 사고로 말미암아 추락하여 승무원과 승객 전원이 사망했다는 소식을 알렸습니다.

제임스씨 부처는 온몸에서 식은땀을 흘리며 이 뉴스에 귀를 기울였습니다. 뉴스가 끝나도 두 사람은 한 마디도 말을 하지 않았습니다.

만일 제임스씨가 그 비행기를 탔더라면, 물론 죽었을 것입니다. 그 생각을 하자 제임스씨는 무엇이라고 할 수 없는 야릇한 느낌, 무서운 생각이 들었다고 합니다.

결국 그 꿈이 제임스씨를 죽음에서부터 구해 준 것이었습니다. 비행기의 스튜어디스가 제임스씨의 꿈속에 나타나서 비행기 사고를 가르쳐 준 것이었습니다.

미래는 정해져 있는가?

우리는 이런 것을 볼 때 미래는 이미 정해져 있는 게 아닌가 하는 생각을 갖게 됩니다.

미래의 운명이 미리 정해져 있다면 우리들은 아무리 발버둥쳐도 그 운명에서 피할 수 없어야 할 텐데 현실은 그렇지 않은 것을 알 수가 있습니다.

미래에 일어날 일들을 우리가 미리 안다면 그 정해진 운명의 테두리에서 벗어날 수 있는 경우도 있고 그렇지 않을 수도 있다는 것을 우리는 알게 됩니다.

이렇게 생각할 때, 우리가 살고 있는 세계는 3차원의 세계지만 여기에 시간이라는 단위가 하나 더붙은 4차원의 세계가 있다는 것을 우리는 부정할 수가 없는 것입니다.

우리가 살고 있는 이 현실세계가 3차원으로 이루어진 세계라는 이야기는 이미 말한 바 있습니다.

다른 어떤 곳에 4차원의 세계가 있고, 그곳으로부터 하나의 시나리오가 완성되어 만들어진 영화가 3차원 세계에 투영(投映)된 것이 우리들의 생활이라면 우리의 미래는 이미 정해져 있다는 이야기가 됩니다만, 우리들 가운데 몇 사람이 그 영화의 영사실에 들어가서 이미 만들어진 필름을 미리 볼 수 있었다면 그는 그 필름 속에 나타나 있는 자기의 운명을 미리 알고 피할 수도 있다는 이야기가 되겠습니다.

이러한 우리의 현실세계 위에 있는 또 하나의 4차원 세계를 이른바 영계(靈界), 즉 영혼(靈魂)의 세계라고 가정하면 어떨는지요.

영계(靈界)란, 차원이 다른 세계도 되겠지만 한편으로 생각하면 진동수(振動數)가 다른 세계라고도 할 수가 있습니다.

오늘날의 이론물리학(理論物理學)은 모든 물질은 진동하고 있는 입자(粒子)로서 이루어지고 있으며 그 가장 작은 형체가 소립자(素粒子)라고 말하고 있습니다.

얼마 전까지 우리가 믿어 온 물리학의 공리(公理)에 의하면 동일한 시간, 동일한 장소에 다른 물질이 동시에 존재할 수 없다는 것이 진리였습니다만, 그것이 물질이 아닌 에너지로서 이루어진 것일 경우에는 얼마든지 동일한 시간, 동일한 장소에 다른 것이 동시에 존재할 수가 있는 것입니다. 그러니까 지금 필자가 차지하고 있는 공간에 만일 X선 파장(波長)으로 이루어진 영계인간(靈界人間)이 있다면 얼마든지 동시에 존재할 수가 있다는 이야기입니다.

여기서 이미 중단된 영계에 대한 이야기를 다시 계속하겠습니다.

영계가 차원이 다른 세계인 동시에 파장이 다른 세계, 그러니까 물질로서 이루어진 세계가 아니라 일종의 에너지로서 이루어진 세계라고 가정합시다.

우리가 살고 있는 이 광대한 우주는 본래부터 있었던 것이 아니고 원래는 하나의 거대한 에너지의 상태로 존재해 있었다는 것은 오늘날의 천문학자(天文學者)들이 모두 인정하는 사실입니다.

그럼 이 에너지는 어디서 왔는가? 이것을 발생시킨 것이 바로 하나의 우주의식(宇宙意識) 즉, 우리가 흔히 말하는 창조주가 아니냐 하는 것이 나의 생각입니다.

그러니까 '마음'이라고 해도 좋고 '염(念)'이라고 해도 좋은 그 무엇이 있어서 그 염력(念力)에 의해 에너지가 응집되어 물질화 된 것이 이 우주가 아니냐는 것입니다.

　그렇습니다. 나도 그렇고 이 글을 읽고 계신 여러분들도 몇십년 전에는 분명히 이 세상에 존재하지 않았던 것이 사실입니다.

　그런데, 나나 여러분이 이 세상에 나타난 것은 어떤 경위에서일까요? 그것은 이렇게 설명할 수가 있습니다.

　지금 존재하는 당신은 정말 당신 자신이 아니고, 당신의 마음[또는 영혼이라고 해도 좋습니다]이 과거에 그린 시나리오대로 움직이고 있는 당신 자신이 창조한 예술작품인 것입니다.

　그렇다면 참으로 당신은 어디에 있는 것일까. 그것은 4차원의 세계[또는 영계]에 존재하고 있는 것입니다.

　4차원에 있는 실재의 당신은, 3차원 스크린인 이 물질세계에 나타난 당신의 영혼이 만든 그림자를 보고 있다는 것이 올바른 해석입니다.

　당신이 지금까지 보내온 인생은 진짜 당신이 아니라 영혼이 그린 각본(脚本)에 따라서 3차원 스크린에 비쳐 있던 영상(映像)에 지나지 않는 것입니다.

　이같은 4차원적인 세계관을 갖게 되면, 자기 자신이 좀더 높은 차원에서 현재의 육체적 눈이나 다른 감각기관을 통해 3차원 스크린을 감상하고 있다는 것을 인식하기 때문에 매사에 지나친 집착을 갖지 않게 되어 밝고 명랑할 뿐만 아니라 깨달은 삶을 보낼 수가 있는 것입니다.

2. 미래는 어떻게 형성되는가?

　미래가 어떻게 만들어지는가 하는 것은 철학·종교·과학적으로도 매우 중대한 문제라고 할 수 있습니다.
　여기서 중요하게 생각할 것은 꿈이나 허깨비를 통해서 보는 미래의 정경(情景)이, 이를테면 앞에서 이야기한 시체의 팔이 난간에 부딪친다고 하는 세밀한 데까지 몇년 전에, 때로는 몇십년 전에 분명히 보는 경우가 있다는 사실입니다.
　몇년 전에 이런 세밀한 상태까지 보았다고 하는 것은 그 정경이 이미 어느 곳에선지 만들어져 있기 때문입니다. 즉, 우리들이 살고 있는 이 현상세계(現象世界)는 영화와 같은 것이어서 영화가 스크린 위에 비추어지고 있고, 스크린에 지금 비쳐지고 있는 정경이 바로 현재인 것입니다. 그러니까 장차 스크린에 비쳐질 모습은 이미 정해져 있어서 필름이 찍혀 있다는 것입니다.
　스크린 위에 나타난 그림자는 2차원입니다. 이 그림자 속에 당신 자신이 나타나 있습니다. 그러나 관객석에도 당신이 앉아 스크린을 보고 있습니다. 관객석의 당신은 3차원이고 스크린 위의 당신은 2차원입니다. 여기에서 어느 편이 진짜 당신일까요?
　관객석에 앉아 있는 당신이 진짜 당신임은 두 말할 것도 없는 일입니다. 그러나 길고 재미있는 영화를 보고 있노라면, 영화 속의 주역과 보고 있는 자기 자신이 하나가 되어서 주연(主演)이 영화 속에서 위험한 경지에 놓이면 관객 속에 앉은 당신도 자기가 위험을 당하는 것처럼 손에 땀을 쥐고 보게 됩니다.

이것과 마찬가지로 진짜 자기는 스크린에 나타난 2차원이 아닌 다른 3차원의 관객석에 앉아 있으면서, 스크린 위에 나타난 2차원의 그림자야말로 진짜 자기 자신인 줄 알고 조마조마해 하며 그림자의 운명에 따라 기뻐하고 슬퍼하는 것이 우리들이 지금까지 보내온 인생인 것입니다. 즉, 현실적으로 말하자면 3차원인 육체 속에 실재의 당신이 있는 것이 아니라, 좀더 차원높은 곳에 진짜 당신이 있다는 이야기입니다.

보다 높은 차원에 살고 있는 당신은 관객석에 있는 사람이지 스크린에 나타난 그림자는 아니므로, 용기를 내어 영사실에 가서 아직 스크린에 비추어지지 않은 장래의 필름을 구경하게 되면 미래를 알 수 있다는 이야기입니다.

이것이 장래의 운명을 미리 아는 것, 더우기 영상적(映像的)으로 뚜렷이 보는 시각적 영시현상(靈視現像)의 원리라고 할 수 있는 것입니다.

인간은 복합(複合)생명체이다

여기에서 내가 주장하는 인간은 탄소형생명체(炭素型生命體)인 '육체'와 전자파 에너지 생명체인 '영혼'으로 이루어진 복합생명체라는 새로운 이론을 설명해 드릴 때가 되었다고 봅니다.

앞에서도 이야기한 것처럼 인간의 육체는 3차원적인 존재에 지나지 않습니다. 다만 미래의 운명을 투시할 수 있는 인간의 영혼[그것은 시간 속을 비행할 수 있는 존재이므로]은 4차원적인 일종의 전자파(電磁波)에너지 생명체가 아닌가 합니다.

우리는 음식을 먹고 삽니다. 그러나 우리가 필요로 하는 것은, 음식을 구성하고 있는 물질 속에 내포되어 있는 생명소(生命素)[그것은 태양열 에너지가 변경된 것인지도 모르며, 또는 요가에서 말하는 프리마일수도 있다]인 에너지입니다.

이렇게 생각해 볼 때, 우리의 육체란 물질에 내포되어 있는 에너지를 분리시키는 하나의 살아 있는 화학 공장인 것입니다. 우리는 음식 속에 내포되어 있는 에너지를 여러 가지 과정을 걸쳐서 소장(小腸)에서 분리 흡수시킨 뒤, 이것을 간장으로 보냅니다.

간장은 소장에서 분리 추출한 생명소인 에너지를 다시 육체에서 필요로 하는 여러 가지 물질로 환원시킵니다.

한편, 우리의 몸에는 동맥과 정맥이 있고 신경조직이 있는데 신경조직에는 5볼트 정도의 약한 동물 전기가 흐르고 있습니다. 그리고, 이 전기를 신경에 공급해 주고 있는 별도의 조직이 있는데 이것이 바로 한방(漢方)에서 말하는 경락(經絡)입니다.

경락은 신체 각 장기에서 동시에 발생하는 유독 가스의 배출구이기도 합니다. 이 경락을 통해서 배출되는 가스가 너무 많게 되면 경락 속을 흐르는 핵산(核酸)에 영향을 주어 전기(電氣) 소통에 지장을 가져옵니다.

이렇게 되면 경락은 본래의 사명을 다하지 못해 비정상적인 부분의 신경회로(神經回路)에 전기 소통이 잘 안되게 되며 결국 혈류(血流)에 변화가 나타납니다. 결과적으로 신체 장기에는 유독 가스가 고이게 되면서 혈액공급에 지장이 오면 그곳은 병들게 됩니다.

가령 이렇게 해서 어느 장기에 고장이 생기게 되면 그 결과 다른 신체기관에도 영향을 끼치게 됩니다.

육체의 어느 부분에 대한 지나친 혹사(酷使) 내지는 격렬한 감정의 충동은 유독 가스 발생의 원인이 되고, 이로 말미암아 몸의 여러 중요한 기관의 기능이 저하되거나 고장이 생기면 육체 안을 흐르는 신경회로에도 전압이 내려가게 됩니다.

죽음이란 바로 신체의 생명자장(生命磁場)이 파괴될 때, 다시 말하면 전자파 생명체인 영혼을 붙잡아 주는 힘을 육체가 상실할 때 4차원적인 생명체가 육체에서 탈출하는 현상을 뜻하는 것입니다.

왜 영혼인 전자파 생명체는 육체에서 탈출을 해야만 하는가? 그 이유는 간단합니다. 생명자장이 파괴된 육체는 더 이상 물질을 분해용해(分解溶解)시켜 음식 속에 내포된 생명소(生命素) 에너지를 뽑아낼 수 있는 능력을 갖지 못하게 되고, 따라서 에너지 생명체는 자기의 생명을 유지하기 위한 에너지 공급이 불가능해질 뿐만 아니라, 육체 자체의 신진대사를 할 수가 없게 되기때문입니다.

유독 가스가 가득찬 방 안에서 우리가 살려면 빨리 그곳에서 떠나는 수밖에 없듯이, 각 경락에 유독 가스가 가득차 생명자장이 파괴된 육체에는 더 이상 영혼이 머무를 수 없게 되기 때문입니다.

우리의 영혼은 그 이름을 뭐라고 총칭하건 4차원적인 생명체임에는 틀림없습니다.

4차원적인 에너지 생명체를 하나의 로보트처럼 사용하고 있는 곳이 3차원적인 육체라는 그릇입니다.

우리가 미래에 일어날 일들을 꿈이나 계시(啓示)를 통해 미리 아는데는 그 개체(個體)의 수호령(守護靈)이 신체 감각을 통하여 알려 주는 경우와, 본인의 영혼 자체가 알려 주는 두 가지 경우가 있지 않는가 합니다.

우리 인간이란 4차원적인 생명체가 3차원적인 육체를 지배하고 있는 복합생명체인 것입니다.

우리가 이 위험에 가득차 있고 내일의 운명을 알 수 없는 이 세계에서 안심입명(安心立命) 할 수 있는 길은 첫째 우리가 누구이며, 우리의 육체와 영혼이 어떤 관계에 있다는 것을 분명히 깨닫고, 지금도 4차원 세계인 영계(靈界)에 존재하고 있는 각자의 진아(眞我)와 통신할 수 있는 방법을 터득하는데 있지 않나 생각합니다. 그 방법에는 여러 가지가 있겠지요.

종교에 철저하게 귀의(歸依)함으로써 터득할 수도 있을 것이고, 요가라든가 선도(仙道)와 같은 심신단련법이 도움이 되는 수도 있을 것이며, 내가 연구하여 시술하고 있는 체질개선법을 시술받음으로써 인간의 육체에 잠재해 있는 능력을 개발하여 깨달음을 얻는 방법도 있을 것입니다.

인간의 육체는 하나의 도구요, 그릇이기에 육체만으로는 존재할 수 없으나 영혼은 그것이 생명의 본체(本體)이기에 혼자서 존재할 수가 있습니다.

그러한 육체를 지니지 않은 영혼만이 존재하는 세계가 우리가 생각하는 유계(幽界)나 영계(靈界)이고, 4차원 또는 그 이상의 고차원의 세계입니다.

그러한 세계는 에너지의 세계요, 염(念)의 세계이기 때문에 영혼은 누구나 그 마음의 힘으로 모든 것을 창조할 수도 있고 또한 파괴할 수도 있다고 합니다.

그러나, 그러한 세계에서 내가 누구를 미워한다면 그것이 곧 상대편에게 전달될 뿐만 아니라 그 반동(反動)이 곧 자기에게 돌아온다고 합니다.

그래서 인간은 스스로의 마음을 닦기 위한 도장으로써 그보다는 반응이 훨씬 늦게 오는 3차원의 현상세계(現像世界)에 육체를 가지고 태어나는 것이라고 합니다.

그러니까 여기서 결론을 말한다면, 우리가 살고 있는 이 현상세계는 에너지가 응집한 물질의 세계인 동시에 3차원의 한정된 차원을 가진 세계라는 것이고, 우리가 생각하는 유계(幽界)·영계(靈界) 또는 신계(神界)는 보다 차원 높은 4차원 이상의 고차원 세계로서 경우에 따라서 에너지를 넘어선 염(念)의 세계라고 생각하면 될 줄 압니다.

아니, 염력(念力) 자체가 하나의 불가사의한 에너지 자체를 창조하는 힘이라는 이야기도 있습니다. '델피'의 신전(神殿)에 씌어 있다는 말, 〈그대 자신을 알라!〉는 곧 인간 자체의 정체가 무엇인지 알라는 이야기가 아니겠습니까?

복합생명체로서의 인간은 그 안에 이 우주의 비밀이 모두 담겨져 있다고도 할 수 있는 만큼 우리가 우리 자신의 정체를 완전히 파악하는 날, 인간이 궁금하게 여기고 있는 이 우주의 모든 비밀을 알 수 있게 되지 않을까 합니다.

제 2 장
저주받은 영혼

1. 살아 있는 사람의 생령(生靈)

낡은 우물 속의 백골 시체

만일 벽에 귀가 있다고 한다면 호화롭게 차린 저택의 정원 안에 조용히 감추어져 있는 조촐한 움막의 창문은 확실히 눈을 갖고 있다고 해도 좋으리라. 이들 창문은 여러 시대를 통해서 살짝 입을 맞추거나, 음모를 꾸미는 음밀한 속삭임 뿐만 아니라, 교환된 약속, 소문과 추문 등, 이루 헤아릴 수 없이 많은 이야기들을 들어왔으리라.

남 런던의 스트리트햄에 자리잡고 있는 한 채의 낡은 저택의 정원에 서 있는 망루(望樓)는 그 무서운 비밀을 감추어 둘 수가 없었다. 그리고 그 망루의 평판(評判)을 세상에 전한 사람들의 망령은, 다만 그에 연관된 오명(汚名)을 더욱 크게 소문 낸 데 지나지 않았다.

연옥(煉獄)의 괴로움으로부터 해방을 원하면서 저택 안과 정원을 헤매는 망령들은 그 망루가 그들의 혼을 사로잡고 있는 괴상한 진상을 해결해 줄 때까지 30년 동안 기다리지 않으면 안되었다.

1911년 1월, 경찰은 한 사람의 백골로 변한 시체를 그 곁에 떨어져 있는 녹슨 칼과 회중시계와 함께 발견했다.

타살의 혐의가 짙었으나 시체는 너무나 오래된 것이어서 사건의 전말을 밝힌다는 것은 어려울 것으로 예상되었다. 백골 시체를 찾아낸 곳은 이 망루 밑에 감추어져 있는 벌써 오래전부터 쓰지 않게 된 낡은 우물 속이었다. 이런 곳에 이런 우물이 있으리라고는 아무도 생각지 않았던 일이었다.

살인자의 망령이 자기의 범행을 밝히기까지는…….

어째서 시체가 그곳에 있었는지, 또 어째서 그 사나이가 살해 당하였는가 하는 것은, 그 살인자가 그 자신은 살아 있었으나 살아 있는 생령(生靈)이 되어 비밀이 밝혀지는 날에 범행 장소에 나타남으로써 살인사건이 있었다는 것을 알려준 결과가 되었다는 것을 믿어야 할 것이다. 믿기 어려운 일이겠지만 사실 이 살인녀의 죄가 너무나 특별한 것이었기 때문에 그 영혼은 그녀가 아직 살아있을 때부터 범행 장소에 나타나곤 했다는 것이었다.

이 이야기는 엘리자베드·파우라가 남 프랑스의 별장에서 죽은 뒤에 발견된 그녀 자필의 글에 근거를 둔 것이다. 그녀는 자기 집안이 몇 대(代)에 걸쳐서 소유하고 있었던 스트리트햄의 저택으로부터 어머니와 함께 이곳으로 옮겨 온 것이었다. 어머니인 아가사 파우라 부인은 어느 편이냐 하면 내성적인 성품의 퇴직한 은행가의 미망인이었다.

남편은 부인과 딸에게 아주 적은 수입원을 남겨 놓고 세상을 떠났다. 어머니와 딸은 분명히 좋은 집안에서 성장했으나 이웃의 유복한 가정과 자유스럽게 교제하는 일은 별로 없었다. 파우라 부인의 마음은 오직 딸인 엘리자베드의 행복에 대해서만 관심이 있었고 한편, 그 누구도 이 모녀에 대해서 남다른 관심을 갖거나 하는 일은 없었다.

변덕스러운 딸의 변모

엘리자베드——베티라는 애칭으로 알려져 있었다.——는 그녀의 조그마한 변덕을 만족시킬 수가 있었다. 그녀는 사치스러운 옷을 해입는 것을 좋아했다. 그래서 어머니는 딸의 의상도락(衣裳道樂)을 위하여 돈을 아끼지 않았다.

아직 10대에 불과한 베티가 뚜렷한 한 가지 목적——자기 마음에 드는 젊은이의 눈길을 끌고 싶다는 오직 한 가지 목적때문에 공작부인처럼 유행하는 옷으로 모양을 내게 되자 비로소 이웃사람들은 눈쌀을 찌프리게 되었다.

이런 소문이 널리 퍼지게 되자 파우라 부인은 딸을 단속할 생각을 갖게 되었다. 그러나 그때는 이미 늦었던 것이었다. 베티는 완전히 자기 멋대로 하는 성질이 굳어 버려 이제는 어떤 충고도 받아들이지 않게 되었던 것이다.

절망한 어머니는 착실한 여자 가정교사를 구하기로 했는데, 차례차례 고용되어 이 집안에 들어온 젊고 착실한 어떤 가정교사도 베티의 못된 성격에 견디지 못하고는 곧 그만두곤 했다.

그때 마침, 아니이 시튼이라는 젊은 여자가 가정교사가 되겠다고 나타났다. 아니이는 확실히 고집 센 소녀를 다룰 줄 알았다. 그녀는 베티를 혼내기 위한 방법을 생각해 내었는데, 이것은 나중에 이 응석받이 소녀를 교육시키는데 도움이 되게 되었다. 즉, 아니이는 베티를 망루 속에 가두고는 화가 가라앉아 사과를 하게 될 때까지 바깥에서 기다리곤 했던 것이었다.

파우라 부인은 처음엔 자기의 고집 센 딸을 다룰 줄 아는 가정교사를 찾아낸 것에 감사했었으나, 아니이가 너무나 자

제2장 저주받은 영혼   37

주 이 처벌 방법을 쓰는 걸 보다 못해 시정을 요구했다.
 베티도 어머니에게 아니이를 내어 보내라고 조르곤 했으나, 파우라 부인이 대신 일할 수 있는 가정교사를 구하지 못할까봐 겁만 내지 않았었다면 베티는 그 설득에 성공했을지도 몰랐으리라.
 그런데 아니이가 이 집에서 일하게 된 지 6개월쯤 지난 뒤에 돌아간 파우라씨의 먼 친척뻘되는 남자가 외국에서 돌아와 이곳에 초대받아 머무르게 됨으로써 사태는 완전히 바뀌었다.
 베티의 태도가 완전히 변했던 것이다.
 그녀가 친절하고 붙임성 있는 태도를 보이기 시작한 것이었다. 갑자기 나타나기 시작한 사근사근한 태도는 어머니를 몹시 기쁘게 만드는 한편, 아니이에게는 경계심을 갖게 했다. 아니이가 보기에는 베티가 로날드 파아카씨의 마음을 사로잡으려고 꾸민 태도였음이 너무나도 분명했기 때문이었다.
 그러나 파우라 부인은 딸의 전혀 생각밖의 변모에 기뻐서 어쩔 줄 몰라 할 뿐이었다. 왜냐하면 파아카는 남편 친척들 가운데에서도 상당히 유복한 집안의 아들이었고, 온갖 점에서 자기 딸에게 잘 어울리는 상대라고 생각했기 때문이었다.
 그러나 스트리트햄에 불과 몇주일 머무는 동안, 그는 베티보다도 여자 가정교사에게 마음이 끌리고 있

런던의 오랜 집에서는 이상한 일들이 자주 일어났다.

다는 것이 분명해졌다. 아니이 시이튼은 처음에 그에게 대하여 특별한 관심을 갖고 있지 않았었다. 그녀는 주로 베티가 파아카에게 그릇된 인상을 주지 않도록 그것에만 신경을 쓰고 있었기 때문이었다.

그러나 파아카씨는 아니이에게 이야기를 걸고 싶어 했고, 얼마 후에 두 사람은 정원 안을 함께 나란히 산책을 하게 되었다.

그는 해외에서의 여행담(旅行談)을, 아니이는 자기가 좋아하는 책이며 음악에 대한 이야기를 하곤 했었다.

베티는 이것을 몹시 질투하여 처음에는 몰래 두 사람의 뒤를 밟아서 둘이 무슨 이야기를 주고 받는지 엿들으려고 했고 파우라 부인도 또한 최악의 사태가 일어날 것을 염려하여, 어느 날 아침 모녀는 함께 오두막 집에 숨어 들어가서 아니이와 로날드 파아카가 키스를 하고 있는 현장을 보게 되었다. 베티는 노여움때문에 미칠 것 같이 날뛰었고, 어머니는 그들에게 즉시 해명해 줄 것을 요구했다.

"우리들은 결혼하기로 결정했습니다."

그는 담담하게 선언했다. 그 결과는 대단한 것이었다. 베티는 꽥 소리를 지름과 동시에 아니이에게 덤벼들어서 그 얼굴을 마구 할퀴었고 파아카가 떼어 놓을 때까지 그만두려고 하지 않았다.

그날 밤, 아니이 시이튼은 이 집에서 떠났으나, 파아카는 베티를 달래고 파우라 부인을 위로하기 위해 머물렀다.

이 사실은 비교적 자세하게 엘리자베드 파우라가 남긴 수기(手記)에 쓰여져 있어서, 이 저택에서 일어난 사건을 알기 위한 중요한 참고자료가 되었다. 그러나 그 밖에도 또 하나 어떤 내용이 적혀 있어서 그것이 조사관들에게 계속하여 발생한 사건을 알기 위한 단서를 주었고, 아마도 엘리자베드 파우라의 광기(狂氣)를 띄운 유령이 그 다음날 이후, 줄곧 그 집과 망루에 나타나게 된 까닭을 가르쳐 주었던 것이었다. 그녀는 다음과 같이 쓰고 있었다.

〈만일 로날드 편에서 먼저 집을 나가 주었다면, 나는 이런 끔찍스러운 일을 저지르지 않았으련만. 나는 이 때문에 영원히 저주를 받게 된 것이었다.〉

파우라 모녀는 그 뒤 6년 동안, 스트리트헴의 저택에서 그대로 살았었다. 그 동안에 두 모녀의 상황은 어떠했는가, 어떠한 공포, 어떤 뉘우침과 괴로움이 그녀들의 마음을 괴롭혔는가에 대해서는 아무도 아는 이가 없다.

어쨌든 그 누구도 두 번 다시 베티와 그녀의 어머니가 소유지(所有地) 바깥으로 나간 것을 본 일이 없는 것만은 사실이었다. 길을 지나가던 사람들이 울타리 너머로 들여다보면, 이 두 모녀가 오두막집 안에 서로 몸을 의지하고 앉아서 말없이 마루 바닥을 내려다 보고 있는 것을 본 일이 여러 번 있었다고 한다.

칼이 등에 꽂힌 망령(亡靈)

아마도 유령(幽靈)의 출현이 마침내 이 두 모녀를 저택에서 쫓아버린 것이 아닌가 생각된다.

새로운 소유자는 이사오기가 무섭게 이상한 소리가 자주 들리고 남자와 여자가 저택 안과 정원 안을 산책하는 모습을 자주 보게 된다고 경찰에 보고했다. 이사온 사람의 가족들은 마구 자란 검은 머리를 길게 늘어뜨린 사악(邪惡)한 얼굴의 처녀가 두 눈을 번득이며 입술을 심술궂게 일그러뜨린 채 밤마다 층계 있는 곳에 나타난다고 이야기했다.

　누더기 옷을 몸에 걸친 이 사람의 그림자는 언제나 층계를 뛰어 내려 정원으로 나가 오두막집으로 향하곤 하는 것이었고, 그 도중에 반드시 다른 사람의 그림자가 나타나 처녀의 뒤를 쫓곤 했다. 그것은 젊은 사나이였는데, 등에 칼이 꽂혀 있었다.

　오두막집 있는 데서 그는 처녀를 붙잡아 망루의 문을 열고 그 안으로 둘이서 자취를 감추곤 하는데, 그곳을 아무리 찾아보아도 안에는 아무도 없다는 것이었다.

　저택의 소유자는 연달아서 바뀌곤 했는데, 그들 모두가 유령이 나타나는 것이 사실임을 증언했다. 누구나 이 저택에 오래 살지를 못해 드디어 저택은 오랫동안 빈 집으로 남아 있어야만 했다.

　이윽고 1910년 12월 31일 밤, 한 떼의 사람들이 이 유령들의 뒤를 밟아서, 망루의 바닥 밑으로 사라져 버리는 사나이의 모습을 직접 확인했다.

　그리하여 심령연구가들 팀이 몇 번이고 반복적으로 악령(惡靈)을 물리치는 의식을 되풀이 했고, 상당히 오랜 시간이 흐른 뒤, 마침내 1911년 1월의 어느 이른 새벽, 유령은 망루의 비밀을 밝혔다.

　백골로 변한 시체가 발견되고, 동시에 발견된 회중시계에는 'R·P'의 머리글자가 새겨 있었는데, 칼에는 'E·F'의 머릿글이 새겨져 있었다.

　백골 시체가 치워진 그날 이후, 유령이 나타나는 것은 멎었는데 바로 엘리자베드 파우라가 남 프랑스에서 죽었다는 사실이 이 무렵까지는 알려지지 않았다. 한 동안 그녀가 죽었다는 것을 안 사람이 없었는데 행상인이 그 집을 찾았다가 사실을 알게 되었다. 이윽고 경찰에서 그녀의 소지품을 조사했을 때 수기가 발견되었는데, 이 이야기는 그 수기에 근거를 둔 것이다.

경찰은 또한 엘리자베드 파우라의 유언서를 발견했는데 그 속에서 그녀는 자기의 재산은 모두 아니이 시이튼이라는 이름의 여성에게 주고 싶다는 뜻을 밝혀 놓았다.

재산은 상당히 많았으므로 세계 여러 곳의 변호사들이 아니이의 주소를 알아 내려고 노력했다. 그러나 불행하게도 그들은 끝내 성공을 거두지 못했다. 왜냐 하면 그녀가 저택에서 떠난 날, 도대체 어디로 갔느냐 하는 것조차 또 하나의 풀리지 않는 수수께끼였기 때문이었다.

2. 망령(亡靈)이 들러붙은 장식상자

저주를 부른 여자의 허영심

100년 이상 오래된 옛날 장인(匠人)이 만든 부피가 상당히 큰 삼나무 향기를 맑게 풍기는, 비교적 조각이 섬세한 장식용 상자가 사람들의 호기심을 불러 일으키고 있었다. 그러나 새로운 소유자에게는 죽음의 그림자가 드리워지는 것이었다.

불행하게도 그들이 이런 사실을 눈치챘을 때는 너무 늦었다. 그리고 정신을 차렸을 때, 이미 그들은 정체불명의 유령에게 몸을 맡긴 결과가 되어 있었다.

그리고 그 유령이 품고 있는 무서운 저주(詛呪)는 그 상자를 소유한 후 몇 주일이 지나서도 나타나지 않는다는 것이었다.

1934년, 어느 유복한 영국신사의 프랑스 출신 부인인 크로디이느 하리스 부인은 자신의 미모와 프랑스 사투리의 액센트를 쓰면 대개의 사나이는 사로잡을 수 있다는 자신감을 품고, 싱가포르행 기선(汽船)의 선장을 설득하여 값이 아주 비싸고 많은 조각이 있는 장식상자를 선물로 자기에게 보내게끔 만들었던 것이다.

프랑크스 선장은 이 장식상자의 조각이 별로 시원치 않다고 생각했다. 그러나 분명히 이 상자에 몹시 매력을 느끼고 있는 미모의 하리스 부인에게 쓸데없는 이야기를 할 필요는 없다고 생각했다.

사실을 말한다면, 이것은 선장이 포오카 놀음에서 이겨 상대로부터 빚 담보로 받은 것으로서, 그의 선실(船室)의 한 모퉁이 공간을 점령하고 있었던 물건에 지나지 않으며, 그는 그 상자의 자물쇠를 열고 안을 들여다 보려고도 하지 않았던 것이었다.

"남편 마음에 썩 들 거예요. 열어 보아 주세요, 선장님! 안이 보고 싶군요."

하고 크로디이느는 말했다.

프랑크스 선장은 한참 동안 애쓴 끝에 겨우 상자의 문을 열 수 있었다. 곰팡이 냄새가 풍기고 나무 썩은 냄새가 안에서 흘러 나왔다. 그것은 나무 냄새와 나프탈린과 먼지가 한데 섞인 냄새였고, 상자 안은 텅 비어 있었다.

"아, 유감이군요. 보물이 들어 있는 줄만 알았지 뭐예요."

하고 크로디이느는 말했다.

"당신 배에서 이것을 실어 내 왔으면 좋겠는데, 당신 부하들의 손을 빌릴 수 없을까요?"

이것은 터무니없는 요구라고 할 수 있었다. 100kg 이상이나 되는 무거운 물건을 플리머드에서 70마일이나 떨어져 있는 코온월의 부우도시(市) 교외에 있는 하리스 저택까지 운반해 달라고 했기 때문이다.

길이 있는 부분, 특히 부우도 교외의 마을까지 가는 8마일 가량되는 길은 그때 사정으로 교통이 적합하다고는 할 수 없는 형편없는 길이었으니 말이다.

그렇지만 프랑크스 선장은 그 상자를 짐마차로 운반해 가
도록 마련해 주었다. 그러나 도중의 대습지(大濕地)에서 짐
마차의 바퀴 하나가 빠져나가 장식상자가 땅 위에 굴러 떨어
졌다. 마부는 혼자의 힘으로는 장식상자를 마차 위에 끌어올
릴 수가 없었으므로 자동차로 뒤따라 오던 두 사람의 사나이
힘을 빌리지 않으면 안되었다.
 이로부터 몇 시간 뒤, 그중 한 대의 자동차 운전수는 차와
함께 절벽에 굴러 떨어져 비참하게 죽었다. 그러나 또 한 대
의 자동차에 탔던 사나이의 운명이 어떻게 되었는지는 알려
져 있지 않다.
 알려져 있는 것은 하리스 저택 안의 차도에서 말이 피로한
끝에 그 자리에 쓰러져 죽었다는 것과, 마부가 그 뒤 이상한
병에 걸려 자리에 눕게 되었는데 얼마후 죽어 버렸다는 사실
이다. 그러나 그때만 해도 아직 아무도, 그것이 삼나무로 만
든 장식상자의 저주때문이 아닌가 하고 의심한 사람은 없었
다.
 또, 이러한 재난(災難)이 상자를 운송한 사람들에게 덮친
것조차 우연의 일치라고 생각했던 것이다.
 당시로서는 장식 상자와 이들의 불행을 연결시킬 아무런
증거도 없었기 때문이었다.

무지무지한 핏자국과 썩는 냄새

 크로디이느 하리스는 장식 상자를 저택의 정면 문 근처에
놓아 두었다. 상자를 거기에다 놓았으므로 그 당시 사람들에
게 인기있던 거칠은 실내장식과 잘 조화를 이루었다.
 남편인 오스월드가 새로운 자물쇠를 달게 했지만, 그것을

열어 보는 일은 극히 드물었다. 그래서 맨 처음으로 심한 송장 냄새를 맡게 된 것은 크로디이느였다. 그리고 장식상자와 접촉한 사람들 주위에 맴돌고 있는 공포와 흥분이 깃들인 영적(靈的) 분위기를 맨 먼저 알아낸 것도 역시 그녀였다.

그녀는 어느 날 장식 상자를 열어 보고 두 장의 깔개 위에서 핏자국을 발견했다. 그와 동시에 삼나무 향내가 송장 썩는 냄새로 변했으므로 그녀는 구역질을 느낄 수 밖에 없었다.

그녀는 하인을 시켜 청소하려고 그 곳에 달려갔다. 그러나 고약한 냄새는 곧 온 집안에 퍼져 버렸다.

상자 안에 있던 것들은 모두 꺼내졌고 뚜껑은 다른 것으로 바뀌었다. 상자 속에 깔았던 천도 세탁했는데, 다행히 핏자국은 깨끗이 지워졌다. 그러나 어떻게 그곳에 핏자국이 생겼는지는 수수께끼로 남았다.

오스왈드 하리스는 놀라움보다도 오히려 불안을 느껴 장식상자의 자물쇠를 항상 잠가 두기로 했다. 그것은 불길한 예방책이라고 할 수가 있었다. 왜냐하면 그것은 이제부터 일어나려고 하는 무서운 일을 미리 알려 주는 것과 같은 일이었기 때문이었다.

그날 밤, 쾅! 쾅! 하는 요란스러운 소리가 집안을 시끄럽게 하기 시작했고, 마치 쇠창살 안에 있는 죄수와 같이, 무엇인가가 장식상자 속에서 흔들거리

외항선이 가져 온 불행한 상자

고 밀고 야단치고 있는 것이 분명했다.
 이 시끄러운 소리때문에 잠에서 깨어난 하리스 부처(夫妻)는 아랫층으로 살그머니 내려와서 상자를 지켜보았다. 당장이라도 뚜껑이 날라가고 상자 전체가 부서지는 것이 아닌가 하는 공포심에 사로잡혔다.
 "열어 주세요."
 하고 크로디이느는 말했다.
 "가두어 놓아서는 무서워요. 속에 무엇이 있는지는 모르지만 틀림없이 뚜껑을 부수고 나올 거예요. 그렇게 되면 더욱 큰 일이 아니예요."
 운전수 겸 정원사인 사나이가 주인보다 한 걸음 뒤에서 장식상자에로 가까이 갔다. 그것은 현명한 조치인 것 같아 보였으나, 그들로 하여금 가까이 가는 것을 주저하게 만든 것은 단순한 공포심때문만은 아니었다. 저 끔찍스러운 송장 썩는 냄새가 또 다시 풍기기 시작했기 때문이었다.
 "열어요, 열라니까요!"
 시끄러운 소리가 더욱 요란스러워지자 크로디이느는 소리쳤다.
 오스왈드는 단숨에 장식상자 곁으로 달려가 무릎을 꿇고 자물쇠를 열고 떨리는 손으로 뚜껑을 열릴 수 있게 했다.
 이때, 돌풍(突風)을 만난 것처럼 집안의 여기 저기 문들이 쾅쾅 하면서 흔들거렸다. 그리고 이층에서는 마치 무거운 가구들을 마당에 내어 던졌을 때와 같은 우지끈 뚝딱하는 소리가 들렸다. 하지만 상자 속에서 울려오던 시끄러운 소리는 갑자기 멈추었고 고약한 냄새조차도 어느 정도는 감소되는 듯 했다.
 얼마 동안의 시간이 경과된 뒤에 운전수가 뚜껑을 와락 열

제2장 저주받은 영혼 47

어 제쳤다. 그 속에는 이상한 것이 아무것도 없었다.
　다만 미리 넣어 두었던 깔개와 벼개가 들어 있었을 뿐이었다. 그러나 크로디이느가 주의깊게 조사해 보니까 깔개와 베개에 새로운 피가 묻어 있었고, 아직 젖어 있는 부분조차 있었다.
　다음 날, 크로디이느와 남편은 외출을 했다. 플리머드로 돌아가서 그녀에게 선물을 준 선장을 찾기 위해서였다.
　"유감입니다만 그 사람은 언제 이곳으로 돌아올지 모릅니다."
　하고 선장의 하숙집 주인인 포레스트 부인이 말했다.
　"경우에 따라서는 1년, 또는 그 이상도 소식이 없는 수도 있습니다. 하지만 어째서 그렇게 갑자기 그 사람을 만나려고 하시는 겁니까?"
　크로디이느는 곧 사정 이야기를 전부 털어 놓으려고 했으나, 남편은 유령현상에 대한 불합리(不合理)한 공포를 털어 놓는 게 마음이 내키지 않아 아내를 가로막고 아무렇지도 않은 어조로,
　"사실은 선장에게 조각이 달린 장식상자를 넘겨 주고 싶어서 그럽니다. 싱가폴로 갖고 가서 좋은 값을 받고 팔아 주었으면 해서 그러는 거죠."
　하고 말했다.

비밀을 밝힌 선장의 편지

　포레스트 부인은 이번에 프랑크스 선장이 하숙에 돌아오는 대로 이야기를 전해 주겠노라고 약속했다. 이 약속은 아마도 장식상자 속에서 괴로워하고 있는 영혼에게도 전해진

모양이었다.

그날 이후, 매일 밤마다 쾅! 쾅! 하는 소음이 하리스 부처를 잠들지 못하게 했기 때문이다. 그리고 여러 가지 물건들이 여러 방 안을 날라다니기 시작했다. 그 중의 하나는 오스왈드의 머리에 부딪쳐서 그를 기절하게 했다.

크로디이느도 심한 두통에 괴로워 하게 되었다. 악취(惡臭)가 견딜 수 없을 만큼 심할 때는 두통도 특별히 심해지곤 했다. 이윽고 갑자기 뚜렷한 증상도 없이 그녀는 기절하게 되었다.

실신(失神)한 후, 회복되면 발작이 일어나기 직전에 일어난 일들은 무엇 하나도 기억해 내지를 못하였다. 의사들도 육체적인 원인을 알아낼 수가 없었다.

"과로입니다."

하고 그들은 부인에게 이야기할 수밖에 없었다. 그러나 오스왈드에게는,

"부인을 다른 데로 데리고 가십시오. 만일 그 장식상자가 당신이 이야기하는 것과 같은 마력(魔力)을 갖고 있다고 한다면 없애 버리십시오. 아니면 무당(巫堂)을 불러 굿을 하던지 아주 엉망이 되게 없애 버리십시오."

하고 털어 놓았다.

오스왈드 하리스에게도 그 충고가 현명하다는 것을 알 수가 있었다. 그러나 그나 크로디이느나 아마도 이미 초자연적(超自然的)인 마력에 이끌려 있었기 때문인지 장식상자를 처리해 버리는 것을 게을리했던 것이었다.

그것이 현관 옆에 놓여 있으면 있을수록 크로디이느의 용태는 악화했다. 의사와 하리스부처의 친구들은 이들이 발광(發狂)하여 목숨을 잃는 게 아닌가 염려했다.

그동안에도 유령현상(幽靈現像)은 더욱 더 사나워졌다. 소음은 더욱 더 커지고 악취는 더욱 자극적이 되어 비극적인 결말은 더욱 더 확실한 것이 되었다. 장식상자를 본 사람은 모두가 하나같이 그것을 흉사(凶事)의 징조로 받아들였다.

이윽고 프랑크스 선장으로부터 편지가 도착했다. 그것은 일본의 동경에서 보내온 것이었다.

〈저 삼나무로 만든 장식상자에 관한 이야기를 미리 알고 있었더라면 나는 절대로 당신에게 그것을 선물하지 않았을 것입니다.〉

하고 그는 쓰고 있었다.

〈그러나 저는 그 뚜껑을 열어서 상자에 갇혀 있었던 영(靈)을 해방시킴으로써, 제 자신이 또한 사악(邪惡)한 힘의 지배아래 놓이게 될 때까지 그런 사실을 몰랐던 것입니다. 나는 그 이후 악운이 계속되고 있습니다. 내 배는 좌초(坐礁)했습니다. 두 번이나 중병에 걸렸습니다. 그리고 지금 저는 배를 화재(火災)로 잃었습니다. 이제부터 앞으로 어떻게 될지 내 자신도 짐작이 가지 않습니다.

내가 이 편지를 쓰고 있는 이유는, 당신의 주인이 그 장식상자를 팔고 싶다고 말씀하셨다고 들었기 때문입니다. 나는 당신네들을 위하여 다소 조사도 해보았습니다. 그러나 저는 싱가포르에는 도저히 돌아갈 수 없습니다. 솔직하게 말하자면, 영국으로도 돌아갈 것 같지 않은 상태이니까 그 상자를 극동(極東)으로 보내는 책임을 질 수는 없습니다.

하여간에 제가 그 뒤 알게 된 것은, 그 상자는 절대로 열어서는 안되었다는 사실입니다. 내가 알게 된 바에 의하면, 그 것을 열므로써 어떤 살인사건의 처참한 기억이 불러 일으켜진 것입니다. 그리고 그 살인당한 희생자의 영혼이 지금 당신네들에게 들러붙어서 당신네들을 괴롭히고 있는 것입니다.

그녀는 30년 이상이나 전에 죽었습니다. 살인자는 그녀의 시체를 상자 속에 감추었습니다. 그뒤, 이 상자는 몇 번이나 소유자가 바뀌었습니다만 오늘날에 이르기까지 아무도 뚜껑을 연 사람은 없었습니다. 왜냐하면 저 조각된 목없는 시체의 도안(圖案)에 두려움을 느껴 뚜껑을 열어 보려는 생각이 들지 않았기 때문입니다.

당신의 호기심때문에, 저는 앞으로 일생동안 후회할 일을 저지르고 말았던 것입니다. 용서해 주십시오. 그러나 저는 두 분이 곧 그 괴로운 상태에서 구원되기를 바라고 있습니다. 그 구조가 너무 늦지 않기를 빌어마지 않습니다…….〉

이로부터 사흘 뒤, 두 사나이가 장식상자 때문에 찾아왔다. 크로디이느는 이 손님들과 만나지 않았으나 오스왈드는 새벽녘의 어둠 속에 서 있는 창이 넓은 모자를 쓴 두 중국인의 얼굴을 보았다.

그들은 아직 하리스 집안의 깔개며 옷들이 들어 있는 장식상자를 짐차에 실었다. 그 짐차 위에는 이미 자그마한 보트가 실려 있었다.

다음 날, 코오니시 바다 먼 곳에서 한 척의 전복된 보트가 발견되었다는 소식을 들었을 때, 오스왈드는 그 보트 생각을 했다. 발견된 것은 그것뿐이었다.

보트에 탔던 사람의 시체는 바닷가로 떠밀려 들어오지 않았고, 삼나무로 만든 상자도, 또한 파편 조차도 발견되지 않았다. 프랑크스 선장의 친구들은 분명히 약속을 지켜 주었던 것이다.

저주는 사라졌다. 하지만 장식상자에 대한 수수께끼는 더욱 깊어졌다. 왜냐하면 소문이 진상(眞相)에 첨가되고, 자극에 굶주린 사람들의 공상이 사실을 더 요란스럽게 했음에도 불구하고 한 가지 점만은 결코 설명이 되지 않았기 때문이었다.

 싱가포르에 있는 프랑크스 선장이 도대체 어떻게 해서 하리스의 저택에 유령이 나타난 것을 알고 있었느냐 하는 것이었다.

3. 죽음을 부르는 라벤다의 향내

향기를 풍기는 수수께끼의 여인

 지인·란달은 어린이들이 집을 향하여 잔디밭 위를 달려 오는 것을 응접실에서 지켜보고 있었다. 그들은 열려져 있는 프랑스식 창을 통해 방 안으로 뛰어들어 왔다.
 마아틴은 흘러 내리는 양말을 끌어 올리고 밀센트와 미란다는 눈 위로 내려오는 금발머리를 손으로 쓸어 올리면서,
 "우리들은 그 사람과 이야기를 했어요."
하고 마아틴이 숨을 가쁘게 몰아쉬면서 말했다.
 "시냇물가에서."
 미란다도 지지 않고 한마디 했다.
 "아주 예쁜 사람이에요. 엄마, 정말 예쁘다니까요."
 란달 부인은 한숨을 쉬었다.
 "저리 가서 손들을 씻어라. 모두 이제 저녁식사할 시간이다."
 그녀는 아이들이 말하는 '향수 냄새 풍기는 여인'에 대한 공상(空想)을 더 이상 마음에 두지 않기로 결심을 하고 있었다.
 2년 전인 1957년에, 펜브로오그 바닷가에 서 있는 이 집으

로 이사를 온 뒤, 애들은 걸핏하면 그 여자에 대한 이야기를 입에 담곤 했던 것이었다. 그 당시에는 란달 부인도 그녀의 남편도 그 여인을 본 일이 없었다. 그러나 운 좋게 지인은 그 여인을 볼 수가 있었다.

운이 좋다고 하는 것은, 그 여인을 본 것으로서 자기 자식들을 죽음의 비극(悲劇)에서 구할 수가 있었기 때문이었다. 애들이 말하는 '향수 냄새를 풍기는 여인'이라고 하는 것은 사실은 유령이며 결국은 애들을 죽이려고 하고 있었다.

이 근처에는 별로 인가(人家)도 많지 않았고 또한 아이들이 말하는 그런 여인도 근처에 살고 있지 않은 것이 사실이었다.

란달 부처(夫妻)는 이것을 아이들의 일종의 짖궂은 장난으로 해석하려고 애쓰고 있었다. 그리고 애들이 그 여인의 이야기를 해도 전혀 상대를 하지 않는다면, 차차 그들도 짖궂은 장난을 그만두게 되리라고 생각하고 있었다. 그로부터 18개월이 지난 지금에 이르기까지 여전히 아이들은 그 여인에 대한 이야기를 하고 있지 않은가. 그리고 아무래도 애들만이 있을 때, 그 여인을 보는 모양이었다. 란달 부인은 이 일에 대하여 이 지방의 농부의 아내이며 영매(靈媒)로서 알려져 있는 프로라·에반즈에게 의논을 해 본 일이 있었다.

"당신의 집에 유령이 나온다는 이야기는 들은 일이 없습니다."

하고 에반즈 부인은 이야기했다.

"정말 그런 일은 없었습니다. 하지만 영혼은 흔히 아이들에게 달라붙는 법입니다. 틀림없이 애들로부터 정력(精力)을 빨아 낼 것입니다. 흡혈귀(吸血鬼)에 대한 이야기를 들으셨겠지요. 사람의 몸에서 피를 빨아 먹는다는 그런 것은 실제로는 없습니다. 그런 이야기는 모두 영혼이 지니고 있는 이 이상한 힘──살아 있는 사람에게서 생명을 빨아내는 힘이 있다는 데서 나온 이야기인 것입니다."

란달 부인은 이 이야기를 전혀 믿지를 않았지만, 그래도 그렇게 설명을 듣고 보니 별로 좋은 기분은 들지 않았다.

물론 그녀의 아이들에게서 정력을 빨아 내고 있을 까닭이 없다──.

아이들은 어느 편이냐 하면 기운이 너무 넘쳐서 난처할 지경이었으니까 말이다. 그렇다고는 하지만 이 집 정원에는 어딘지 매우 이상한 데가 있었다. 그것은 집의 크기와 균형이 잡히지 않을 만큼 지나치게 넓으면서도 실제보다는 좁게 보이게끔 배치되어 있었던 것이다.

정원의 대부분은 양쪽에 동산이 있는 한층 낮아진 산책도로로 되어 있었으며, 간격을 두고 작은 연못과 오솔길이 있었고, 요정(妖精)과 여신상(女神像)이 군데군데 놓여져 있었다.

지인 란달 부인은, 이 오솔길을 거닐 때마다 가끔 이상하게 소름이 끼치는 야릇한 기분을 느끼곤 했었다. 그것은 누군가가 자기를 뚫어지게 지켜보는 것과 같은 그런 느낌에 가까웠다. 그녀는 자기 등 뒤에 누가 있는 것이 틀림없다고 생각하고 힐끗 뒤를 돌아다 본 적이 한 두번이 아니었다.

그러나 그곳에는 항상 아무도 없었다. 다만 향내──라벤다의 향내만이 감돌고 있을 따름이었다. 그것은 보통의 정원에서는 그다지 부자연스러운 일은 아니지만 이 정원에서만은 그렇지가 않았다. 이곳에 라벤다 나무는 단 한 그루도 없었기 때문이었다.

나는 보았다! 백의(白衣)의 사신(死神)을

어느 날 점심식사를 끝낸 뒤, 아이들은 또다시 놀러 바깥으로 나갔다. 10분쯤 지난 뒤에 지인은 아이들을 뒤쫓아 정원으로 급히 걸어 나갔다. 그것은 거의 충동에 가까운 행동이었다.

아이들이 어떤 위험한 처지에 놓여 있다는 그런 느낌이 들었기 때문이었다. 그녀는 잔디밭을 가로질러 오른쪽으로 오솔길을 접어 들었다. 20야드 가량 갔을 때, 그녀는 그 이상한 느낌을 또다시 경험했다. 누군가가 자기를 보고 있다는 그런 느낌인 것이다. 이어서 그녀는 라벤다의 향내를 맡았다. 그녀는 잠깐 걸음을 멈추고는 자연스럽게 허리를 굽혀서 몇 송이 꽃을 꺾었다.

그녀는 더 이상 아무도 자기를 지켜보고 있는 것 같지 않다는 느낌이 들 때까지 마치 집으로 돌아가는 것처럼 방향을 바꾸어서 걸었다. 이윽고 그녀는 오솔길을 왼쪽으로 돌아갔다. 그것은 시냇물로 내려가는 작은 길이었다.

주위에는 덩굴이 무성하고, 양쪽 둑까지 줄기를 뻗치고 있어서 그녀는 경사가 급한 언덕을 무척 힘들게 기어 올라가지 않으면 안되었다. 무엇인가 끔찍스러운 일이 곧 일어날 것 같다는 확신같은 예감에 떨면서 걸어갔다.

그녀는 오솔길이 끝나는 곳, 시냇물 곁의 빈 터에 이르기 바로 전에, 덩굴 숲 사이를 헤치고 그 너머를 바라다 보았다.

왼쪽에 한 떼가 된 그녀의 아이들이 오른쪽에 흐르는 시냇물을 향하여 걸어가고 있는 것이 보였다. 그녀가 둑이 보이는 곳에 가려면 덩굴 숲을 헤치고 앞으로 나가지 않으면 안되었다. 그러자 그때 그녀는 처음으로 그 여인을 본 것이었다—— 향수 냄새를 풍기는 여인을!
 여인은 몹시 얼굴이 창백했고 흰 모슬린으로 만든 것 같은 옷을 입고 있어 일종의 넋 잃은 상태로 그녀를 향해 걸어가는 아이들을 천천히 손짓해 부르고 있는 것이었다. 지인 란 달은 설명할 수 없는 공포에 몸을 떨었다. 그녀는 빈 터에 들어서자 냉정함을 잃지 않으려고 애쓰면서 낯선 여자를 향해 달려갔다.
 "이런 곳에서 뭘 하고 있는 거죠? 저의 아이들에게 무슨 짓을 하려는 거예요?"
 여인은 그녀를 향해 돌아섰다. 몹시 슬픈 표정이 여인의 얼굴을 스치는듯 했다. 그리고는 여인의 모습은 사라지고 말았다. 그리고는 여인이 있었던 흔적은 전혀 남지 않는 것이었다. 다만 라벤다의 강한 향내만이 남아 있었다. 지인은 아이들을 돌아다 보았다. 그들은 조금씩 방심상태(放心狀態)에서 회복이 되어 가고 있었다.
 "어머 이상하다, 그 사람 가 버렸다. 그 사람 보았어요, 엄마?"
 하고 미란다가 말했다.
 지인은 조용히 고개를 끄덕였다.
 "그 여자는 우리들을 부르고 있었던 거야. 그 여자는 우리들에게 시냇물 속으로 들어오라고 했어. 그런 일은 여지껏 한번도 없었는데!"
 하고 마아틴이 말했다.
 그것은 1959년 6월에 일어난 일이었다.
 그뒤, 이 집안의 그 누구도 향수 냄새를 풍기는 여인을 본 사람은 없었다. 그리고 한동안 아이들은 그 부인과 만날 수 없는 것을 서운해 했던 것이었다.

4. 파헤쳐진 마녀의 저주

달빛 속에 떠오르는 마녀의 묘석(墓石)

프랑크 제이코브스는 저녁 하늘에 떠오른 나무들의 검은 그림자를 쳐다 보았다.

에섹스의 산림지대(山林地帶)와 전원지대(田園地帶)는 부자연스러울 정도로 조용하기만 했다. 마치 새들조차도 숨을 죽이고 있는 것 같았다. 바람은 무엇인가를 기대하고 있는 것처럼 자취를 감추고 있었다.

그는 불도저의 바람막이 유리창 너머로 앞을 뚫어지게 바라다 보면서 가볍게 몸이 떨림을 느꼈다. 부룩크린과는 좀 다르구나 하고 그는 생각했다. 그곳에서 무서운 것은 사람들이 너무나 붐빈다는 것 정도였다.

그러나 이곳 에섹스에는 무엇인가가 있다.

꼭 눈에 보이는 것은 아니지만 그래도 역시 무서운 그 무엇인가가 있다고 느껴지는 것이었다.

프랑크 제이코브스는 제2차 세계대전 당시에 미국 공군의 상사였었다. 그는 자기의 군 경이 각별히 뛰어난 것이라고는 생각지 않았다. 그가 가장 멀리 간 것은 영국이었으며, 그는 그곳에 머물러 일하게 되었다.

그는 토목기사였기 때문에, 실제로 전투에 참가하기보다는 영국 동부의 바닷가 지역에 공군기지를 건설하거나 확장하는 작업에 종사했었던 때가 미국을 위해서 더 큰 도움이 되었다.

1943년, 그는 골체스터에서 20마일 가량 떨어진 곳에 건설 중인 새로운 기지로 전출명령을 받았다. 도착했을 때는 그날의 작업이 끝난 시간이었으므로, 부대 지휘관으로 부터 기지를 한 바퀴 둘러보고 오라는 명령을 받았다.

그 지역은 황량(荒凉)했는데, 새로운 활주로를 만들기 위하여 수많은 나무들이 이미 뿌리채 뽑힌 뒤여서 숲은 상당히 벌목이 되어 있었다. 깊은 숲속으로 똑바로 들어가는 길이 약 20야드 가량 보였다.

그때 갑자기 그는 이 양쪽 숲에 둘러싸인 폭이 넓은 길을 차로 달려가 이 길이 어디로 통했는지, 그 너머에는 무엇이 있는지 알아내고 싶다는 강한 충동을 느꼈다.

그는 불도저에 올라타자, 강력한 엔진을 시동시켰다. 중량이 무거운 무한궤도차(無限軌道車)가 우릉우릉 전진하기 시작하자, 제이코브스는 기어를 톱으로 넣었다. 20야드를 전진하는데 차는 불과 1분 밖에 걸리지 않았는데, 그때 관목(灌木) 밑에 숨겨서 있던 나무 뿌리와 우툴두툴한 땅에 걸려서 강력한 엔진도 정지하고 말았다.

조금씩 조금씩 나가기 위한 불도저와 장해물과의 격투가 시작되자, 프랑크의 정신은 긴장하게 되고 그는 갑자기 자기의 힘에 대하여 압도적인 우월감을 느꼈다. 그는 고대(古代)의 전차(戰車)에 올라탄 병사와 같은 영웅적인 기분에 잠긴 것이었다. 그는 차차 숲속 깊숙이 들어갔다. 자기 자신이 만들어낸 흥분에 취하면서.

왼쪽 무한궤도가 커다란 재빛 돌덩어리를 간신히 스쳐가면서 땅을 파헤쳤다. 이어서 굵은 나무 줄기를 피하기 위해 차가 약간 옆으로 방향을 바꾸는 순간, 그 돌덩어리가 땅 위로 들려 올려지고, 그 밑에 있었던 무덤과 같은 구멍 속으로 또다시 빠져 들어갔다.

다시 한 번 프랑크는 보다 강한 힘을 가하기 위해서 차의 방향을 바꾸었다. 그러자 차의 전면이 그 구멍 속으로 가라앉았다. 무한궤도의 힘으로 쉽사리 기어나올 줄 알았던 것과는 반대로 차는 구멍 속에 빠진 채 꼼짝도 하지 않았다.

프랑크는 어떤 기어로 변속을 시켜도 불도저가 앞으로도 뒤로도 꼼짝하지 않는 데 소스라치게 놀라 차에서 뛰어 내렸다. 도대체 무엇이 이 강력한 엔진의 힘을 막고 있는 것일까 하고 그는 고개를 기웃거렸다. 달빛이 그 돌덩어리를 비추어 그곳에 새겨진 글자를 분명하게 떠오르게 했다.

〈마법사의 제자 베스・보우엔 1628년 화형에 처해지다〉

무덤 속에서 나타난 유령

프랑크가 그 비명(碑銘)을 읽기 위해 몸을 웅크렸을 때, 무슨 일이 일어났던 것인지는 확실히 밝혀져 있지 않다.

마을 사람들의 기억이 거의 사람마다 틀렸기 때문이다. 엔진을 진동시키고 있는 불도저와 함께 혼자서 숲 속에 남겨진 프랑크에게 있어서, 외로운 느낌과 함께 갑자기 음산하고 피비린내 나는 과거로 끌려간 것과 같은 느낌은 무시무시한 체험이었다.

그는 군에서 제대할 때까지 이 일에 대해서는 일체 침묵을 지켰다. 이때의 그의 행동이 상관들에게 알려졌다면 그는 상사의 지위를 박탈당하고, 경우에 따라서는 군법회의에 넘어갔을지도 몰랐기 때문이었다.

불도저를 부정 사용했을 뿐만 아니라, 그 뒤에 며칠 동안 마을에서 일어난 일들의 원인이 그에게 있었다는 것이 밝혀진다면, 영국과 미국 두 나라 사이의 우호관계에도 중대한 영향을 끼칠 수도 있는 일이었기 때문이었다.

"제가 바로 그 돌에 쓰여진 글을 다 읽었을 때, 불도저의 엔진이 멎었던 것입니다."

하고 2, 3년 전 그가 또다시 에섹스를 찾아왔을 때 나에게 이야기했다.

"엔진이 멎어야 할 이유는 하나도 없었던 것입니다. 제가 말할 수 있는 것은 저 훌륭한 엔진이 그렇게 잘 움직이고 있을 때, 그런 일은 일어날 수가 없다는 것입니다."

"갑자기 돌풍이 일어나서 작은 나무가지들이 내 주위에 빗방울같이 떨어졌습니다. 묘석을 비추고 있던 달빛은 그 비추고 있던 범위를 넓히기 시작하여 마침내는 그 근처 전부가 달의 이상한 빛에 싸이게 되었던 것입니다. 그 모양은 지금까지 어떤 화가도 그대로의 색채를 묘사할 수 없으리라고 생각될 정도였습니다.

저는 묘석 있는 곳을 보았습니다. 그러자 그곳에는 한 젊은 여자가 있었습니다. 긴 금발은 허리까지 내려와 있었습니다. 그녀는 구멍에서 기어나오는 참이었습니다. 이 여자는 무어라고 할까, 메말라서 무엇인가 타다 남은 찌꺼기와 같은 인상을 주었습니다. 그렇군요, 성냥개비가 끝에서 끝까지 다 타 버리고 말았을 때와 같은 느낌이었습니다. 그러나 제 마음을 정말 흔들어 놓은 것은 그녀가 구멍에서 나와 똑바로

제2장 저주받은 영혼 61

섰을 때, 화형용(火刑用)의 말뚝——굉장히 굵은 나무토막이 그녀의 가슴을 꿰뚫고 있었다는 사실이었습니다.

그녀는 자꾸만 그 말뚝에 손을 가져 갔습니다. 저에게 그것을 빼어 주었으면 하는 눈치였습니다. 그러나 저는 꼼짝도 할 수가 없었습니다. 바람은 제 주위에서 마구 불어제치고 있었건만 어쩐지 저는 뜨겁게 느꼈던 것입니다. 마치 커다란 모닥불 곁에 있는 것과 같은 느낌이었지요. 저에게는 연기 냄새까지도 맡을 수가 있었습니다.

그녀는 저에게 가까이 다가왔습니다. 제가 손을 잡으려고 하면 닿을 수 있을 정도로 가까이 말입니다. 하지만 저는 어쩐지 저도 모르게 그런 대담한 행동을 할 수가 없었습니다."

이상한 빛, 갑자기 생긴 열 그리고 연기 냄새, 이것들은 단지 유령과 함께 나타난 허깨비는 아닌 것이었다. 왜냐하면 다음 순간, 제이코브스는 자기에게서 5야드도 떨어지지 않은 곳에서 풀이 타고 있는 것을 알게 되었기 때문이었다. 그러자 유령은 갑자기 무서운 비명을 울렸다.

그 비명소리는 숲을 뚫고 메아리쳐 울려 퍼졌다. 그 여자에게 불길이 덮친 것이다. 그러자 여자는 불길을 피하여 긴 머리털을

화형에 처해진 마녀

날리면서 달리기 시작했다. 제이코브스가 자기 자신이 위험한 처지에 놓였음을 깨달은 것은 바로 그때였다. 반지름이

10야드 가량 되는 불길이 그 구멍과 그가 무덤에서 해방시켜 준 마녀의 유령을 향해 번져가고 있었다.

"돌아와라!"

하고 그는 소리쳤다. 그는 불도저로 달려가서 엔진을 시동시키려고 했다. 그러나 엔진은 전혀 움직이지 않았다. 멀리서 교회의 종이 울리기 시작했다.

한 밤중에 울려 퍼지는 그 무시무시한 소리는, 덤불에 불이 붙어서 탁탁 튀기는 소리와 불길에서 피해 달아나려는 젊은 여자의 드높은 비명과 한데 섞였다.

"저는 더 이상 참을 수가 없었습니다. 불도저에서 뛰어내리자 저도 달리기 시작했습니다."

마을을 습격한 괴상한 현상

도대체 어떻게 해서 불길 속에서 빠져 나왔는지 이제와서는 기억할 수가 없다. 기억하고 있는 것은 불난 현장으로 달려가는 소방대가 트럭 옆을 빨리 지나간 것 뿐이었다.

그가 마을에 도착했을 때도 교회의 종은 여전히 울리고 있었다. 여관 주위에는 사람들이 잔뜩 모여 있었다.

커다란 둥근 바위가 그 여관의 벽 앞에 서 있었고, 몇 사람들이 그것을 밀어 움직이려고 하고 있었다. 길거리에는 어수선한 기분이 가득차 있었고 경찰과 민간경비대원들이 출동하고 있었다. 그 중 한 사람이 프랑크에게 가까이 다가왔다.

"기지(基地)로 돌아가시는 편이 좋습니다. 상사님!"

하고 그는 말했다.

"우리들은 적군에게 맹공격을 받고 있는 것이 틀림없습니다. 무서운 일이 일어났습니다."

프랑크는 그 이상 듣고 싶다고 생각지 않았다. 그는 정신 없이 달려서 병영(兵營)으로 돌아왔다. 그곳에서 그는 지난 두 시간 동안에 마을에서 일어난 일들에 대한 자세한 이야기를 들었다.

 그 둥근 바위는 마을 끝에 있는 언덕 위에서 굴러 내려온 것이었다. 그것은 눈덩이 모양 굴러가면서 크기가 더해졌고, 타성으로 길거리를 지나 여관 바깥에서 간신히 섰던 것이었다.

 농부들은 자기들이 기르고 있는 양들이 아무데도 부서진 데가 없는 울타리를 뛰어 넘어 바깥으로 도망쳐 버린 것을 발견하고 미친듯이 구조를 요청했다.

 병아리들은 물독 속에 빠져 모두 죽어 버렸다. 도대체 어째서 교회의 종이 울리기 시작했는지 아무도 아는 이는 없었다. 게다가 높은 탑에 달려 있는 시계까지도 멎어 있었다.

 프랑크는 이런 일들이 모두 한결같이 자기가 무덤을 파헤친 것과 때를 같이 하여 일어났음을 알았다.

 이윽고 소방차도 마을로 돌아왔다. 그들이 숲에 도착했을 때는 그 무시무시하던 불길은 꺼져 있었다. 아니 그뿐만 아니라, 불이 탔다는 흔적조차도 전혀 없었던 것이었다. 이것은 뒤에 자세히 조사해 본 결과 밝혀진 사실이었다.

 몇백 년에 걸쳐서 17세기에 시행되었던 마녀화형(魔女火刑)은 이 고을의 민화(民話)의 하나가 되어 있었다. 아이들은 부모로 부터, 농부의 딸이었던 베스 보우엔이 초자연적(超自然的)인 힘을 갖고 있다고 사람들이 생각했었다는 이야기를 들어 왔었다.

 소가 죽거나, 한집안 식구들이 모조리 병을 앓거나 할 때마다 무지한 농민들은 베스 보우엔의 탓이라고 생각했다. 마침내 그들은 어느 날 한 밤중에 복수를 했다.

　그들은 자고 있던 침대에서 베스를 끌어내려, 말뚝에 꽁꽁 묶어서 마녀(魔女)로서 불태워 죽였던 것이었다. 그뒤 그녀가 죽었다는 사실을 확인하기 위하여 날카로운 말뚝으로 심장을 꿰뚫었다는 것이었다.

　조상들의 양심을 괴롭힌 죄의식은 3백년이 지난 뒤에까지도 사라지지 않았다. 베스 보우엔이 묻혀진 장소의 비밀은, 그녀를 죽인 사람들의 죽음과 함께 어둠 속에 파묻히고 말았다.

　프랑크의 불도저가 그 무덤을 파헤치기 전까지는 말이다.

　1943년 사건이 일어났던 날 밤, 마을 사람들의 한 떼가 그 무덤으로 가서 그 2톤 무게의 돌을 구덩이에 되돌려 놓았다. 다음 날 아침, 마을은 정상상태로 되돌아 갔다. 하지만 그날이 10월 13일의 금요일이었음을 눈치챈 이는 거의 없었다.

5. 현대에 살아 있는 마녀의 저주

미망인을 찾아 온 옛친구

1943년에 남편이 갑자기 죽자, 파메라 코린즈의 앞날에는 빈곤과 고독이 기다리고 있었다. 그녀의 남편은 퇴역 육군장교로서 재산이라고는 조금밖에 남기지 않았고 게다가 그동안 그의 건강상태가 좋지 않았기 때문에 그것조차도 거의 다 없어질 정도로 다 써 버렸던 것이다.

두 사람의 결혼생활 기간의 대부분은 인도에서 보내졌고, 두 사람이 영국에 돌아온 것은 불과 2, 3년 전 일이었기 때문에 코린즈 부인은 많은 친구들을 사귈 수 있는 기회가 없었다.

그녀는 보잘것 없는 연금(年金)으로 생활하지 않으면 안 되게 되었으므로 얼마 안되는 자선 초대에도 거의 전부 응하게 되었는데, 시간이 흘러감에 따라 그런 초대조차 기대할 수 없게 되었다.

얼마 후, 이 외롭고 재산도 친구도 거의 없는 중년 과부와 사귀고 싶다는 사람은 거의 없게 되었다. 다만, 한 여자만은 예외였다. 그런데, 이 여자는 믿을 수 없을 만큼 사악(邪惡)한 능력의 소유자라는 것이 머지 않아 폭로되었다.

파메라 코린즈는 전혀 뜻밖에, 바바라 닷톤의 방문을 받고 놀라지 않을 수 없었다. 훗날 그녀는 도대체 어떻게 하여 바바라가 자기의 거처를 알아냈을까 하는 의문에 부딪쳐 당황한 일이 있었다.

하기야 두 사람은 학교 시절 동급생이기는 했으나, 결코 친하게 사귄 친구는 아니었기 때문이다. 그리고 파메라가 결혼하기 전부터 두 사람은 서로 소식을 전하는 일조차 없었던 터였다.

지금은 두 여자가 다 같이 과부 신세였다. 바바라의 남편은 유능한 의사였으나, 2, 3년 전에 세상을 떠났다. 그러니까 두 여인이 다같이 지금은 여자 혼자서만 살고 있었다.

파메라는 또다시 말동무가 생겼다는 데 흥분한 나머지 이 방문자에 대한 막연한 혐오감을 잊고 말았다. 이 혐오감, 불신감은 이미 학교시대부터 느껴왔던 감정이었다.

왜냐하면 바바라는 믿을 수 없을 정도로 심술 사나운 아이였기 때문이었다. 그 심술궂음은 무슨 이유가 있어서가 아니라, 완전히 그녀의 변덕스러운 성격때문이었으며, 바바라를 화나게 만든 아이는 반드시 후회하게 되곤 했었다.

젊었을 때, 다른 여자들을 대할 때마다 그녀는 교묘하게 재주를 부려 상대편을 중상(中傷)의 그물로 사로잡았고 남자들에게 대해서는 그 스타일과 아름다운 용모의 뛰어난 기교를 충분히 발휘해 뇌쇄시키곤 했었다.

어떤 여자도 바바라를 중상하려고 하면 실패하곤 했다. 그녀야말로 더 능숙한 배우였기 때문이었다. 또한 어떤 남자도 그녀가 말한 이야기를 전부 처음부터 끝까지 믿어 버리고 마는 것이었다. 그러나 소문은 퍼져서 여자들은 그녀의 자기(磁氣)와 같은 매력에도 불구하고 그녀를 피하게 되었고, 자기 남편이 그녀와 만나는 일이 없도록 대책을 세우는 데 힘을 기울이게 되었다.

톰 닷톤이 죽었을 무렵, 이 부부는 친구들의 거의 전부를 잃고 있었고, 또한 바바라도 중년이 되어 일찌기 남자들을 뇌쇄하곤 했던 미모를 잃은 처지였다.

흑마술의 비법

그녀는 오랜 세월에 걸쳐 가지 가지 악행(惡行)의 보답을 받았다.

그 결과, 그녀 나름대로 이에 대해 복수하는 방법을 연구하게 되었다. 어떠한 경위에선지, 그녀는 현대에 와서는 잊혀지고만 흑마술(黑魔術)의 비법을 발견하여 '마녀회(魔女會)'를 조직했던 것이었다.

그녀의 마음 속에 숨어 있는 어떤 종류의 초능력에 의하여 그녀는 자기가 선택한 사람과 비슷하게 만든 인형에다가 칼자국을 내거나 바늘로 찌르거나 함으로써 그 사람에게 악운(惡運)이 찾아 들게 할 수가 있었던 것이었다. 그녀를 행동으로 몰고 간 것은 무시무시한 그녀 본래의 사악성(邪惡性) 때문인

저주받은 인형

것이 분명하다.

실제로 그와 같은 능력을 갖고 있는 데다가 기술로 그것을 보충하여, 그녀는 가장 흉악한 범죄자만이 할 수 있는 나쁜 짓을 꾸밀 정도로 악의를 키워갔던 것이 아닌가 한다.

그녀가 파메라를 설득하여 자기 모임에 가입하게 할 생각이었다면 바바라는 다시 없이 좋은 기회를 잡은 것이었다.

그녀가 맨 처음에 파메라를 방문한 것은, 파메라가 비탄의 구렁텅이에 빠져서 눈물로 세월을 보내고 있을 때였다. 이 사섹스의 바닷가, 작은 도시의 장사꾼들은 파메라가 가난한 상태에 놓여 있음을 잘 알고 있으므로 그녀에게 외상을 주는 것을 거절하기 시작했다.

파메라는 자기 방 안에 틀어박혀 약자(弱者)의 노여움을 씹어 삼키면서 쓰디 쓴 눈물을 흘리고 있었다. 그래도 친척들에게 자신의 어려운 처지를 호소하기에는 자존심이 너무나 강했기 때문에 그녀는 친척과 멀리하고 있었다. 그러나 닷톤 부인이 갑자기 방문했을 때는, 파메라도 자신의 가난한 상태를 감출 길이 없었다.

진짜 친구라는 것을 연기(演技)로 나타내면서 바바라는 아주 쉽사리 파메라가 눈물짓고 있는 원인을 쉽사리 알아내고 말았다. 파메라의 이야기가 끝나자 잠시 침묵의 시간이 흘렀다. 이윽고 파메라는,

"아, 그녀석에게 어떻게든 본떼를 보여 주어야겠어."

하고 분한듯이 덧붙여 말했다. 물론 그녀는 특정인에게 해를 끼치겠다고 진심으로부터 생각했던 것은 아니었다. 그것은 무력한 인간이 분함을 나타내는 표현에 지나지 않았던 것이지만, 그러나 그것은 바바라가 고대하고 있던 다시 없는 좋은 기회가 되었다. 코린즈 부인은 바바라로부터 중세(中

世) 시대에 이미 없어진 것으로 알려진 어떤 악의적인 방법에 대하여 설명을 들었던 것이었다. 그때, 바바라 닷톤은 타인에게 해를 끼치기 위한 가지가지 비법을 그녀에게 전수했다. 그 주장에 의하면, 적에게 향한 저주가 효과를 발휘해도 다른 사람에게는 눈치채지 않게 하는 방법이 여러 가지가 있다는 이야기였다.

물론 파메라는 그 이야기를 의심했다. 말로 하지도 않는 저주하는 염력(念力) 때문에 사람이 영향을 받는다는 것이 도대체 가능한 일일까? 미묘한 마녀의 독약은, 파메라가 그와 같은 악의(惡意)의 이론을 거부해도 원리만은 받아들이게 될 때까지 오랫동안 그녀에게 작용을 계속했다.

달콤한 이야기로 설득을 당하는 동안 파메라는—— 자기의 의지와는 반대로—— 상당한 정도까지 관심을 갖기에 이르렀다.

유능한 심문관(審問官)도 능히 될 수 있을 것 같은 바바라는 희생자의 성향을 훌륭하게 감지했음이 분명했다. 그녀는 이윽고 회원의 뒤를 돌보아 주는 '일종의 클럽'이 존재한다는 사실을 털어 놓는 것이었다. 얼마후, 그녀는 파메라의 집에서 떠났는데 일주일 안에 다시 찾아오겠노라고 말하는 것이었다. 이것만으로도 이상한 일이었다.

이 부유한 의사의 부인이 가난하게 살고 있는 옛 학교 친구를 한 달에 두 번 이상 방문한다는 것은 여간해서 없는 일이었기 때문이었다. 이로부터 며칠 동안 파메라는 경제적인 어려움을 당해야만 했다.

여러 채권자들에게 지불을 할 수가 없었기 때문이었다. 그들은 고압적인 태도를 취했고, 파메라는 공포에 사로잡혀 있었다.

갑자기 죽은 이웃사람의 수수께끼

다음에 찾아왔을 때, 바바라는 파메라에게 더욱 많은 사실들을 털어 놓았다.

바바라가 조직한 '종교단체'에 가입하기 위해서는 어떤 조건이 필요하다는 것을 이야기하는 것이었다. 파메라는 우선 맹세를 해야 하고, 처음 얼마 동안 혐오감을 느낄지도 모를 어떤 의식(儀式)을 참고 견딜 각오를 하지 않으면 안된다고 설득하는 것이었다.

그 의식이 어떤 것이라는 사실은 결국 밝혀지지 않고 말았다. 이 사태 속에 너무 깊이 말려 들기 전에, 불행한 파메라는 또 다른 그리고 아마도 좀더 강한 정신석 의지를 찾아냈기 때문이었다.

코린즈 부인의 이상스러운 권유에 진심으로 응하지 않았다고 해도 놀랄 일은 아니다. 그러나 바바라는 이 최후의 저항에 대처할 용의가 있었다. 처음으로 그녀는 파메라에게 가까운 시일 안에 자기 집을 찾아 주도록 초대했다.

이로부터 며칠이 지난 어느 날 저녁, 파메라는 다행스럽게도 어느 매우 믿음이 깊은 여인과 알게 되었다. 두 사람은 친해졌다. 두 사람이 바바라 닷톤에 대해서 이야기를 주고 받은 것은 아니었지만 파메라는 이 신앙심이 두터운 기독교인과 알게 됨으로써, 바야흐로 파메라에게 복수하라고 선동하는 악마로 변한 여인의 강력한 감화력(感化力) 때문에 이그러졌던 마음의 안정이 된 것을 느꼈던 것이었다.

코린즈 부인은 결국 바바라의 초대를 거절했다. 하지만 마녀(魔女)는 그녀를 내버려 두지 않았다. 마침내 두 여인은 길거리에서 만나게 되었고, 바바라는 파메라의 집에까지 따라왔다. 파메라는 상대에게 자기가 바빠서 이야기를 하고 있을 틈이 없다는 것을 납득시키기 위해 부엌으로 들어갔다. 그리고 바바라에게 더 이상 그녀가 이끄는 '종교단체'에는 흥미가 없다는 것을 납득시키려고 하니까 바바라의 얼굴은 노여움으로 이그러졌다.

바바라의 강력한 자아(自我) 앞에서는 무슨 말을 해도 소용이 없다는 사실을 파메라는 뼈저리게 깨닫지 않으면 안되었다.

결국 그녀는 바바라가 말하는 복수의 방법이 정말 효과가 있다는 증거가 없다고 주장하는 것외에 다른 도리가 없었다.

그러자 바바라는 값비싼 가죽 핸드백을 열더니, 그 속에서 하나의 작은 흙으로 빚어 만든 인형을 끄집어 냈다. 파메라는 그 인형에 머리털이 몇 개 붙어 있는 것을 보았다. 하지만 이 인형은 정말 유치하기 짝이 없는 물건이었다. 그것은 개성을 표현하는 아무런 특징도 갖고 있지 않았다. 다만 몇 오라기의 머리털을 빼놓고는 말이다.

마녀의 이 작은 시도가 공통된 마음을 갖고 있는 사람들과 힘을 합해서 하면 최대의 효과가 얻어지는 것이지만, 그녀 혼자만으로도 시험해 볼 가치는 있다고 말하고 모자에 꽂힌 핀을 뽑아 파메라를 보면서 두 사람이 알고 있는 어떤 사나이의 이름을 입에 담았다.

이 사나이는 파메라에 대하여 언제나 불친절한 이웃이었다. 그리고 바바라 닷톤은 인형의 가슴에 번쩍번쩍 빛나는 강철 바늘을 인형의 등 뒤까지 나오도록 찔렀던 것이다. 그리고는 한 마디도 말하지 않은 채 그 인형을 핸드백 속에 집어 넣고는 나가 버렸다.

파메라 코린즈는 마녀가 길거리를 지나가는 것을 전송했을 때, 오후 가까운 햇살이 아직도 문 밖을 비추고 있던 것을 지금도 기억하고 있다. 그 다음 날 아침에도 그녀의 이웃에게는 아무런 일도 일어나지 않는 듯이 보였다. 그가 언제나 다름없이 차를 타고 직장으로 나가는 것을 그녀는 약간 가슴을 두군거리면서 지켜 보았던 것이다.

마찬가지로 가슴을 조이면서 그날 저녁에 지켜 보았을 때도 그는 터질 것 같은 건강함을 얼굴 가득히 빛내면서 직장에서 돌아왔다.

그날 밤도 늦게까지, 마녀가 보여 준 시위를 그녀가 믿을 수 없는 마음으로 목격한 뒤 24시간이 지났을 때, 갑자기 파메라는 누군가가 외치는 소리와 급히 달려가는 발자국 소리를 들었다. 문가로 달려간 파메라는 이웃집 아들이 집 앞을 숨을 헐떡거리면서 뛰어 가는 것을 보았다. 의사를 부르러 가는 것이로구나, 하고 그녀는 즉시 짐작하였다. 이로부터 얼마 지나지 않아서 다른 이웃들이 흥분한 채 이야기를 주고 받는 것을 듣고 그녀는 이웃집 남자가 원인을 알 수 없는 심장발작을 일으켰음을 알았던 것이다.

다음 날 아침이 되기 전에 그는 세상을 떠났다. 그러나 새로 과부가 된 여인을 빼 놓고는, 이 근처 생활양식에 특별한 변화가 일어나거나 하는 일은 없었다.

다만, 환자를 돌본 의사와 죽은 사람의 부인과 파메라 코린즈 세 사람만이 어째서 죽기 직전까지 매우 건강하던 그 사나이가 갑자기 치명적인 심장발작을 일으켰을까를 의심할 정도로 이 사건에 관심을 가질뿐이었다.

체포된 후 유죄 판결

코린즈 부인으로서는 닷톤 부인에게 지방 의사보다도 더 나은 의학적 지식이 있어서 이 이웃사람의 진정한 건강상태를 파악하고 있었던 것이 아닌가 하는 의심을 떨쳐 버릴 수 없었지만, 한편으로는 이와 같은 사실을 알게 된 이상 더 바바라와 교제하는 것이 무서워져, 바닷가를 따라서 몇 마일 앞에 있는 다른 마을로 이사갈 결심을 했던 것이다.

그 다음해, 그리고 그 다음 다음해에 걸쳐 몇 번 가량, 그 전 주소에서 전송(轉送)되어 온 닷톤 부인이 보낸 편지를 받았으나 파메라는 언제나 불태워 버리곤 했었다. 이 마녀에 대한 이야기도 파메라에게는 거의 잊혀진 기억이 되고만 15년 뒤, 파메라는 전에 살던 고장에서 일어난 어떤 협박장 사건에 대한 기사(記事)를 신문에서 읽었다.

그 피해자(被害者)의 이름이 X씨라고만 적혀 있었지만 파메라에게는 그 인물이 유명한 실업가라고 얼른 짐작이 갈 만한 지식을 갖고 있었다. 그리고 협박자는 바바라 닷톤이라는 사실도 알았다.

그 실업가는 몇 년 전에 바바라가 주최하고 있는 종교단체에 가입했었으나 염증을 느끼게 되어 그 단체와 인연을 끊으려고 몹시 애를 썼다는 것이었다.

사실 그는 법정에서 자기도 참가한 '의식'이라고 하는 것을 부끄럽게 생각한다고 까지 고백했던 것이다.

바로 거기에 그의 약점이 있었다. 바바라 닷톤은 그것을 꿰뚫어 보고 사악(邪惡)한 집단에서의 그의 활동상황을 폭로하겠다고 그를 협박함으로써 그녀는 체포되어 재판에 회부되었고 유죄선고를 받았다. 그러나 피고석에서 떠나기 전에 그녀는 법정 안의 반대 쪽에 있던 X씨를 향하여 이상한 물건을 집어 던졌다.

　그것은 몇 오라기의 머리털을 심은 인형이었다. 그 인형에는 한 개의 바늘이 꽂혀 있었다. 이로부터 사흘 뒤, 그 유명한 실업가가 심장발작을 일으켜서 길 위에서 급사했을 때, 파메라는 자기가 의심하고 있던 것이 역시 사실이었음을 깨닫게 되었다.

　이로부터 1년 가까운 세월이 지난 뒤, 그녀는 자기가 세들고 있는 같은 호텔로 이사해 온 한 미망인(未亡人)과 알게 되었다. 이 부인도 파메라가 살던 같은 고장——바바라 닷톤이 못된 짓을 마음껏 저질렀던 곳——의 출신이었으므로 공통적으로 아는 이가 많았다. 파메라가 새로 사귀게 된 미망인은 X씨, 즉 유명한 실업가의 부인이었다.

　파메라는 그녀로부터, 그가 길 위에서 갑자기 죽게 되기 며칠 전 보험회사의 건강진단에서 합격했었다는 사실을 알아 내었다. 그의 죽음은 의사들의 머리를 혼란스럽게 했다. 건강진단을 받았을 때의 그의 심장은 완전히 건강했기 때문이었다.

제 3 장
현대에 나타난 과거

1. 유령전쟁의 소용돌이 속에 들어가다

갑자기 들려 온 한 발의 총성

전투중에 일어나는 온갖 감정 —— 공포·용기, 그리고 믿을 수 없을 만큼의 대담한 행동 등 —— 그러한 것들이 어떤 설명할 수 없는 원리(原理)에 의하여 그곳의 분위기를 변화시킨다고 하는 게 있을 수 있는 일일까?

많은 사람들이 노르망디 상륙작전의 거점이 된 곳이나, 또는 덩케르크 같은 곳을 찾았을 때 경험하는 이상스러운 현상에 대하여 이 원리가 시사할 수 있는 유일한 설명 —— 도저히 적절하다고는 말하기 어려운 초자연적인 설명이긴 하지만 —— 인 것처럼 생각된다.

이 문제를 간단히 무시할 수 없을 정도로 많은 사람들은 몇년 전에 전사한 병사들의 외치는 소리와 그들을 말살한 기관총 총격 소리와 포화가 울리는 소리를 듣고 있는 것이다. 이런 종류의 실화들 가운데 아마도 가장 널리 알려졌고 또 가장 확증된 것은 서머셋의 젊은 한 농부인 존 와토키스가 체험한 이야기가 아닌가 한다. 그것은 70년 이상이나 옛날에 일어난 사건이다.

여름날 어느 저녁 때, 와토키스는 서둘러 집으로 돌아가고 있었다. 해는 이미 기울어져 있었으나 서쪽 하늘은 아직 밝았고 그것을 배경 삼아서 키가 큰 생나무 울타리가 양쪽에 검고 무겁게 떠올라 있었다.
 작은 길은 반쯤 간 곳에서 오른쪽으로 꺾였고, 몇 번이나 통과했던 길이기 때문에 그는 거의 자동적으로 길을 따라서 오른쪽으로 꺾어 들어갔다. 바로 그 순간, 그는 고요한 가운데 한 발의 총소리가 놀랄 만큼 크게 울리는 소리를 들었다.
 그 소리는 그의 뒷쪽, 작은 길 가장 자리에 서 있는 높은 생울타리 너머에서 들려온 소리였다. 그는 깜짝 놀라 돌아다 보았으나 아무것도 보이지 않았다.
 그가 다시 걷기 시작한 순간, 이번에는 일제히 사격하는 총성이 울려 퍼졌다. 그리고 뒤이어 그는 수많은 사람들의 목소리와 말이 달리는 말발굽 소리를 들은 것이었다.
 그는 무서워져서 작은 길에서 나와 마치 기병대(騎兵隊)의 돌격과 같은 소리를 내고 있는 그 무엇에 짓밟히고 마는 게 아닌가 겁을 집어먹고, 조심조심 어깨 너머로 돌아다 보았다. 그러나 그곳에는 전혀 아무것도 보이지 않았다. 그러면서도 소리는 점점 더 시끄러워져 가기만 했다.
 그것이 무엇인지는 모르나, 그것이 그에게 위험을 끼칠 것 같은 생각이 들었으므로 그는 그 자리에서 뛰어 달아나고 말았다.
 소리는 점점 멀어지고 작아져 갔으나 자기 집이라는 비교적 안전한 곳까지 지친 몸으로 도착할 때까지 뛰는 것을 멈추지 않았다. 아내에게까지 자기가 느낀 공포심을 숨길 수는 없는 일이었기 때문에 그는 자기가 겪은 체험을 이야기해 주었으나 절대로 다른 사람에게는 이야기하지 말라고 신신당부를 했다.

이 근처에서 무엇인가 좋지 않은 일이 일어나고 있는 것은 확실한데 그는 그런 일에 끼어들게 될까봐 두려워했던 것이었다. 그의 아내는 남편과의 약속을 지켰다——. 즉 하루인가 이틀 동안만은 지켰다. 그러나 이런 이상한 이야기를 친구에게 이야기하고 싶다는 충동에 끝내는 굴복하고 말았다.

역사적인 사실과 부합

그 주말까지 와토키스는 무엇인가 이상한 소리를 들었고 또 이상한 것들을 보았기 때문에 소스라치게 놀랐다는 소문이 온 마을 안에 퍼지고 말았다.

그는 심술이 나서 그 일에 대해서는 입을 굳게 다물고 이야기를 하지 않았다. 그러나 소문은 필연적으로 목사의 귀에도 들어갔다.

목사는 적지 않게 관심을 가졌다. 그는 일종의 학자였고, 이 지방에 대해서는 마을 사람들이 오래 전에 잊어 버린 일들에 대해서도 잘 알고 있었던 것이었다. 그는 애를 써서 와토키스와 만났고, 소문의 주인공은 하는 수 없이 자기가 겪은 일들을 전부 이야기했다.

"그것은 언제 일이었죠?"

"화요일이었어요."

하고 와토키스는 대답했다.

"그러면 7월 6일이 되겠군요. 몇시쯤이었죠."

"글쎄, 아마 대체로 아홉시 무렵이 아니었던가 합니다."

"그래, 어느 정도로 그 소리가 계속되었던가요?"

와토키스는 머리를 저었다.

"모르겠습니다. 그곳에 머물러 계속해서 들은 게 아니니까요. 제가 들은 것은 5분 아니면 10분쯤이었을 겁니다."

그는 여기서 잠간 이야기를 중단한 뒤에,

"한 가지 납득이 가지 않는 일이 있습니다. 제가 서 있었던 위치로 봐서 아무리 상상해 봐도 도저히 있을 수 없는 일이 일어난 것입니다. 제가 듣기에 그 소리로서는 말들이 똑바로 제가 서 있던 작은 길로 달려 오는 것같이만 생각이 들었습니다만, 그러나 생각해 보면 그럴 까닭이 없습니다. 저렇게 높은 생울타리가 솟아 있었으니까요."

목사는 농부의 얼굴을 뚫어지게 바라다 본 뒤에 천천히 이야기했다.

'당신은 5백년 전, 7월 6일 밤에 이 근처에서 무슨 일이 있었는지 알고 있습니까?'

와토키스는 어안이 벙벙해질 뿐이었다.

1685년 그날 밤, 운이 다 된 몬마우스 공(公)의 군대는 정예부대로 편성된 왕당군(王黨軍)의 사정없는 공격을 받고는 궁지에 빠져 있었다.

찰즈 2세의 아들인 이 젊은 공작은 유형지(流刑地)로부터 도망나와 숙부인 제임스 2세로부터 왕위를 다시 뺏으려고 했다.

대중은 그를 열렬하게 환영하여

찰즈 2세(원내)와 처형 광경

8천명 가량의 병사들이 그의 밑에 모였다. 몇 주일이 지나지 않아서 영국 서부의 전군(全軍)이 몬마우스의 모반군(謀反軍)에 가담했다.

처음 얼마 동안은 반란군이 승리를 거두었으나 병력상으로 우세한 왕당군이 차차 모반군을 몰아 세웠다. 그리하여 마침내 그해 7월 초에 양군의 승부를 가리는 대결전의 날이 찾아오고 만 것이었다.

자기 휘하 군대의 최종적인 능력을 시험하지 않을 수 없게 된 젊은 몬마우스 공은 야습을 하기로 결정했다.

이 고장 출신인 안내인의 인도를 받아 그의 군대는——아마도 와토키스가 걸어간 것과 같은 길을 더듬어가면서——몰래 왕당군의 진영에서 2, 3백 야드의 거리까지 도착했던 것이었다.

왕당군과 모반군 사이에는 길고 깊은 마른 웅덩이가 가로 놓여 있었다. 모반군의 작전은 이 마른 웅덩이 속에 몰래 기어 들어가서 적군쪽으로 돌아가 그 뒤에 적의 진영 속으로 쳐들어갈 생각이었다. 이처럼 가까운 거리에서 기습을 한다면 승리는 틀림없을 것으로 예상되었다. 그러나 잘못해서 그랬던 것인지 아니면 배반했기 때문인지, 모반군의 기병 한 사람이 발포를 해버리고 말았다. 그 한 발의 총성은 여름밤의 정적 속에 경보와 같이 울리어 왕당군은 곧 경계태세를 굳힌 것이었다.

새벽녘까지는 모두 끝장이 나고 말았다. 왕당군의 정예부대들은 무장도 훈련도 불충분한 농민병(農民兵)들을 글자 그대로 대학살하고 말았던 것이었다.

몬마우스 공작은 부상을 당하지는 않았으나 공포에 떨면서 도랑 속의 덩굴 속으로 몸을 감추려고 버둥거리고 있는 것이 발견되어 런던으로 끌려 갔고, 결국은 참수형(斬首刑)을 당함으로써 영국 역사상 마지막인 모반극의 종말을 고하고 말았다.

공작은 그의 부하들보다는 운이 좋았던 편이었다. 왜냐하면 이로부터 몇 달 동안, 왕당군의 부대들은 그들을 짐승처럼 샅샅이 잡아 내었기 때문이었다. 그리고 악명 높은 제프리스 재판장 지휘 아래 왕가(王家) 소속의 판사단이 그들은 한데 묶어서 재판했던 것이었다.

무죄를 선고받은 것은 불과 몇 사람 밖에 되지 않았다. 단지, 무장병뿐만 아니라 조금이라도 모반군을 도운자들은 불에 태워 죽이거나 교수형 또는 참수형에 처해졌던 것이었다.

싸움터에 남아 있는 원한

이상이 거의 문맹에 가까운 와토키스가 이때 비로소 알게 된 역사 이야기였다. 그러자 이제 역사적인 배경을 알게 된 지금에 그는 상세한 점을 설명할 수가 있었다.

그 맨 먼저 들린 한 발의 총성은 불행한 과오에 의한 발포였었다. 그 직후에 들려온 일제사격의 소리는, 아마도 왕당군에서 쏜 것으로서 이를테면 죽음의 덫에 걸린 것이나 다름없는 밀집된 병사들을 향해서 쏘면 반드시 누구엔가 명중한다는 확신 아래 도랑을 향해 마구 사격한 것이 분명했다.

한편으로 그는 기병대가 분명히 키가 높은 생울타리를 향하여 무섭게 달려온 소리를 듣게된 이유를 알았다.

백 년 전까지만 해도 그곳은 넓은 빈 터였다. 그런데 오늘날에 이르는 오랜 세월이 흐르는 동안에 나무들이 무성하게 자랐던 것이었다. 그러한 상황들은 모두 역사상 일어난 사실과 그의 체험과 일치하는 데 도움이 되었다. 가장 이해할 수 없는 점은 시간적인 요소에 있었다.

그는 일제사격의 소리와 함께 뒤따라 기병대가 돌진하는 말발굽 소리를 들었는 데, 실제에 있어서는 기병대에 의한 공격은 적어도 이로부터 한 시간 뒤에 이루어졌던 것이다.

이 이상한 이야기 가운데, 이것만이 설명하기 어려운 점인 것은 아니다. 와토키스보다도 먼저 세지무어의 유령전쟁의 소리를 들은 사람이 있었을지도 모른다. 그러나 그렇다 하더라도 그 기록은 남겨져 있지 않다. 그러나 와토키스가 체험한 뒤, 호기심을 지닌 사람들이 몇 번이나 7월 6일 밤에, 그 작은 길에 걸음을 옮기곤 했었다. 그리하여 때로는 그 끔찍스러운 현상이 재현(再現)된 적도 있었으나 그것은 드문 현상에 지나지 않았다. 또 설사 그런 현상이 일어난다고 해도 그것은 언제나 7월 6일 밤인 것은 아니었다.

그런 현상이 언제 일어날지는 전혀 짐작을 할 수가 없었던 것이었다. 이 재현현상(再現現象)이 우리 세기(世紀)에 보고 된다고 해도 세지무어의 전쟁은 아주 오랜 옛날에 있었던 이야기이다. 그러나 비슷한 이야기가 최근에 있었던 전쟁에 대해서도 있다——1940년 덩케르크의 싸움이 그 예이다.

이 두 개의 전쟁이 지닌 공통점은 무엇일까? 초자연적인 설명을 끝내는 것은 확실히 타당한 일이 아니다.

현재는 아직 해명되기 어려운 어떤 방법으로 시간축(時間軸)이 반대로 돌아가 잠시 동안 지난 날에 있었던 유혈사건(流血事件)이 현재에 재현되어 사람들을 놀라게 하는 것같이 생각 될 뿐이다.

2. 영응반(靈應盤)이 고백한 살인사건

영응반의 불가사의

톰 바아트렛드가 런던에서 에섹스로 차를 몰고 달린 것은 1968년 여름의 어느 날 아침 새벽이 조금 지났을 무렵이었다.

콜체스터의 교외에 있는 농협에 도착했을 때, 그는 차를 멈추고 옛날 육지 측량부에서 만든 지도를 꺼내 놓고, 조심스럽게 조사했다.

이곳이 그가 찾고 있는 들판인 것은 의심할 여지가 없었다. 왜냐하면 이상한 모양을 한 언덕에는 아직도 세 그루의 고목(古木) 느릅나무가 서 있었기 때문이었다.

차의 트렁크에서 부삽을 꺼내자, 그는 그 들판을 가로질러 가서, 세 그루의 느릅나무 근처까지 가서 거기서부터 땅을 파기 시작했다.

그곳에서 무엇인가 찾아 낼 것을 정말 기대하고 있었던 것은 아니었다. 아니 사실은 아무것도 찾아내지 못하기를 원하고 있었는지도 모른다. 왜냐하면 그가 이미 자기 자신에게 타이른 것처럼, 이 세상에는 감추어진 채로 있는 편이 나은 것도 있기 때문이었다.

비록 그것이 백 년 이상이나 옛날에 있었던 살인 사건이었을 경우에도 말이다. 그럼에도 불구하고 그는 파지 않고는 견딜 수 없는 충동에 사로잡혀 있는 것이었다.

왜냐하면 그는 유령 같은 게 있다는 사실을 믿고 싶지 않았기 때문이었다. 초자연적인 일체(一切)의 것을 믿고 싶지 않은 때문이었다. 그러나 그는 살인과 그 오판(誤判)의 증거가 그에게 주어질 결과를 결코 잊을 수 없다는 것을 알고 있었다.

적어도 그 느릅나무 밑에서 아무 것도 발견하지 못한다면 그는 이 사건의 일체를 잊을 수가 있었을 것이다.

이 일의 발단은 몇달 전을 거슬러 올라간다. 몇 사람의 친구들이 런던의 베이스워터에 있는 그의 아파트에 모여서 술과 트럼프 게임을 즐긴 일이 있었다. 이때 모인 사람들은 그의 약혼녀인 밀리암과 그녀의 오빠인 하리, 하리의 여자 친구인 헬렌이었는데, 아주 즐거운 시간을 보냈으나 이윽고 여자들이 포오카 게임에 싫증을 느끼게 되었다.

밀리암이 강령술(降靈術)을 해보자고 제안한 것은 바로 이때였다.

다른 사람들은 처음에는 그녀가 농담을 하는 줄 알았는데, 그녀는 위쟈반에 대하여 설명을 함으로써 진실임이 밝혀졌다. 알파벳 26 글자를 잘 닦은 식탁 위에 둥글게 늘어 놓고 또 한 하나에서 열까지의 숫자를 이에 덧붙여 놓는다.

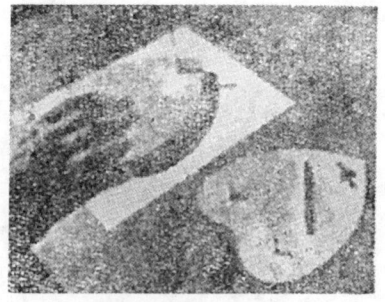

영응반의 모습

그리고 이 자리에 참석한 전원이 저마다 한 손가락을 거꾸로 놓은 술잔 위에 가볍게 얹는다. 그리고는 그 술잔에 여러 가지 질문을 한다. 술잔이 영(靈)의 지배를 받게 되면 해답을 기록한다는 이야기였다.

톰과 하리는 이런 제안에 대하여 그저 웃고만 있었으나 여성들은 몹시 열성적이었으므로 그것을 시험해 보기로 모두들 의견이 일치했다.

이 놀이에서 효과적인 분위기를 위하여 하리는 방 한쪽 구석에 놓여 있는 작은 탁자 전등 외의 다른 전등은 전부 불을 끄고 말았다.

준비가 다 되자, 그들은 모두 한 손가락을 주의 깊게 술잔 바닥에 올려 놓았다. 그리고 모두들 엄숙한 표정으로 어떤 일이 일어나나 기다렸으나 헬렌은 웃음을 터뜨리고 마구 웃기 시작했다.

"조용히 해요. 엉망으로 만들 셈이오."

하고 밀리암이 말했다.

좀더 깊이 정신을 집중하기 위하여 두 눈을 감으면서 그녀는 또렷한 목소리로 물었다.

"누가 거기 있지 않습니까? 우리들은 당신 친구입니다. 우리들에게 이야기하고 싶지 않습니까?"

헬렌은 와들와들 떨면서 웃음을 참고 있었으나 그 웃음은 곧 조용해지고 말았다. 그 뿐만이 아니었다. 놀라움 때문에 숨이 막히었다. 술잔은 갑자기 검은 글씨로 〈YES〉라고 선명하게 씌어 있는 세 개의 흰 정방형(正方形) 편으로 미끄러져 갔기 때문이었다. 밀리암은 긴장해서 물었다.

"당신은 누구십니까?"

영(靈)이 적은 고백의 글자

　한동안 뜸을 들인 뒤에 술잔은 M글자 있는 데로 미끄러져 갔다. 그리고는 A·G·N·U·S……라고 계속했다.——'마구너스 라이리'라고 술잔은 글씨로 표시했다.
　"술잔을 민것은 누구야?"
　하고 톰이 목소리를 죽여서 말했다. 그러나 밀리암은 그의 말을 무시하고 질문을 계속했다.
　"당신은 누구십니까? 살아 있을 때는 무엇을 했습니까?"
　한동안 술잔은 꼼짝하지 않았다. 그리고는 주저하면서 둘레 속의 다른 글자를 가리키기 시작했다. 이 무렵이 되자, 네 사람은 다같이 새로운 말을 적어 가는 술잔에 매혹당한 것과 같은 상태에 빠져 있었다. 그리고 이번 말은,
　"살인입니다."였다.
　하리는 일어서자 방 안의 전등을 켰다.
　"농담은 이제 그만하지! 인제 그만두자. 하나도 재미없다."
　하고 그는 소리쳤다.
　밀리암은 당황해 했다.
　"이건 농담이 아니예요. 이것은 사실을 말하고 있는 거예요. 당신이 엉망으로 만들어 버리고 말았어요. '마구너스 라이리'는 우리들에게 통신을 하려고 하고 있는 거예요. 틀림없이 고백하지 않으면 안될 일이 있었던 거예요. 자아! 다시 한번 시작합시다."
　그러나 하리는 절대로 응하려고 하지 않았다. 뭐라고 설득을 해도 약간 얼굴이 창백해진 하리를 또다시 식탁 앞에 앉게 할 수는 없었다. 뿐만 아니라 그는 외투를 걸쳐 입고는 집

으로 돌아가 버리고 말았다. 나머지 세 사람이 전등불을 끄고 또다시 영혼과의 통신을 해 보려고 했으나 더 이상 아무런 일도 일어나지 않았다.

밀리암과 톰은 낙심했으나 헬렌은 오히려 마음이 놓인 모양이었다. 그녀는 이런 일에 끼어 드는 것을 좋아하지 않았다.

"아직 단념할 것은 없어."

하고 톰은 밀리암에게 외투를 입혀 주면서 이야기했다.

"어쨌든 흥미 깊은 일이야. 앞으로 또 시험해 보도록 하지."

이윽고 톰과 밀리암은 이 '술잔 게임'을 하기 위해 일주일에 한 번 만나는 것이 습관되어 버렸다. 꽤 여러 번 그들은 '마구너스 라이리의 영혼'과 통신할 수가 있었고, 영혼이 그들의 질문에 대답함에 따라서, 그가 살았을 때 일어난 일들에 대해서 자세히 알게 되었다.

영혼이 두 사람에게 이야기한 바에 의하면, 그는 콜체스터의 구석에 있는, 지금은 버려진 농가에서 부모와 누이가 함께 살고 있었다고 하였다. 상당한 유머와 센스가 있었던 사나이었던 모양이어서 그가 적어 보낸 통신문을 읽고 밀리암과 톰은 자주 웃곤 했다.

살인에 대해서 그는 더 이상 이야기하려고 하지 않았고, 톰과 밀리암도 그 문제에 대하여 그 이상 추궁해 보고 싶다고 생각하지 않았다.

마구너스 라이리가 18세기 말에 죽었음이 분명히 확인되자, 톰은 밀리암에게는 비밀로, 시(市)의 기록을 근거 삼아 조사해 보려고 결심 했던 것이었다.

그는 마침내 살인사건에 대한 재판기록을 발견했다. 에드

워드 존스라고 하는 사나이가 농부와 존 라이리 부인과 딸인 엘리자를 죽였다는 죄목으로 교수형이 집행되었던 것이었다. 범행의 동기는 치정(痴情)이었다.

살인자는 엘리자를 탐냈던 모양으로 그 때문에 그 농장집에서 말다툼이 벌어져 마침내 농부도 부인도 딸도 모두 살해당하고 말았던 모양이었다. 이 정보를 얻자, 톰은 다음 강령술을 행할 때에 이 일에 관하여 라이리에게 질문해 보자고 밀리암에게 제안했던 것이었다.

"당신은 에드워드 존스를 알고 있습니까?"

하고 톰이 물어보자, 테이블이 흔들려서 술잔은 곧 'YES'를 가리켰다.

그리고는 빠른 속도로 '그녀석은 악마다!'라고 적었다.

"그가 당신의 누이동생을 죽였습니까?"

술잔은 한순간 정지했다. 그리고는 잠시 주저하는 것처럼 글자 주위를 맴돌더니 'NO'라는 글씨를 가리켰다.

"누가 누이동생을 죽였습니까?"

술잔은 경련하듯이 글씨를 가리켰다.

"납니다."

그리고는,

"누이동생은 우리 집안의 명예를 더럽힌 것입니다."

그리고는 잠시 멎었다가,

"누이의 아이가 태어났을 때, 나는 그 갓난애를 데려다가 땅 속에 묻었습니다. 그리고 누이동생을 죽였습니다. 갓난애는 농장 뒷곁에 있는 세 그루의 느릅나무 가운데 한 나무 밑에 묻었습니다."라고 말했다.

땅 속에서 나타난 백골

이야기가 이렇게 전개됨에 따라서 밀리암은 점차 공포에 사로잡힌 나머지 한 손으로 입을 막았다.
"에드워드 존스는 나의 부모가 누이동생을 죽인 것이라고 생각하고 나의 부모를 죽인 것입니다."
하고 술잔은 기록했다.
"그러나 그는 처벌되지 않았습니까?"
하고 톰은 조용히 말했다.
"그러나 당신은 처벌을 받지 않았잖아요."
술잔은 천천이 움직여서 슬픈듯이 대답을 적었다.
"나는 처벌을 받고 있습니다——. 앞으로 영원히!"
이런 일이 있은 뒤로 밀리암은 완전히 겁을 집어 먹고 두 번 다시 위쟈반 놀음을 하지 않게 되었다. 그러나 톰은 마구너스와 시(市)에 보관되어 있던 기록 속에서 발견한 사실에 대한 호기심의 포로가 되어, 마침내 그 지역에 대한 대단히 오래된 지도를 찾아 내고, 문제의 농장의 위치를 발견해 낸 것이었다. 그리하여 그는 1968년 여름의 어느 날 아침 새벽 일찍 땅을 파헤치고 있었다.
그러나 그는 그곳에서 무엇인가를 발견할 수 있다고 믿고 싶지는 않았다. 마구너스가 실재(實在)의 인물이었다는 확신도 없었고 그것은 아마도 단지 믿기 어려울 정도로 부합된 우연의 일치의 연속에 지나지 않으리라고 생각하고 싶었다.
이윽고 그의 부삽은 무엇인가 딱딱한 것에 부딪쳤다. 아마 돌일 것이라고 그는 생각했다.
커다랗고 둥근 돌일 것이라고 생각했다. 그러나 그곳에 무릎을 꿇고 앉아서 흙을 털고 보았을 때, 그는 마구너스가 실재의 인물이었다는 것, 그리고 그가 한 말이 거짓이 아니었음을 깨달았다.
 아침의 이른 햇살을 받고 희게 빛나고 있는 것은, 작은 두개골이었던 것이다. 톰은 오랫동안 그것을 뚫어지게 바라다보고 있었다. 그의 걱정은 차차 측은하게 여기는 감정으로 바뀌어 갔다.
 마구너스에게 대해서도, 갓난애에게 대해서도, 그리고 이 살인 사건에 말려 들어간 모든 사람들이 그저 측은하게만 느껴지는 것이었다.
 이윽고 그는 그 작은 두개골을 다시 먼저 자리로 옮겨 놓고 흙을 덮어서 표면을 발로 밟아서 탄탄하게 다졌다.
 자기가 파헤친 것을 그 누구도 눈치채지 못하리라는 것을 확인한 뒤에 그는 차로 돌아왔다. 이것은 그대로 두어 두었어야 했던 일이었다. 이 세상에는 모른 채 내버려 두는 편이 더 좋은 일이 있으니까 말이다.

3. 처자를 죽이는 유령 현장을 촬영

숲 속에서 사라진 모자

1800년 5월의 어느 날 아침, 그녀가 갓난애를 가슴에 안고 에핑그의 숲으로 어슬렁 어슬렁 걸어가는 것을 몇 사람이 보고 있었다. 그러나 그것에 이상한 점은 하나도 없었다.

에마 존슨은 숲의 평화와 고독을 좋아했을 뿐더러 이 숲이야말로 그녀가 남편의 의심이 가득찬 눈초리로부터 피할 수 있는 유일한 곳이었기 때문이다.

숲 속은 어린애와 단둘이 있는 것만으로 마음을 즐겁게 해 주는 곳이었다. 그 아이가 자기 자식이 아니라고 하는 남편인 샘의 비난을 잊을 수 있는 유일한 장소였다.

사냥터를 지키는 사람인 빌 클라아크는 그녀가 나무 밑으로 주위에 햇살이 비치는 속을 걸어가고 있음을 보았다.

그때의 그녀가 얼마나 행복해 보였는가를 기억하고 있는데에는 그럴 만한 충분한 이유가 있다. 즉, 그가 그녀의 살아 있는 모습을 본 마지막 인물이 되었기 때문이다. 클라아크는 또한 이 비극의 발견자이기도 했다.

그날 밤 늦게 한 친구와 함께 숲 속 연못 기슭에 서 있노라니까 무엇인가가 힐끗 눈을 스쳤다. 두 개의 물체가 물결이 없는 깊은 물 바닥에 놓여 있는 것이었다. 두 사나이가 그것을 끌어 올렸다.

그것은 죽은 에마와 그녀의 어린애였다. 자살한 것이 틀림없는 것 같았다. 비참한 상황속에서 죽은 많은 사람들과 마찬가지로 머지 않아 에마와 그녀의 아이의 유령이 그 죽은 곳을 헤매고 있다고 사람들 입에 오르게 되었다.

이로부터 130년 동안, 많은 사람들이 에마의 유령을 보았노라고 단언을 했고, 무엇인가 이상한 일이 그곳에서 일어나고 있음이 틀림없다고 주장했다.

하지만 어떤 세상에도 회의론자(懷疑論者)는 있게 마련이다. 이안 스미드라고 하는 젊은 신문사 카메라맨도 그런 사람들 가운데 하나였다. 스미드의 주장은,

"카메라는 거짓말을 할 수 없다."

고 하는 것으로서, 그는 자주 유령이라고 하는 것이 존재한다면 어째서 사진이 찍혀진 일이 없는가 하고 주장하고 있었다.

친구들 가운데 몇 사람이 그렇다면 저 숲 속에서 카메라를 갖고 혼자서 하룻 밤을 지내 보지 않겠느냐고 한 것은 그런 그의 장담때문이었다.

그는 친구들의 도전에 응하여 에마의 유령이 연못 주위에 나올 듯 싶은 밤, 이미 핀트를 맞춘 카메라를 갖고 텐트 속으로 들어 갔다.

만일 그곳에서 무엇을 보았을 경우, 재주를 피우지 못하도록 그는 뚜껑에다가 특별히 봉인(封印)을 한 카메라를

유령사진

제3장 현대에 나타난 과거 93

받았다. 필름은 중립적인 증인의 입회 아래, 어느 지방신문의 편집자가 집어 넣었다.

그리고 그 편집자는 맨 처음 한 장을 찍어 놓았다——이 사실은 스미드에게는 비밀로 했다. 이것으로서 필름에다가 장난을 한다는 것은 절대로 할 수 없는 셈이었다.

이상스러운 망령(亡靈)의 출현

그는 연못 근처에서 길고 쓸쓸한 밤을 자지 않고 보냈다. 들리는 것이라고는 부엉이의 울음 소리와 멀리 떨어진 길 위를 달려가는 자동차의 희미한 소음뿐이었다.

한 밤중이 되려면 앞으로 몇 초 남은 바로 그때, 스미드는 주위가 끝없이 조용해지는 것을——부자연스러울 정도로 조용해지는 것을 느꼈다. 이어서 텐트의 주위에 소름이 오싹 끼치는 추위가 감돌았다.

그는 텐트 장막을 걷어 올리고 카메라에 손을 뻗혔다. 연못쪽을 보았다.

그가 본 것은 에마의 유령이 아니라 물가에 모여 있는 손에 지팡이를 들고 승모(僧帽)를 쓴 많은 사람들의 모습이었다

어느 정도의 인원인지는 알 수가 없었으나 나무들 사이로 한데 몰려서 걸어오는 희미한 사람들의 모습에 강한 인상을 받았다. 그는 올바르게 노출을 맞추어서 사진을 찍었다.

사람들은 연못 곁에 모여서 무엇인가를 기다리고 있는 모양이었다.

숲 속 약 50야드 가량 떨어진 곳에 있는 빈 터를 지나서 여자의 몸과 같이 보이는 것을 운반하면서 한 인물이 비틀거리

면서 걸어왔다. 그 인물은 무엇인가를 집어 던졌다. 달빛 속에서 스미드는 그것을 분명히 볼 수가 있었다.
"갓난애의 시체!"
공포에 떨면서 스미드는 에마 존슨과 그 어린애를 죽이는 장면이 되풀이 되는 것을 보고 있구나 하고 깨달았다.
세 명의 유령은 더욱 연못으로 가까이 왔다.——어린애가 몹시 울기 시작했다.
사나이가 안고 있던 것을 연못 속에 집어 던졌을 때 스미드는 또 한 장 사진을 찍었다. 그러자 많은 유령들은 사라졌다.
스미드는 연못으로 달려와서 수면에 퍼져 가는 잔 물결을 보았다. 이 파문은 붕어가 물 위로 뛰었기에 생긴 것일까? 아니면 그가 방금 분명히 보고 사진을 찍은 믿기 어려운 광경 때문이었을까?
그러나 그는 이 이상 조사해 볼 생각이 들지 않았다. 이 회의론자는 완전히 무서운 생각이 들어서 더 이상 무서운 그 자리에 머물고 싶지 않아진 것이다.
카메라를 움켜 쥐려고 한순간 섰을 뿐, 그 뒤로는 마을까지 줄곧 멈추지 않고 달려갔던 것이었다.
그는 자기가 눈으로 직접 본 장면을 상상의 산물이라고 생각하고 싶었다. 그리고, 카메라 속에 들어 있는 필름이 그것을 분명히 증명해 주기를 바랐다.

카메라가 잡은 수수께끼

다음 날 아침, 스미드는 예의 편집자가 일하고 있는 신문사로 카메라를 가지고 갔다.

다른 입회인들도 소집이 되었다. 그들은 카메라를 조사해 보고 다른 농간이 부려져 있지 않다는 사실을 확인했다. 이어서 카메라는 열려지고 필름은 현상이 되어 사진이 나왔다.
 현상을 맡은 사진사는 이제까지의 경위에 대해서 아무것도 몰랐다. 그는 신문사에 세 장의 사진을 보내왔다.
 세장만이 찍혀졌던 것이었다. 한 장은 여러 증인들이 찍혀 있었다. 편집자가 찍은 것이었다. 나머지 두 장은 아주 놀랄 만한 것이었다.
 두장째에는 연못과 나무들 사이에 모여 있는 승모를 쓴 수십 명의 사람들의 희미한 모습이 찍혀 있었다. 허나 세장째는 더욱 무시무시한 것이었다. 한 인물——아마 그도 수도승인 듯했다——이 여자의 시체 같은 것을 연못 속에 집어 던지고 있는 사진이었다.
 에마와 관련된 유령의 수수께끼를 푼다. 또는 그녀가 죽은 데 대한 설명을 한다——는 정도가 아니었다. 더욱 이해할 수 없는 문제가 제기된 셈이었다.
 그 사건에서 수도승들이 어떤 관계에 있었는지 아는 이는 아무도 없었기 때문이었다. 이윽고 저명한 에섹스의 역사가가 스미드의 경험담을 듣고, 사진을 보고 하나의 가능한 해석을 내렸다. 그것은 유령을 보았다는 보고를 더욱 확인해 주는 이야기였다.
 교구 기록보의 기재에 의하면 샘 존슨은 그 아내가 갑자기 죽은 뒤, 근처에 있는 수도원의 평수사(平修士)가 되었다.
 이것은 이 수수께끼의 사건 전체에 흥미 있는 서광(曙光)을 던져 주었다.
 왜냐하면 그 수도원의 승려들은 죄를 고백하고 그것을 뉘우친 범죄자들을 평수도사로서 받아들이는 습관이 있었기 때문이었다. 다만 이 견습승(見習僧)은 속죄로서 일정한 기간 동안 자기의 범행을 몇 번이고 재연하는 것을 동의하지 않으면 안되게 되어 있는 터였다.

샘은 수도원의 모든 승려들로서 이루어진 관객 앞에서 하는 수 없이 자기가 저지른 끔찍한 행위를 되풀이 해 보이는 수밖에 없었다. 이 목적은 자기가 범한 죄를 당사자에게 항상 생각하게 만들자는 데 있었다. 그리하여 선배승들이 그의 죄가 모두 사라졌다고 생각했을 때 비로소 그는 진짜 승려가 될 수 있는 것이었다.

샘 존슨이 승려가 된 것은 무슨 까닭에서였을까?

아내를 죽인 뒤에 후회하게 된 때문일까?

분명히 그렇다고 할 수 있으며, 연못가에 서서 일찌기 없었던 무정한 살인 현장을 지켜보던 승모를 쓴 사람들에 대한 설명이 이로써 성립이 된 셈이었다.

4. 18년 전의 열차 사고를 목격

소년이 본 대참사

폭풍우는 웨일즈 산맥의 사이논 갭에 있는 철도의 한 신호 박스에 비바람을 마구 퍼붓고 있었다. 울부짖는 바람은 무서운 기세로 유리창에 빗방울을 때리게 했으므로 두 소년 가운데 어느 하나도 밤의 어둠을 뚫고 요란스럽게 달려오는 열차를 볼 수가 없었으나 신호수(信號手)는 이를 보았다.

그는 제어장치가 있는 데로 걸어가자 웃으면서 몇 개의 레버를 조작했다. 참사는 바로 그 직후에 일어났다.

소년들을 소스라치게 떨게 만든 것은, 열차가 갑자기 방향을 바꾸어 지금은 사용하고 있지 않은 선로 위를 마구 달리기 시작한 것이었다.

열차는 마치 미친 말과 같이 뛰어 올라 마침내 충돌했다. 승객들이 지르는 공포의 비명 소리, 금속과 금속이 서로 부딪치는 마찰음, 그리고 수증기가 새어나오는 휘파람 같은 소리 등등……

이안 레이시와 빌 존스톤은 신호 박스에서 뛰어 나와 사고 현장으로 달려 갔다. 두 소년은 다 같이 지금 본 끔찍스런 일과 신호수의 마치 미친 사람과 같은 웃음소리 때문에 몹시 공포에 사로잡혀 있었다.

  바로 조금 전에 통과한 열차는 그들로부터는 막혀진 곳이어서 보이지 않는 장소에서 충돌했기 때문에 역을 따라서 달려가지 않으면 안되었는데, 플랫트홈의 끝까지 와서 두 소년은 우뚝 걸음을 멈추고 말았다.

  그곳에는 아무 것도 없었기 때문이었다. 열차도 충돌 현장도 그밖의 아무것도 없었다. 있는 것은 오직 언덕 위로 길게 뻗어 있는 잡초에 뒤덮힌 몇 마일이고, 계속된 것은 더 이상 사용되지 않고 있는 선로뿐이었다. 그리고, 벌써 오랜 세월에 걸쳐서 그 역을 통과한 열차는 전혀 없었다는 것을 한눈에 알아 볼 수가 있었다.

  그들 두 소년이 신호 박스 편을 뒤돌아다 보니, 그곳은 어둡고 한적하고 근무원(勤務員)이 있는 기색도 없었다. 이 두 소년은 1956년의 어느 휴일에 웨일즈 산맥을 따라서 달리는 자전차 여행을 즐기고 있었다.

  그리하여 싸이논 갭에 가까이 왔을 때, 폭풍우를 만났던 것이다. 그들의 망토는 마구 퍼붓는 비에는 아무런 소용이 없어서 비참하게 느끼고 있는 판에 그 신호 박스의 불빛이 눈에 띄었던 것이다.

  그들은 그곳으로 달려가서 나이 먹은 신호수로부터 따뜻하게 맞아 들여졌던 것이다.

  한쪽 구석에서는 스토브가 밝은 빛을 내면서 불타고 있고 소년들은 망토를 벗고 앉아서 몸을 녹이면서 노인이 온 힘을 다 해 무거워 보이는 레버를 밀고 당기고 하는 것을 지켜보고 있었다. 이로부터 한 두시간 동안에 몇개의 열차가 요란스러운 소리를 내면서 통과했다.

  두 소년은 다같이 이 신호수에게는 어딘지 이상한 데가 있다고 생각했다.
 그가 입은 제복은 매우 구식이어서 전후에 정해진 규정된 복장과는 확실히 아주 다른 것이었다. 그 얼굴은 잿빛이어서 생기가 없었고 일을 하노라고 왔다갔다 하면서도 소년들 하고는 이야기를 주고 받으려고 하지 않았고, 쉴새없이 혼자 중얼중얼하고 있는 것이었다.
 그가 중얼대는 말은 무슨 뜻인지 분명히 알아 들을 수는 없었으나, 이안도 빌도 그가 목소리를 죽여 누군가를 위협하고 있는 것과 같은 인상을 받았다. 그리고 이윽고 전혀 짐작도 하지 않았던 그 충돌사고가 일어났던 것이었다. 이윽고 그들이 박스에 돌아와 보니까 부서진 문이 바람에 쾅쾅 열렸다 닫혔다 하고 있었다.
 그리고 회중전등으로 안을 비추어 본 순간, 두 소년은 전혀 믿을 수 없다는 표정으로 서로의 얼굴을 마주 보았다. 그들이 입었던 망토는 아직 방 구석에 걸려 있기는 했으나, 박스 안에는 먼지가 가득 쌓여 있었고, 몇 개의 레버 사이에는 거미줄이 늘어져 있고 스토브는 분명히 여러 해 동안 쓰여지지 않았던 게 확실했다.

스토브 속의 낡은 신문

 "이것 참 놀랐는 걸!"
하고 이안은 말했다.
 "봐! 먼지 속에는 발자국이라고는 하나도 없지 않니. 그런데 우리들은 저 방구석까지 걸어가서 망토를 벗었단 말이야!"
 두 소년은 스토브의 안을 조사해 보고 그 안에 글씨도 희미해진 몇 장의 옛날 신문이 꾸겨져 넣어 있는 것을 찾아 내었다. 그것들은 노랗게 변색하여 갈기갈기 찢겨져 가고 있었고 날짜를 보니까 20년 이상이나 옛날 것이었다.

"자아, 여기서 나가자."

두 소년 중의 하나인 빌은 한 뭉치의 낡은 신문들을 꺼내어 그것을 배낭 속에 쑤셔 넣으면서 말했다.

"이곳은 기분이 나빠. 하지만 여기에는 어떤 사연이 있는지, 저 열차에 어떤 일이 일어났었는지 알아 보자꾸나!"

비는 멎었으므로, 그들은 5마일 앞에 있는 작은 마을에 도착할 수가 있었다. 마을 여관에서 소년들이 그 신호 박스에 대한 이야기를 끄집어 내자——다만 그날 저녁에 그들 자신이 겪은 체험에 대해서는 이야기를 하지 않았다——그곳에 있던 마을 사람들 가운데서 오직 한 사람만이 그 이야기에 몹시 흥미를 느끼는듯 했다.

"사람들은 누구나 저 사이논 갭의 신호 박스에 대해서는 그다지 이야기를 하고 싶어하지 않는단다."

하고 그 사나이는 이야기했다.

"이 근처 사람들은 그곳에는 조슈아 토오마스의 유령이 나온다는 거야. 그는 8시 15분에 통과하는 급행열차가 잘못된 선로로 인도되어서 석탄을 수송하던 화차와 충돌했을 때, 그 박스 안에서 일을 하고 있었지. 기관사와 화부(火夫)를 포함해서 열 여섯명이 죽었단다. 운이 나빴던 게야."

이야기를 좋아하는 사나이는 다시 계속했다.

"이런 나부터가 밤에는 그곳에 가고 싶지 않아. 유령 따위는 믿고 있지 않은 내가 말이다. 그 일로 해서 조슈아 영감은 벌을 받았지. 근무중에 졸고 있다가 급행열차가 지나가는 소리에 눈을 뜨고 당황해서 움직인 레버가 잘못되었다는 것이었지. 조사 결과 집행유예(執行猶豫)는 되었지만 해고당하고 말았지. 10년 이상 근무해 온 끝에 파면이 되고만 거야. 녀석은 몹시 화를 내었지. 사기당했다는 거지. 이 원수는 반드시 갚는다고 벼르더니 사흘 뒤에 박스 뒤에 있는 나무에 목을 매어 죽고 말았지."

자살한 사나이의 망령

사나이는 또다시 한잔 술을 들이키더니 그런 일이 있은 뒤로, 이 근처에서 일하는 신호수들은 모두 한결같이 그 박스에서 일하는 것을 거부하게 되었다는 것이다.

그 중 두 사람이 조슈아의 유령을 보았다고 말했다는 것이다. 다른 사람들은 급행열차가 정확하게 제 시간에 통과하는 소리를 —— 사고가 있은 뒤, 두서너 달 뒤에 이곳에는 급행열차가 지나가지 않게 되었는 데도 불구하고 —— 들었다고 한 것 등을 가르쳐 주었다.

이 문제는 철도노선(鐵道路線)의 합리화에 따르는 경비절감에 의하여 해결이 되었다. 그것은 무슨 말인고 하니 탄갱(炭坑)이 폐쇄되고 노선이 근대화 되자 문제의 박스는 불필요한 존재가 되었고, 새로운 박스가 그곳에서 3마일 가량 떨어진 곳에 세워졌기 때문이었다.

"흥미가 있다면 너희들이 직접 그 낡은 신호 박스를 구경하러 가 보려므나."

하고 사나이는 소년들에게 말했다.

"찾아내는 것은 아주 쉽고, 문은 열려진 채로 있으니까 말이다. 하지만 뱃장이 없으면 밤에 가서는 안된다."

호텔 방으로 돌아오자, 빌이 말했다.

"도대체 너는 이것을 어떻게 생각하니? 우리들이 스토브 안에서 찾아 낸 저 낡은 신문을 조사해 보자."

그 날짜는 분명히 읽을 수 있었다. 1927년 12월 4일이었다. 그곳에는 '열차사고의 대참사──사망자 16명'이라고, 요란하게 실려 있었다.

그들은 그 기사를 읽은 뒤, 1928년 7월 12일 날짜의 신문을 읽어 보았다. 이 신문의 제목에는 '신호수 철도사고로 죄를 문책당하다'라고 있고, 조슈아 토오마스가 8시 15분에 통과하는 급행열차를 완전치 못한 선로로 지나가게 한 책임을 문책 당했다는 기사였다.

이 수수께끼를 완전히 푼 것은 그들이 제일 마지막으로 본 1928년 7월 16일자의 신문이다. 그곳에는 작은 기사로 '신호수 조슈아 토마스는 어제 목을 매어 자살한 시체로 발견되었다──' 이렇게 실려 있고, 그의 사진이 기사에 덧붙여 있었다.

그것은 틀림없이 빌과 이안이 그날 밤 신호석에서 본 사나이였다. 조슈아는 7월 15일에 목을 매었던 것이다. 두 사람은 무심히 방의 벽에 걸린 달력을 보았다.

놀랍게도 마침 그날이 7월 15일이 아닌가!

5. 영화 속에 나타난 여자 유령

고성(古城)을 배경으로 로케

유령이 사진에 찍혔다는 일이 분명하게 확증된 일은 극히 드문 일이지만 실제로 있기는 있는 일이다. 하지만 영화 필름에 찍혔다는 사진만은 나도 그때까지 들어본 일이 없었다.

그런데, 1968년에 나는 배우인 어느 친구들로부터 그와 같은 보고를 들었다. 제일 처음, 나는 그것이 나를 놀리기 위한 농담으로 생각했으나 그의 이야기를 잘 들어 보니 어쩌면 단순한 농담이라고만 생각할 수 없는 점이 있었고, 더우기 뒷받침해 주는 점이 있음을 알게 되었다.

바로 15년 전의 일이지만, 영화 스크린에 데뷔한 뒤에 이 유령은 그 필름을 훔쳤다는 것이 아닌가!

1953년 10월, 젊은 영화 프로듀서인 빌 에디스토온이라는 사나이가 몇 가지 장면을 현지 촬영하기 위하여 스탭들을 이끌고 코설드 산 속에 있는 베아스테드 성(城)으로 향했다.

이 성은 2백년 동안 사람이 살고 있지 않고 지붕이 없어져 하늘이 보이며, 벽의 일부가 무너져 외부에서도 거대한 돌층계가 2층으로 통하고 있는 것을 볼 수 있었다.

"카메라의 위치는 이곳으로 정합시다."

하고 빌은 제1 카메라맨인 베니 레빈과 프로덕션 매니저인 팀 카아스레이크에게 말했다.

"오늘 밤, 조나단이 저 나무들을 배경으로 하여 어둠에서 나타나는 장면을 찍습니다. 라이트는 저곳에 놓을 수 있오."

빌은 얼마쯤 지면이 높아진 곳을 가리키며 계속했다.

"그리고 조나단이 급한 걸음걸이로 이곳을 통과한 뒤 그 계단을 올라간다…… 또 한 대의 카메라는 저기에 놓기로 하지."

에디스토온은 살인자가 성(城)의 폐허 속으로 도망쳐 오는 줄거리를 쓴 대본이 요구하는 몇 가지 장면의 촬영에 대하여 설명을 계속했다.

그날 밤, 영화 촬영은 계획대로 진행되었다. 살인범 사나이 역을 연기하는 조나단 제임스는 어둠 속에서 무시무시한 조명 속으로 비틀거리며 음침한 층계를 올라갔다.

물론 누구도 털끝만한 의심스러운 점이란 보지도 듣지도 못하였을 뿐더러, 다른 누군가가 계단에 숨어 있으리라곤 상상도 못하였고, 실제 영화에서 필요한 장면 외는 전혀 없었다.

다음 날, 그 필름은 현상을 하기 위해 차로 브리스톨의 현상소로 보내졌고 러시프린트가 만들어졌다. 이것은 현지 촬영을 하는 경우에 필요한 작업인 것이었다. 까닭인즉, 잘못

고성(古城)은 로케의 가장 좋은 무대가 된다

이 발견되면 그 자리에서 다시 촬영하는 일이 가능하기 때문이다.

에디스토온이 그 '러시'를 토요일 아침에 시사할 수 있도록 지방 영화관의 매니저에게 교섭해 놓았다. 이윽고 그날 아침 촬영 팀의 몇 사람과 함께 결과를 보기 위해 그 영화관으로 갔다.

에디스토온은 자기가 한 일에 만족하였다. 처음으로 마음에 걸리는 곳이 없었기 때문이다. 그러나 문제점은 조금 더 뒤에 나타나게 된다.

은막에서 연기하는 자살 장면

마침내 고성(古城)의 계단 장면이 나타나는 대목에 이르렀다. 그들은 조나단 제임스가 어둠 속에서 나타나 계단을 올라가기 시작한 것을 지켜 보았다. 그때 그 일이 일어난 것이다.

곱슬 머리에 웨이스트가 잘룩한 의상을 걸친 여인이 계단 맨 윗층에 나타났다. 그녀는 비명을 지르고 싶은 걸 참는 듯한 몸짓으로 손으로 자기 입을 가렸다. 또한 제임스가 계단을 올라가서 가까이 가자, 그녀는 계단 위에서 몸을 던진 것이다. 마치 헝겊으로 만든 인형을 굴리듯 데굴데굴 맨 아랫 층계까지 굴러 떨어지고 그곳에서 아무렇게나 뭉쳐 놓은 듯한 헝겊 조각처럼 되어 눕는 모습은 마지막 장면이 사라질 때에 보였던 것이다.

그 순간에, 누구도 아무 말도 하지 못했다. 장내에 불이 켜지고 에디스토온은 다른 사람들을 향해 말했다.

"그런데……"

그는 간신이 말을 시작했다.
"도대체 이것을 어떻게 설명해야 좋단 말인가?"
아무도 이 사실을 변명하거나 설명을 하려고 하지 않았다. 그렇게 하는 일은 결국 실패를 인정하는 일이 될 뿐더러 누군가 터무니 없는 사실을 저지르는 것이 되기 때문이다. 더구나 첫째, 이 시사회장에 있던 사람들은 모두 이 장면의 촬영현장에 참석했었고, 그때에 여자가 계단을 굴러 떨어지지 않았다는 것을 분명히 증언할 수 있는 사람들 뿐이었다.
"저것은 유령이 틀림없다."
라고 베니 레빈은 주저하면서 말했다. 유령의 존재 따위는 지금까지도 믿고 있지 않았기 때문이다.
팀 카아스레이크도 동의 했다.
"그렇지 않고는 설명할 수가 없으니 말이야."
하지만 에디스토온은 한 가지만은 분명하게 해 두었다.
"오늘 밤, 저 장면을 다시 촬영해야만 하오. 저 젊은 부인이 다시 계단에서 몸을 던져 일을 망쳐 놓는 일이 없도록 기도하는 게 어떻겠오."
그러나 카아스레이크는 이 초자연적인 현상에 흥미를 느끼고 에디스토온에게 허락을 받아, 그 마지막 장면을 원판과 복사판의 두 곳에서 잘라내어 깡통 속에 보관했다.
그 뒤, 그와 에디스토온은 이 지방의 박물관을 찾아가 관장에게 베아스테드 성에서 예전에 여자가 자살한 일이 있느냐고 물어보았다.
"예 있습니다."
하고 관장은 대답했다.
"17세기 말엽의 이야기입니다만 엘리자베드 워버튼이라는 여자가 애인에게 버림을 받았었죠. 저 큰 계단 위에서 몸을

제3장 현대에 나타난 과거 107

던진 것입니다."

에디스토온은 그 유령이 거기에 나타나는지 어쩐지 물어 보았다. 하지만 관장은 다만 빙그레 웃을 따름이었다.

"당신들은 그런 오래된 장소라고 하면 으레 그것에 얽힌 유령 이야기를 연상하겠지만, 나는 그런 것은 믿지 않습니다."

점심 식사를 마친 뒤, 팀과 빌은 베어스테드 성으로 차를 타고 돌아왔다. 두 사람은 큰 계단을 올라가 필름을 햇빛에 비춰 보면서 이 계단과 촬영된 장면을 비교해 보니 그녀가 최초로 나타난 장소와 그녀가 굴러 떨어진 계단을 볼 수가 있었다.

하지만 무도장과 계단을 자세히 조사해 본 결과, 그녀 나름대로 속임수를 쓰려고 생각했다고 하더라도, 몸을 숨길 만한 곳이 전혀 없다는 걸 분명히 알 수 있었다.

무도장은 그곳에서 끊겨 있었고 있는 것은 오로지 바깥 벽과 계단과 가운데 정원 위에 높이 나와 있는 2층의 무도장 베란다 뿐이었다.

도둑 맞은 증거품인 필림

그후 나는 혼자서 그 성을 방문도 해 보았고, 또 그 몇 주일 뒤엔 현재는 런던에서 TV 광고 프로를 제작하고 있는 팀 카아스레이크와 에디스토온을 만나 아직도 생생히 기억하고 있는 그 무시무시한 사실을 다시 조사하기 위해 성(城)을 방문했다.

베어스테드 성의 큰 계단을 조사하고 난 뒤, 그곳을 떠나기 전에 두 사람이 계단에 앉아서 담배를 피우며, 이 신비로운 현상의 배후에 숨은 사실에 관해 이것 저것 생각에 잠기고 있었을 때였다.

카아스레이크는 필름이 들은 통을, 담배 통과 함께 그의 뒤 층계 위에 놓아 두었다. 그들이 이 무시무시한 유령에 대하여 이야기하고 있을 때 서늘한 찬 바람이 뒤 쪽에서 불어 내려온 것처럼 생각되었다.

그때에는 두 사람이 모두 대수롭지 않게 생각하고 있었다. 하지만 그들이 떠나려고 일어나서 팀이 담배통과 필름통을 집으려고 뒤를 돌아다보니 담배통만 그곳에 있을 뿐 필름통은 사라져 버린 게 아닌가. 이로 해서 '유령' 장면이 전에 영화로 촬영됐었다는 증거는 그 로케 부대의 멤버와 영화관에서 시사회에 입회했던 간부들의 증언말고는 아무것도 없이 사라져 버린 것이었다. 그 다음 촬영한 장면에는 유령이 다시는 나타나지 않았다.

그러나 거의 열 두어명 가량 되는 사람들에 의하여 목격된——그 중 열 한사람은 자기 자신의 눈을 믿는 것을 거부했으나——이 유령의 존재를 입증하는 작으마한 증거가 있다. 그 필름은 분실된 것이었다.

그것은 좋은데, 이 손실에 대하여 지불할 의무가 있는 보험회사에서, 그 통이 어떻게 되었는가를 설명하도록 요구했을 때 어찌 할 바를 몰랐다.

6. 모자(母子)를 습격한 문학자의 영혼

복수에 미친 망령

 엘스토우의 마을은, 런던의 빈민가(貧民街)에 살고 있었던 때의 스주우바 일가(一家)에게 있어서는 바로 이상향이라고 할 수 있을 정도로 목가적(牧歌的)인 고장이었다.
 그리하여 폴란드 태생인 스타니슬라브가 엘스토우에 있는 한 채의 집과 함께, 베드포오드셔 주의회장(州議會場)에서의 일자리를 제공받았을 때, 그의 집 식구들은 모두 기뻐했다. 그러나 일은 그들이 생각했던 것처럼 그렇게 원만하게 되지는 않았던 것 같았으나, 그들은 자기네들이 새로 살게 된 이 집에 무척 애착을 느꼈다. 거기까지는 좋았는데 그 집에 살게 된지 얼마 지나지 않아서 그들은 런던에서 떠난 것을 후회하기 시작했다.
 그것은 복수의 일념에 불타는 사나운 유령에게 시달림을 받게 되었기 때문이다. 그들이 그 초라한 집으로 이사온 지 얼마 되지 않은 밤부터 시작된 일이었다.
 그때 스주우바씨는 근처에 있는 자동차 공장에서 야간 근무중이어서 집에는 없었다. 일찍 잠자리에 들었던 그의 부인은 누군가가 자기의 베개를 잡아 당겨 머리에서 빼어내려고 하는 것을 깨닫고 잠이 깨었다.
 처음에 그녀는 자기의 여섯 아이들 가운데 누군가가 어두운 침실에 몰래 숨어 들어와서 장난을 하는 것이라고 생각했다. 그러나 그녀가 머리 말에 놓여 있는 전기 스탠드를 켜 보니까 방 안에는 아무도 없었다. 방 안은 텅 비어 있었음에도 불구하고 어떤 눈에 보이지 않는 힘이 베개를 잡아 당기고 있는 것이었다.
 베개가 움직이고 있는 것이 분명히 보였던 것이다. 그리하여 그녀가 집안이 떠나갈 것 같은 비명을 울리니까 베개는 툭하고 바닥으로 떨어졌다. 마치 누군가가 붙잡고 있던 손을 놓은 것과 같은 느낌이었다.
 냉정을 되찾고 방금 일어난 일을 객관적으로 생각해 보았을 때, 스주우바 부인은 그것이 꿈의 계속이 아니었던가 하는 생각이 들었다. 아마 모두가 상상 속에서 있었던 일이 아닌가 했다. 며칠 뒤, 열 여덟 살이 되는 산드라라는 그녀의 딸에게 무시무시한 일이 일어나지 않았더라면, 부인은 그런 설명으로 납득했을지도 몰랐다.
 소녀가 중상을 입지 않았던 것은 어머니가 머리를 즐 썼던 덕분에 지나지 않았다. 스주우바 부인은 현관으로 나가는 홀에 서서 함께 외출하기 위하여 산드라가 내려오기를 기다리고 있었다.
 이층의 복도를 급하게 걸어오는 발자국 소리가 들려서 부인이 쳐다보니까 산드라는 경사가 급한 계단의 맨 윗 계단에 서서 몹시 놀란듯이 어깨 너머로 뒤를 돌아다보고 있었다. 스주우바 부인이 놀란 것은 산드라는 뒤에서 떠밀리고 있는 것과 같이 보인 점이었다. 소녀는 두 팔을 위로 올리고 비명을 올리면서 계단에서 굴러 떨어질 것과 같은 모습이 되었다.
 어머니는 필사적으로 계단을 뛰어 올라가 계단 중간에서 두 사람은 충돌을 했다. 그리고 함께 계단 밑에까지 굴러 떨어졌으므로 어머니는 산드라가 정신없이 굴러 떨어지는 것을 어떻게든 막을 수가 있었던 것이다.
 둘이 다같이 넋을 잃고 말았으나, 다행히 상처는 입지 않았다. 일어섰을 때, 산드라는 간신히 목숨을 건졌다는 충격 때문에 아직도 와들와들 떨고 있었다. 그녀는 공포에 사로잡힌 표정으로 어머니를 바라다보았다.
 "아! 그 남자가 저를 떠다 민 것을 보셨어요?"
 하고 그녀는 목소리를 죽여서 물었다.
 "이상한 옷을 입은 키가 큰 남자였어요. 저는 그가 제 뒤를 따라오는 발자국 소리를 들었어요. 그래서 뒤를 돌아다보았더니 몹시 당황해 하는 표정이었어요. 그리고는 달려와서 저를 떠다 밀었어요."

유령도 여름 휴가

 실비아 스주우바 부인이 그 유령을 보지는 못했으나, 그녀의 가족들 가운데 한 사람이 똑바로 유령의 얼굴을 본 것은 그때가 처음이었다. 이 가족들은 이 사건 이후에도 그러한 기분 나쁜 경험을 또다시 겪게 되었다.
 어느 때는 유령의 활동이 이 집안에서 너무나 소란스러워졌기 때문에 어린 서어먼은 잠자리에 들어가는 것을 싫어했다. 그의 침실 주위를 쉴새없이 무엇인가가 움직여 다니는 소리가 들린다는 것이었다.
 이윽고 그 소리는 차차 범위가 넓어져 갔다. 마치 이 집안에 사람이 살고 있는데 대하여 불평을 말하고 있는 것 같았다.

처음에 스주우바 부인은 모두가 자기 자신의 상상력에 의해 스스로 속고 있는 것이라고 생각했으나, 아이들이 불평을 말하게 됨에 따라 그녀는 이 모든 사실들을 설명한다는 것이 불가능한 일이란 것에 더욱 주위를 기울이게 되었다. 부인이 새로 알게 된 것이 한 가지 있었다.

그것은 집 자체에 손질을 하게 되면 반드시 유령의 활동이 어느 때보다 더욱 요란해진다는 사실이었다.

"저희들이 방 하나에 새로운 벽지를 붙였을 때, 유령은 더욱 소동을 피우는듯 했습니다."

하고 스주우바 부인은 나에게 이야기했다. 또 어떤 때는 유령이 몹시 사나워진 것같이 생각되어 자세히 살펴보니까 그것은 우리들이 방 하나를 2, 3피트 가량 넓히고 있을 때였습니다."

마을 사람들도 그 유령에 대해서는 알고 있었다. 그들은 언제나 한 밤중에 길거리를 똑같은 규칙적인 보조로 걸어가는 발자국 소리를 듣고 있었던 것이다. 그러나 그 모습을 본 사람은 없었다. 실비아 스주우바는 유령이 긴 여름 휴가를 즐겼다고까지 굳게 믿고 있었다. 그래서 이렇게 말하는 것이었다.

"우리들이 기르던 고양이는 밤에는 절대로 집안에 들어오지 않았습니다. 그런데 7월이 된 후로는 매일 밤 집안에 있게 되었습니다. 그러다가 9월이 되니까 또다시 바깥에만 있게 되었습니다."

고양이가 바깥이 어두워져도 집 안으로 들어오지 않게 되자, 유령의 발자국 소리가 다시 집안에서 들리게 되었다. 스주우바 부인은 유령이 무슨 짓을 하건 참고 견디리라고 결심을 했었지만 산드라가 계단에서 떠다 밀려 떨어진 뒤로는 그 결심을 바꾸는 수밖에 없었다.

참는 데도 한도가 있게 마련이었다. 그녀는 이 유령의 집을 떠나 새로운 집을 찾지 않으면 안되겠다고 결심을 했다.

그녀는 이 고장의 의회당에다가 유령이 그녀의 가족과 그녀 자신의 건강을 해롭게 하고 있다는 것을 이유 삼아서 새로운 집을 얻고 싶다고 호소했다. 의회당 측에서는 동정적이었다.

의원들의 대부분은 물론 유령이 나온다는 소문을 듣고 있었다. 그러나 이런 소문을 믿지 않는 의원들도 적지 않았기 때문에 결국 스주우바 부인은 그 집에 계속 머무르지 않으면 안되게 되었다.

범인은 《天路歷程》을 쓴 존 · 버넌

그러나 이 호소가 동기가 되어서 이 집에 나타나는 유령의 정체를 확인하게 되었다. 회의 석상에서 신문기자인 보브 드라스코트는 그 이야기를 귀담아 듣고, 다음 날 자세한 내용을 알기 위하여 스주우바 부인을 방문했다.

실비아와 산드라도 그 유령을 '키가 크고 여윈, 긴 머리털을 헝크러뜨리고 구식인 장화를 신고 있다'고 묘사했다. 며칠 뒤 드라스코트는 어느 나이 지긋한 남자로부터 20년쯤 전에 그 유령을 본 일이 있다는 이야기를 들었다.

그 사나이가 이야기해 준 유령의 모습은 스주우바 집안 사람들이 말한 이야기와 완전히 일치되어 있었다. 남자는 드라스코트 기자에게 유령이 그 집을 향해 걸어가더니 '정면 현관의 문을 열지 않고 통과하여 집안으로 사라진 것'을 보았노라고 이야기했다.
　기자는 스주우바 집안을 또다시 방문하고 이번에는 수없이 많은 질문을 퍼붓고 집 안과 광속을 수색해도 좋으냐고 물었다. 광 속에는 온갖 종류의 너절한 물건들이 한쪽 구석에 쌓여져 있어서 난잡하기 이를 데 없었다.
　그런 쓰레기들 속에서 드라스코트는 몇년 전부터 그 곳에 있었던 것이 분명한 글씨가 다 지워져 가는 한 장의 간판(看板)을 찾아 내었다. 이 간판으로 많은 것이 설명될 수 있을지도 몰랐기 때문이었다.
　이 집에서 떠날 때, 드라스코트는 정면 현관의 벽을 재빨리 훑어보았다. 그곳에는 훨씬 오래 전에 간판이 걸려 있었던듯 희미한 흔적이 있었다.
　며칠 뒤, 그는 또다시 이 집을 방문했다. 이번에는 몇 장의 확대한 사진을 들고 왔다.
　"사진들 가운데 그 유령과 비슷한 인물이 있는지 찾아봐 주세요."
　하고 그는 말했다.
　어머니와 딸은 한 장 한 장 주의 깊게 사진을 보았다. 첫번째 사진이 제쳐지고, 두번째 것도 세번째 사진도 마찬가지였다.
　그러나 네번째 사진은 들기가 무섭게 두 여인은, 동시에 '이것입니다'하고 소리쳤다. 어머니보다도 더 가까운 거리에서 유령을 본 일이 있는 산드라는 '절대로 틀림 없습니다. 저를 계단 위에서 밀어 떨어뜨린 것은 이 사나이입니다' 하고 말했다.
　드라스코트는 그것 보라는 듯이 웃음을 띠웠다. 왜냐하면 이때 두 모녀가 집어든 사진은 《천로역정(天路歷程)》을 쓴 작가인 존 버넌의 초상화에서 찍어 온 것이었기 때문이었다. 드라스코트는 그것을 알게 되자, 자기가 꿈을 꾸고 있는 게 아니라는 것을 확인하기 위해 광 속으로 가서 비바람에 씻기운 간판을 다시 한 번 살펴보았다.

다 지워져 가는 글씨는 아주 간결하게 다음과 같이 적혀있었다.

〈일찍이 이 집에는 존 버넌이 살았었노라.〉

7. 결혼 전날 밤에 죽은 부인의 영혼

흰 드레스 입은 망령

　당신은 밤 늦게 혼자서 집 안에 있을 때, 문득 누군가가——또는 어떤 자가 당신의 바로 뒤에 서 있는 것과 같은 기분을 느낀 적이 있는가?
　그때, 당신은 뒤를 돌아다 보고 싶지만, 어쩐지 무서워서 돌아다 볼 수가 없다. 왜냐하면 그곳에 있는 것이 어딘지 모르게 사람이 아닌 것 같기 때문이다.
　1912년 7월의 어느 날 밤 늦게 사섹코오크스의 치체스터 근처 어느 영주(領主)의 장원(莊園) 저택의 방바닥 널판지를 수리하고 있을 때 리처드슨도 이런 상태에 빠졌다.
　그날은 몹시 무더운 밤이었다. 빌은 상당히 심하게 노동을 했었기 때문에 몹시 땀을 흘리고 있었다. 그런데 갑자기 그는 자기도 모르게 몸을 와들와들 떨었다. 냉기가 방 안으로 스며들어 왔기 때문이었다.
　처음에 그는 아마 창문을 열어 놓은 탓이라고만 생각했다. 그러나 그 쪽을 보니 창문은 닫혀 있었다. 그 순간 맨 처음 느꼈던 두려운 느낌이 되살아 났다. 왜냐하면 냉기는 그의 바로 등 뒤로 다가오고 있었고, 더우기 그 방향에는 두터운 벽만이 있다는 것을 알고 있었기 때문이었다.
 그는 또한 냉기가 보통 냉기가 아님을 깨달았다. 그리고 또한 그를 뒤돌아다 보게 하려는 어떤 의사가 작용하고 있음을 느낄 수 있었기 때문이었다. 그런 느낌을 쫓아 버리려고 하면 할수록 그 느낌은 더욱 집요하게 되어 마침내 그는 그 충동에 지고 말았다. 천천히 뒤를 돌아다 본 그는 그곳에 연기와 같은 것이 서 있는 것을 보았다.
 그러나 그것은 연기는 아니었다. 그것은 전혀 움직이지 않았고, 자세히 살펴보니까 그곳에는 희미한 하나의 모습이 있음을 알 수가 있었다. 그것은 기묘하게도 투명한 드레스를 통하여 그는 벽의 널판지 무늬를 볼 수가 있었다. 그러나 다리는 보이지 않았다.
 그 형체가 눈을 뜨니까, 슬픈 듯한 눈초리의 아름다운 여인의 뚜렷하지 않은 부우연 얼굴이 그곳에 있었다. 여인은 꼼짝하지 않고 그를 뚫어지게 보고 있었고, 전혀 눈길을 피하지도 않고 또한 두 눈을 깜박거리지도 않았다.
 빌의 공포심은 차차 사라졌다. 이윽고 그는 여인에게 왜 그러느냐고 물었다.
 여인은 빙그레 웃으려는데, 그때 정면 현관의 문이 소리를 내고 닫혔다. 여인은 뒤를 돌아다 보고 누군가가 계단을 급한 걸음으로 걸어 올라오는 발자국 소리를 듣자, 그대로 사라져 버렸다.
 이 저택의 소유자인 윌리엄 보니가 몇 초 뒤에 들어왔을 때 빌은 이미 일을 계속하고 있었다. 그는 유령에 대해서는 한 마디도 이야기하지 않았다. 그러나 그 저택에서의 일을 끝낸 후, 상당히 오랜 뒤에도 그는 그곳에서 겪은 야릇한 경험을 때때로 생각하곤 했다.

그 저택에 유령이 나온다는 이야기는 전부터 들어서 알고는 있었지만, 그 일에 대해서 자세히 조사하려고 해 본 일은 없었다. 이상스러운 경험을 하게 되기까지는 그는 유령이라는 것에 대해서 각별히 생각해 본일도 없었던 터였다.

호소하는 듯한 슬픈 얼굴

그로부터 몇 달이 지난 뒤였다. 그는 집안을 보수하는 일 때문에 또다시 그 저택에 가서 일하게 되었다. 그것은 10월의 어느 날 오후 4시쯤이었다. 긴 복도에는 햇살이 비쳐 들고 있었다.

그가 일을 하고 있는 동안에는 아무런 일도 일어나지 않았다. 그러나 일이 끝나고 방바닥에 잔뜩 흩어진 톱밥들을 치우고 있는데 누군가가 복도를 급히 걸어오는 발자국 소리가 들렸다.

그 발자국 소리는 하이힐을 신은 여자의 걸음을 연상시켰다.

바로 자기 근처에서 발자국 소리가 멎을 때, 그는 하녀의 한 사람이 온 줄 알고 뒤를 돌아다보았다. 그러나 그곳에는 아무도 없었다. 그러나 천천히 그 슬픈 눈초리의 여인이 물질화되는 것이었다.

여인은 지난 번에 보았을 때와 완전히 똑같은 모습이었으나 이번에는 그와 다시 만나게 된것을 분명히 기뻐하고 있는 듯 미소를 띄우고 있지 않은가! 그러나 빌은 누군가 다른 사람에게도 이 여인을 보여주고 싶다고 생각하여 손을 뒤로 돌려서 벽 위에 있는 초인종 단추를 눌렀다. 그렇게 하면서도 그는 여인이 놀라서 또다시 사라져 버리지 않도록 유령을 바라보고 있었다.

 하녀의 한 사람이 벨이 울리는 소리를 듣고 복도로 통하는 두터운 융단이 깔린 계단을 조용히 서둘러 올라왔다. 빌은 하녀를 보았다.

 유령도 또한 하녀를 보았다. 그러나 이 메리 윌킨스라는 하녀가 본 것은 얼굴에 야릇한 미소를 띠운 채 누군가를 뚫어지게 지켜보고 있는 듯한 목수 한 사람뿐이었다.

 메리는 주저하다가 어째서 벨을 울렸느냐고 빌에게 물었다. 그러나 하녀의 질문은 그에게는 통하지 않았다. 그는 여전히 전방(前方)의 그 무엇을 뚫어지게 바라다보고 있을 뿐이었다. 실제로 메리는 유령의 바로 곁에 서 있는 셈인데, 본인은 그런 것은 알지 못했다.

 메리는 다시 한 번 빌에게 말을 걸었다. 그제서야 그는 방심상태에서 자기 정신으로 돌아왔고, 하녀에게 보니씨에게 몇분 동안만 시간을 내어 주었으면 좋겠다는 이야기를 전해달라고 했다.

 보니는 자기가 하던 일이 중단당해 약간 신경이 곤두선 모습을 나타냈으나 빌은 설명할 말을 준비해 놓고 있었다.

 그러나 보니씨가 계단을 다 올라와서 모습을 나타냈을 때, 빌이 준비했던 말은 입이 얼어붙은듯 나오지 않았다. 고용주가 빌에게 다가왔을 때, 유령은 나란히 걸어 왔다. 보니씨가 빌에게서 4피트 가량 떨어진 곳에서 걸음을 멈추었을 때, 유령은 곧 두 사람 사이에 끼어들었다. 보니가 유체(幽體)를 통과한 순간 그는 분명히 몸을 떨었다.

 그래도 그는 빌 이외에 다른 누가 곁에 있다는 사실을 깨닫지 못했으므로, 목수는 다만 자기가 해 놓은 일이 주인 마음에 드는지, 또 이밖에 수리할 곳이 없느냐고 물었을 따름이었다.
 그러나 달리 수리할 곳은 없었다.
 보니가 가 버리자, 빌은 목수 도구들을 챙기고 '그의 유령'에게 작별 인사를 하기 위해 돌아다 보았다. 여인이 너무나도 슬픈 얼굴로 그를 지켜 보았으므로 그 순간 그는 여인이 울음을 터뜨리는 게 아닌가 생각했다. 그러나 여인은 울지는 않고 그에게 얌전히 걸어 와 한 손을 내밀어 그의 어깨 위에 올려 놓는 것이었다. 그리고는 한 가닥 연기처럼 사라져 버렸다.
 그는 자기 앞의 아무것도 없는 공간을 지켜보았다. 동시에 주위가 차차 따뜻해지는 것을 느꼈다. 그러면서도 그의 어깨는 얼음과 같이 차겁게 느껴지는 것이었다.

판명된 유령의 신원

 그 뒤로 몇년 동안, 빌은 때때로 그 저택에 일을 하러 가곤 했으나 두 번 다시 유령을 보지는 못했다. 그 이외에도 지난 몇년 동안에 그 저택에서 일한 사람들이 몇명 있었는데 그들도 입을 모아서 이곳은 유령 저택이라고 했었다. 그들 가운데 그 누구도 실제로 유령을 본 이는 없었으나, 많은 사람들은 무엇인가 초자연적인 것이 그들 곁을 지나가는 것과 같은——특히 복도에서——차가운 느낌이 공중에 떠돌곤 했다는 것이었다.
 두 사나이는 서로 다른 시각에 그 저택 안에서 희미한 향수 향내를 맡은 일은 있으나, 유령의 모습은 보이지 않았노라고 목수에게 이야기했다.
 그러나 빌의 이 체험에는 이상스러운 후일담이 기다리고

있었다. 그로부터 몇년 뒤 런던으로 이사를 했을 때, 그는 20세기 초에 지체스터에서 산 일이 있는 한 가족에게 소개되었다. 리처드슨은 그들과 친해져서 어느 날 밤, 그들의 집에 초대를 받았다.

그곳에서 그가 굉장히 놀란 것은 그 유령의 초상화를 보았기 때문이었다. 그 초상화 속의 부인은 낯익은 서글픈 눈초리로 애수를 띈 미소를 짓고 그 드레스를 입고 있었다.

그는 간신히 놀란 것을 감추고 이 집 식구들에게 털어 놓기 전에, 저 부인은 누구냐고 물어보았다. 그리하여 알게 된 것은 그녀는 이 가족의 선조들 가운데 한 사람이며, 결혼식 전날 밤에 그 저택의 복도에서 홀로 떨어져서 그것이 원인이 되어 죽었다는 사실이었다. 그럭저럭 2백 년 이상되는 옛날 일이라는 이야기였다.

빌로부터 이 이야기를 들은 집안 식구들은 그녀의 영혼이 그 저택에 붙어 있다는 사실을 인정하기를 주저했다.

그것은 그 부인이 빌의 앞에 나타나기 전에 그녀의 자손들에게만은 나타난 일이 있었기 때문이었다.

제 4 장
영혼의 수수께끼

1. 런던을 떨게 한 수수께끼의 소리

이상한 소리

 런던의 힐튼 호텔을 찾아오는 몇 만을 헤아리는 관광객 가운데 자기들이 지금까지 기록된 것 중에서 아마도 가장 신비하며 심한 논쟁거리의 촛점이 되어 있는 유령소동(幽靈騷動)이 있던 곳이 이 호텔에서 불과 2, 3백 야드 밖에 떨어지지 않은 곳에 있다는 것을 아는 사람은 몇 사람 안될 것이다.
 그 사건은 심령현상적인 것이지만 과연 그것이 정말 심령현상이었을까? 그렇지 않으면 계략이었는지, 그것은 독자의 판단에 맡기기로 한다. 하지만 이 유령 이야기에는 불의(不義)의 사랑이나 복수, 나아가서는 살인사건까지도 얽혀 있는 듯 하다.
 커어크나 레엔에서 일어난 사건이 신문에 보도되자 구경하기 좋아하는 사람들이 그 현장에 구름처럼 모여들었다. 몇 주일을 밤낮 구별 없이 이 좁은 돌로 포장된 도로와 33번지 집에, 입을 딱 벌리고 두려움에 떠는 온갖 계층의 사람들이 빽빽히 모여들었다.
 군중들 속에는 그 당시의 수상과 몇십명이나 되는 고귀한 사람들, 그리고 유명한 사무엘 존슨 박사도 있었다. 박사는 너무나 깊은 감명을 받았으므로 언제나 그 감상을 말할 때에는 말문이 막혔을 정도였다.
 일의 실마리는 다음과 같았다. 1760년 젊은 캠프라는 이름을 가진 주식(株式) 중간 상인이 결혼을 하였으나 그 해에 벌써 홀아비가 되었다. 그의 아내는 아기를 낳다 죽었고 아기도 사산(死産)이었다.
 캠프 부인은 죽기 전까지 그녀의 동생인 화니가 쭉 간호를 해 왔었는데 이 화니는 아름다운 아가씨로서, 그의 언니가 죽자 캠프를 사랑한다는 것을 분명한 태도로서 나타냈으나, 그 당시는 죽은 아내의 자매(姉妹)와 결혼하는 일은 법률로 금지되어 있었다.
 캠프는 그 유혹에 넘어갈 것을 두려워했고 그것을 피하기 위해 런던으로 도망가서 살았다. 하지만 화니는 그렇게 쉽사리 떨어져 나갈 여자가 아니었다.
 그녀는 캠프에게 편지로 당신 없이는 살아갈 수 없다, 만약 함께 런던에서 살게 해 주지 않는다면 독약을 먹고 죽겠다고 편지를 써 보냈다.
 그 2주일 후, 그들은 부부로서 커어크 레엔의 33번지의 집에서 살게 되었다. 이 집은 퍼슨즈라는 사나이의 집으로서 이 사나이에게는 열 한살되는 딸이 있었다.
 이 유령 이야기의 흥미로운 점은 바로 이 계집아이와 관련되어 있는 것이다. 화니는 이 계집아이를 차츰 사랑스럽게 생각하게 되었고, 캠프가 상용(商用)으로 런던을 떠나자 그 엘리자베드라는 소녀에게 자기 침실에서 함께 자자고 권했다.
 하지만 엘리자베드는 고개를 저으며 오히려 함께 자게 되면 화니가 곤란한 일을 당하게 될지도 모를거라는 것이었다.

까닭인즉 소녀는 거의 매일 밤 자기 방의 창문을 두들기거나 긁기도 하는 유령으로부터 시달리고 있다고 설명했다.

소녀는 다시 덧붙여서 이 소리는 화니와 켐프가 이사온 뒤부터 나기 시작한 것이라고 말하고, 이런 말을 하면 실없는 소리라고 여기는 것이 싫어서 부모에게도 말하지 않았노라고 고백했다.

이 이상한 이야기는 화니의 호기심을 불러일으켰고 그 소녀의 침실에서 하룻밤을 보내고 싶다고 말했다. 정말로 그날 밤은 밤새도록 쉬지 않고 두 사람은 엘리자베드가 말한 대로 두드리는 소리와 긁는 소리가 교대로 되풀이되는 소음에 시달렸다. 그 소리는 때로는 침대 밑에서 또 어떤 때는 쪽나무 문 저편에서 들려오는 것 같았다.

이 일을 비밀로 하겠다고 맹세했음에도 불구하고 화니는 다음 날 아침 사건의 전부를 퍼슨즈 부인에게 말했다.

부인은 그 소리는 이웃집이 구두 수선을 하니까 그가 밤일을 하는 소리일 거라고 말했으나 이 말은 어느 일요일, 구두 수선공이 일터에 없었음에도 불구하고 소리가 난 것으로 미루어 잘못이었음을 알 수 있었다.

유령이 폭로한 살인

그러는 사이에 이 무시무시한 소리가 난다는 소문은 이웃으로 퍼져서 소문이 자자하게 되었다. 화니는 발생의 음량(音量)이 차츰 더해지는 이 이상한 현상때문에 그녀가 죽을 때가 가까워진 일종의 전조(前兆)가 아닌가 하고 생각했다.

하지만 어떤 친구들은 아주 짓궂게도 그것은 그녀의 죽은 언니가 질투하여 꾸짖기 위해 그와 같은 소리를 낸 것이라고 넌즈시 비꼬는 것이었다.

 이렇게 되자, 화니도 켐프도 마음이 불안해져서 다른 곳으로 이사갈 결심을 하였다. 하지만 그들이 그곳을 떠나기 직전 5파운드의 돈 때문에 켐프와 퍼슨즈씨 사이에 싸움이 벌어졌다.

 켐프는 그 5파운드를 꾸어주었다고 말했으나 퍼슨즈씨는 그런 기억이 없다고 말하는 것이었다. 이 사소한 사건은 나중에 생긴 일로 보아 아주 중요한 의미를 갖는다. 이것으로 이야기의 제1막은 끝난다.

 제2막은 18개월 뒤에 일어난다. 그 18개월 동안 커어크 레엔 33번지 집의 그 소리는 아주 자취를 감추어 버렸다. 그런데 또다시 소리는 예전보다 더 끈질기게 나기 시작했다. 그 무렵에 화니는 이미 이사간 집에서 죽은 뒤였다. 의사의 진단으로는 천연두(天然痘)라고 해서 그녀의 시체는 세이트 존스교회의 지하 납골소(納骨所)에 안치되었다.

 무시무시한 소리가 다시 들려오기 시작했으므로 사람들은 이 사건에 관해 다시 흥미를 갖기 시작했다. 이전과 마찬가지로 그 소리는 엘리자베드 퍼슨즈의 침실에서만 들려 오는 것이었다.

 그녀가 다른 방에서 잠을 잤을 경우에는 아무런 이상도 생기지 않았다. 그녀의 아버지는 이 수수께끼를 풀려고 마루바닥과 쪽나무 문을 뜯어 본 일도 있었다. 그는 자기 딸의 정신이 이상한 것이 아닌가 하고 걱정하게 되었다. 엘리자베드는 식욕을 잃고 소리가 들려오면 몸을 떨게 되었다.

 이 앞의 일은 그후에 나타나기 시작한 일에 비교하면 놀랄 일이 아니었다. 왜냐하면 그녀의 말에 의하면 유령은 이제는 전과 다르게 모습을 직접 나타나기 시작한다는 것이었다. 유령은 수의를 입은 여인이며, 손이 없었다고 그녀는 말했다.
　유령이 붙어 있는 이 방을 감시하기로 나선 두 사람의 사나이들도 수의를 입은 사람의 모습을 보았다고 증언했으나, 이 두 사람의 말로는 손은 있었다고 했다.
　이 두 사람은 목사와 술집 주인으로 두 사람이 모두 유령이 창백하게 빛나고 있었다고 말하고 그 빛이 어찌나 밝았던지 시계의 글씨판을 똑똑히 읽을 정도였다고 말했다.
　하지만 대체로 이 유령은 침실에서 덜컥덜컥 소리를 내는 것만으로 만족하고 있는 듯하였다. 이웃의 한 사람인 메리 프레이저는 도대체 무엇때문에 모습을 나타내고 소리를 내는가를 유령에게 질문해 보는 것이 어떠냐고 제안했다.
　판자를 한 번 두드리면 예, 두 번 두드리면 아니요! 라는 약속을 미리 정하고 20명의 입회인이 입회한 가운데 이 시도가 이루어졌다. 그 결과는 놀라운 것이었다.
　유령은 자기는 죽은 화니라고 자기 소개를 하였다. 여러 가지 질문에 대답하고 화니의 유령은 켐프가 자기에게 비소(砒素)를 먹였다는 것, 켐프가 그녀를 죽인 혐의로 체포되면 그는 자백하리라는 것, 그는 교수형에 처해지리라는 것, 그렇게 되면 그녀의 영혼도 편안히 잠들 수 있다는 것을 말하는 것이었다.
　이들 폭로된 사건들이 공표(公表)되자 세상은 물끓듯이 소란해졌다. 그 뒤 몇주일 동안은 나라 안의 화제는 커어크레엔 사건이 어떻게 되느냐 하는 것에 집중되었다.
　런던 안의 모든 사람들은, 이 유령현상을 자기들의 눈과 귀로 직접 보고 듣기를 바라는 듯한 눈치들이었다. 밤마다 한 없이 이어지는 구경꾼들의 행렬이 엘리자베드의 침실을 통과했다.

그 당시 수상이었던 로버트 윌포올경(卿)과 왕의 동생을
포함한 귀족들도 오페라 구경을 마친 뒤, 커어크 레엔으로
찾아왔다.
 그날 밤은 비가 억수같이 퍼붓는데도 불구하고 길거리는
사람들로 꽉 차서 자동차가 꼼짝 못하고 있었다. 그들은 차
에서 내려서 콩나물 시루같이 혼잡한 속을 있는 힘을 다해
비집고 나가지 않으면 안되었다.
 다른 불한당들은 세인트 존스 교회의 침침한 지하의 납골
소에서 밤마다 시간을 보냈다. 그곳에서는 화니의 영혼이 자
기의 관뚜껑을 두드리기 시작했다는 보고가 있었기 때문이
었다.

남겨진 의문

 의사들과 과학자들, 또한 존슨 박사를 포함한 유명인사들
로 구성된 위원회가 결성되었다. 그리고 어느 날 밤, 이 수수
께끼를 무슨 일이 있어도 해명하겠다는 결의아래 이 위원회
일동은 문제의 침실에 모였던 것이다.
 복화술(腹話術)의 속임수를 쓴 것이 아닐까 하는 생각을
한 사람도 있었으나 그 소리가 들리는 동안에 의사가 소녀의
배와 가슴에 손을 대어 보더니 그 생각은 부정됐다. 그밖에
여러 가지로 시험해 보았으나 소리는 여전히 계속 들려왔다.
마지막 수단으로 두 대의 들어올리는 기계를 가져다가 소녀
의 침대를 바닥에서 그물 침대처럼 달아올렸다.
 엘리자베드는 두 팔과 두 다리를 큰 대(大)자로 벌린 채
고정되었다. 그녀는 이런 불쾌한 자세를 유지한 채 사흘 밤
을 지냈는데, 그동안에 소리는 들리지 않았다. 조사관들 가

운데 회의파(懷疑派)들은 이것으로 문제는 해결된 것으로 생각하였다.

 침대는 바닥으로 내려지고 소녀는 속임수를 썼다는 것을 자백하지 않는다면 부모와 함께 뉴우게이트 형무소로 보내겠다는 협박을 받았다. 엘리자베드는 눈물을 흘리며 속임수를 쓰지 않았노라고 말했다. 그녀는 소리가 나나 나지 않나 알아보기 위해 다시 한 번 침대에 눕게 해 달라고 부탁했다. 하지만 또다시 아무 일도 일어나지 않았다. 그녀는 다시 하룻밤만 기다려 달라고 애원했다.

 자리에 들기 전에, 그녀가 한개의 나무 도막을 잠옷 속에 숨긴 것을 하녀에게 들켜서 하녀는 그 일을 보고했다. 그러나 조사관들은 엘리자베드에게는 아무 말도 하지 않고 평소와 같은 자리에서 감시하고 있었다.

 두드리고 긁어대는 소리가 들렸으나 당사자인 소녀와 몇 명의 중립적인 증인들은 그 소리가 지금까지 들렸던 것과는 다르다고 증언했다.

 그럼에도 불구하고 조사위원의 과반수는 다음과 같은 의견을 말했다. ── 이 사건은 처음부터 끝까지 치밀한 속임수에 의한 기만행위이며 그 목적은 퍼슨즈 일가를 5파운드 떼어 먹었다고 욕설을 퍼부은 켐프에 대한 복수였다는 것이다. 그 결과 퍼슨즈 부처(夫妻)와 그들의 딸, 이웃 사람, 메리 프레이저, 무어라는 이름의 목사, 또한 술집 주인들은 모두 체포 되어서 1872년 7월, 길드 재판소에서 재판을 받고 범죄모의(犯罪謀議)의 죄가 있다는 유죄 판결을 받았다.

 하지만 이 판결은 일반 대중의 지지를 전혀 받지 못했다. 퍼슨즈는 묶인 채 대중에게 공개된 뒤, 2년 간의 금고형을 선고받았으나 군중들은 죄수대에 올라가 있는 퍼슨즈에게, 찬

물을 끼얹는 대신 꽃을 던지고 그를 위해 모금운동이 벌어졌다.

그 후의 퍼슨즈 일가의 운명이 어떤 것이었는지는 기록에 남아 있지 않다. 그들은 석방되자 곧 런던에서 떠났던 것이다.

'유령의 소리'의 원인에 대해서는 여러 가지 해석이 가능할 것이다. 하지만 단 한 가지 확실하다고 생각되는 일은, 소리는 켐프에 대한 악의에서 퍼슨즈 일가가 낸 것이 아니라는 점이다.

화니 자신이 이 소리에 주의를 기울였을 때도, 퍼슨즈는 그 세를 든 사람들과 사이가 매우 좋았다는 것이다. 또한 엘리자베드는 협박을 당하여 마지못해 해 봤다고 하더라도 그 소리를 흉내내어 지어낼 수는 없었을 터였다.

하지만 이 기소사건에서 가장 중대한 과오는 당사자들이 전혀 생각지도 않았던 곳에 있었다. 1800년대의 초기에 세인트 존스 교회의 납골소가 공개되었다. 발굴된 많은 시체 가운데에는 화니 켐프의 시체도 있었는데, 그녀의 시체는 완전히 원형을 유지하고 있었던 것이다.

화니를 살해하는 데 사용된 독이 비소라고 하였는데 현재의 우리로서는 당시 그녀의 시체를 조사하고 그것을 묘사한 사람들이 알지 못했던 사실, 다시 말해서 그 당시 사람들은 비소는 방부제(防腐劑)의 작용이 있다는 것을 모르고 있었던 것이다.

하지만 천연두로 죽은 사람의 시체는 매장하기 전부터 이미 부패하고 마는 것이다.

2. 유령비행사 기지(基地)로 돌아오다

무시무시한 영혼의 부르짖음

1943년의 어느 날, 저녁 늦게 영국 공군의 폭격기 한대가 한틴든셔주(州) 와이튼에 있는 기지로, 서서히 귀환비행을 하는 도중이었다. 독일 상공으로 야간 공습을 갔다 돌아오는 길에 고사포의 맹렬한 탄막포화(彈幕砲火)를 받아서, 조금만 잘못했었더라면 격추될 판이었다. 이 비행기가 추락하지 않고 북해를 횡단할 수 있었던 것은 정말 기적이 아닐 수 없었다.

착륙 준비를 하기 위해 비행장 상공을 선회하고 있는 동안 승무원들은 휴우! 하고 안도의 숨을 내 쉬었을 것이 분명하다. 또한 파손된 폭격기가 활주로 방향으로 진입하기 시작하자 그들은 아주 마음을 푹 놓고 깊숙히 자리에 파묻혀 앉았을 것이다. 그러나 진정 불안하게 생각했던 일은 무사히 끝난 것이 아니었다.

까닭인즉 착륙용 바퀴가 포장된 활주로에 닿은 순간 폭격기는 갑자기 완전히 방향을 바꾸어 기수(機首)를 아래로 향한 채 공항을 가로질러 당치도 않은 방향으로 줄다름질쳐 공항 주변께에서 1마일이나 떨어진 농가에 충돌하고 말았다.

승무원들이 살 수 있는 기회는 전혀 없었다.
 기체는 불길에 쌓이고 다시 폭발이 일어났다. 이런 상황에서 살아 남을 수 있다는 것은 기적이라고 말할 수밖에 없었다. 공항의 소방차가 몇 분 안으로 달려가서 곧 불은 껐음에도 불구하고 승무원들은 전원이 사망했다.
 그 때 그 농가에는 아무도 없었던 게 불행중 다행이었다. 그런 일이 있은 지 몇 주일 동안, 불길이 오른 폭격기의 잔해가 있던 부근에서 무시무시한 일이 있었다는 소문이 나돌았다. 그곳을 밤에 지나갈 때, 폭격기가 불탄 지점에서 유령의 부르짖음 같은 소리를 들었다고 이야기하는 사람들이 나타나기 시작했다.
 처음에는 그 부근의 누구도 그 소문에는 그다지 관심을 나타내지 않았다. 하지만 거의 한 달쯤 지나서 테드 워렌이 이상한 체험을 하게 되자 아무도 무관심할 수 없게 되었던 것이다.
 테드는 세인트 아이브스에서 걸어서 집으로 돌아오는 길이었다. 그는 충돌현장에서 50야드 밖에 떨어지지 않은 도로의 합류지점을 지나가야만 했다. 그때, 그는 지난번의 비극에 대해서는 추호도 생각한 일조차 없었다. 그곳에서 앞으로 말하는 것과 같은 일을 보게 되리라고는 꿈에도 상상한 적이 없었다.

네 사람의 유령 항공병

 그는 별다른 관심도 없이 폭격기가 충돌한 농장의 건물 있는 곳을 바라다 보았다. 그곳으로 가는 길을 반쯤 간 곳에서 시커먼 몇 개의 사람 모습이 있는 것을 보고 테드는 깜짝 놀랐다.

　길 한 가운데에 네 사람의 모습이 서로 한테모여 있는 것처럼 보이는 그 광경이 테드에게 의심을 품게 하였다. 그는 유언비어를 단속하는 사람이었으므로 경찰에 협력하는 일에 습관이 되어서, 의심스러운 행동을 하는 사람을 보면 곧 주의를 기울이게 되는 것이었다.

　그는 이 네 사람이 무슨 좋지 않은 일을 음모하고 있다고 확신해 버린 것이다. 그래서 그는 도로를 가로 질러가는 길을 그만두고 그들이 있는 곳으로 곧장 가기 시작했다.

　그가 다가가자 그들은 흩어져서 방향을 바꾸었다. 네사람 모두 그를 똑바로 쳐다보고 있었다. 그들이 곧 네 사람의 항공병이라는 것을 알 수 있었다. 네 사람 모두 비행용 복장을 걸치고 오른손에 낙하산이나 무슨 가방 같은 것을 들고 있었다.

　테드는 곧 그가 확신했던 것이 잘못이었음을 깨달았으나 이번에는 네 사람의 항공병이 이러한 한적한 농가가 있는 길가에 있다는 데 이상한 생각이 들었다. 도대체 무엇을 하고 있는 것일까? 하고 그들을 의아하게 생각했다.

　그들에게 말을 건네면서 걸음을 빨리하여 그들이 있는 곳으로 건너갔다. 그러자 놀랍게도 그들은 갑자기 농경지(農耕地)를 가로 질러 비행장 쪽으로 건너가는 것이 아닌가. 그러나 이 일 자체가 그에게 충격을 준 것은 아니다.

　하지만 이 네 사람의 모습은 길을 가로막고 있는 높고 두꺼운 담장을 곧장 통과하여 걸어가는 것이었다. 테드는 이 담장의 높이가 10피트, 두께도 6피트나 되고 그곳에는 틈이 없다는 것을 알고 있었다.

　어디선지 모르게 불어오는 듯한 찬 바람이 얼굴로 불어 닥치는 것을 의식하면서 그는 방향을 바꾸어 길로 돌아와 얼마쯤 구보로 달려 담이 낮아져 경작지가 보이는 지점까지 서둘러 갔다.

그 순간 구름 사이로 보름달이 얼굴을 내밀자 거의 대낮처럼 환해졌다. 이윽고 네 사람의 항공병이 경작지 한가운데서 비행장쪽으로 밭이랑을 밟으며 터벅터벅 걸어가고 있는 모습을 테드는 보았다.

하지만 경작된 땅 위로 걸어 갈 경우, 당연히 걸음걸이가 무거워 보일 터였지만 그렇게 보이지 않았다. 그들은 미끄러지듯 걸어가는 것 같았다. 그 속도는 보통 사람이 걸을 수 있는 것보다 훨씬 빠른 것처럼 테드에게는 느껴졌다.

그러자 지켜보고 있는 사이에 그들은 갑자기 사라지고 말았다. 이윽고 테드는 유령을 보았다는 걸 깨달았다.

겁이 덜컥 나서 환각(幻覺)을 본 것이 분명하다고 자신에게 타이르면서 그는 집으로 가는 길을 재촉했다. 환각이었다는 설명만으로 처리할 수도 있었겠지만 그러기에는 도저히 해결할 수 없는 일이 한 가지 있었다.

다음 날 그는 네 사람의 유령 항공병을 본 것은 자기 한 사람뿐이 아니었음을 알았던 것이다. 정확하게 때를 같이 하여 비행장 주변을 경비 순회하던 두 사람의 병사(兵士)도 역시 그들을 보았던 것이다.

3. 온실의 괴사(怪事)

온실의 폭발소리

 담쟁이 덩쿨이 무성한 그 벽돌집은 훤하게 넓은 뜰로 둘러싸여 있고 그 주변에는 애수와 침울한 분위기가 맴돌고 있었다. 하지만 포터 부처는 그 집이 눈에 띄자, 이것이야말로 그들이 이상(理想)으로 여겨 오던 집이라고 생각했다. 값이 매우 쌌고 자기들의 힘만으로——그라디스가 페인트 칠, 프레이드가 마당 일과 수리를 맡겠다고 했으니——대충 수리할 수 있다고 생각했다.
 마당에는 광도 있었다. 비록 전에 불이나서 뼈대만 거의 남아 있을망정, 새로 손을 좀 본다면 온실로 쓸 수 있을 만한 골격구조는 남아 있었다. 그곳에 살게 된 첫해 가을까지 사실 프레드는 그것을 온실로 개축하였다. 곧 이어 관상용 나무와 씨앗을 심을 상자가 안으로 운반되었다.
 그런데 11월의 어느 날 밤의 일이었다. 그들이 침대 속에서 함께 책을 읽고 있었을 때, 벼락치는 듯한 폭발 소리가 이 한가로운 전원지대를 몇 마일 사방에 걸쳐 울려 퍼졌다. 더우기 그 소리는 어쩌면 그들의 집 정원에서 일어난 것 같았다.

"어머 무슨 일일까?"

기왓장과 그 파편이 무너져 내리는 요란한 소리가 문 밖에서 들려오자, 그라디스가 말했다.

"온실이 폭발이라도 한 것이 아닐까요? 당신이 안에 넣어 둔 전열기(電熱器)에 무슨 고장이라도 생긴 것이 아닐까요?"

"전기는 저런 폭발을 일으키는 게 아니오."

하고 프레드는 잠옷 위로 덧옷을 걸치며 회중전등을 들고 마당으로 나갔다.

그런데 온실에는 아무런 이상도 없었다. 유리 한 장도 깨진 것이 없었다. 하지만 그가 문을 열어 보니 무슨 화학물질이 타고 있는 듯한 이상한 냄새가 나고 파란 연기가 그의 옆을 떠돌고 있었다. 전혀 까닭을 알 수 없는 채로 그는 집안으로 되돌아 왔다.

왜 이런 폭발 소리가 났는지를 설명할 수 있는 것은 아무 것도 없었다.

다음 날 그가 이 작은 마을에서 물건을 구입했을 때, 어젯밤 10시쯤 폭발 소리를 들은 사람이 혹시 없었느냐고 물어보았으나 가게의 점원은 어리둥절한 표정을 지었을 따름이다. ──그들은 아무 소리도 못 들은 모양이었다.

파란 연기와 화학약품 냄새

포터 부처는 이 이상한 사건을 시간이 지나자 차차 잊어버렸다. 이윽고 12월 31일이 되어 몇 사람의 친구를 저녁 식사에 초대했을 때, 그 사건이 있었다는 생각은 머리에 전혀 기억하고 있지 않았다. 그런데 프레드가 빈 술잔에 술을 따르고 있을 때, 갑자기 요란한 폭음이 그 자리의 차분한 분위기를 깨뜨렸다.

칼과 유리잔이 테이블 위에 쨍그렁 소리를 내며 떨어지고 커어튼은 폭풍으로 부풀어 오르고 마당에는 기왓장이 떨어지고 유리창이 깨지는 소리로 요란했다.

"도대체 무슨 일이요!"

모두 마당을 바라다 볼 수 있는 창문으로 나갔다. 프레드는 밖을 내다보았으나 아무것도 보이지 않았다.

"또 그 소리예요!"

하고 그라디스가 말했다.

"온실에서 들려온 것이 분명해요. 마치 폭발하는 것 같군요."

모두 마당으로 달려나왔다. 하지만 온실은 아무 일도 없었다는 듯이 멀쩡할 뿐이었다. 그리고 그들이 문을 열어보니 또다시 파란 연기가 솟아 나오고, 다시금 화학물질이 타는 것 같은 냄새가 분명히 났던 것이다.

하지만 그들은 저 폭발음이 어떻게 일어난 것인지를 설명할 수 있는 이유를 찾지 못했고, 또한 마을 사람 가운데는 폭발음을 들은 사람도 없었다.

세월이 흐름에 따라 포터 부처는 이 현상에 아무런 저항도 느끼지 않고 받아들이는 수밖에 없다는 걸 깨달았다. 이상하게도 폭발음은 매달 말일 밤, 10시가 되면 들려 왔다. 하지만 그것을 설명할 수 있는 것은 항상 아무것도 없었다.

또한 반드시 파란 연기와 화학물질의 냄새가 온실에서 흘러나왔다. 프레드는 전선(電線)을 조사해 본 후, 이것이 냄새나 연기가 나는 원인이 아닌 것을 확인했다.

노파가 말하는 무서운 과거

그런데 1년이 지난 어느날, 비오는 오후의 일이었다. 한 대의 차가 집 현관 앞에서 멎고 한 사람의 노파가 차에서 내렸다. 노파는 털 장갑을 끼고 거의 발꿈치까지 내려오는 비옷을 입고 있었다.

그라디스가 마중하러 나갔다.

"폐를 끼쳐서 미안합니다."

하고 노파는 말했다.

"마침 이곳을 지나가다 내가 옛날에 살던 집을 한 번 보고 싶어 견딜 수 없었어요. 나는 아버님과 같이 여기서 살고 있었답니다……. 아아! 그건 먼 옛날 일이었죠."

노파는 현관의 넓은 곳을 둘러보았다.

"어쩜 이렇게도 예쁘게 꾸며 놓으셨을까! 아주 달라졌어요. 물론 우리가 살고 있었던 때는 이렇지 않았어요. 아버님은 대학교수였어요. 연구하시는 것 밖에 아무것도 모르셨고 나는 어려서 일에 대해서는 별로 알지 못했었죠."

포터 부처는 손님에게 마당을 보여 주고 이윽고 온실 앞까지 왔다.

"이곳에는 무서운 오두막이 있었죠."

하고 노파는 말했다.

"여기서 제 아버님은 여러 가지 실험을 하셨죠. 물론 대부분이 폭발로 부서지고 말았지만요. 그 폭발은……."

여기서 노파는 말 끝을 우물거리며 맺지 못하고 먼 곳을 보는 듯한 눈빛을 지었다.

"무슨 폭발이었습니까?"

프레드가 갑자기 크게 관심을 보이며 물었다.

"무엇인가 잘못된 것이 일어났었죠."

하고 노부인은 아주 조용히 대답했다. 아버님께서는 잘못을 저지르셨죠. 화학약품이 폭발되고, 오두막이 날아갔습니다. 아버님은 폭사하셨죠. 잊으려고 애써 왔지만, 그래도 매달 월말이 되면 늘 생각이 나지요.…… 저 요란한 소리, 기왓장과 유리가 무너져 내리는 소리……. 아버님의 시체를 발견했을 때의 충격 등……."

플레이아데스 성단에 온 외계 여인 셈야제

4. 선의(善意)에 가득찬 추악한 유령

살인범의 자수

 추한 모습에서 흔히 사악(邪惡)한 것을 연상시키는 것은 무슨 까닭일까? 우리는 첨단과학이 발달된 오늘날에 있어서도 자기 자신의 육체적인 겉 모양을 어떻게 뜯어고칠 수 없다.
 겉 모습에 속지 말라는 속담은 여전히 진실인 것이다. 아마 그것은 하퍼드셔주(州)의 호데스톤에 나타난 유령이 그토록 사람을 놀라게 한 이유일지 모른다. 그 유령이 지금껏 나타난 유령 가운데 가장 추한 유령이었음을 의심할 여지가 없기때문이다.
 사실 그것은 보기 정말 흉했다.──기분이 나쁠 정도로 추했다.──하지만 그것은 흔히 있는 유령과는 달랐다──. 다시 말해서 항상 선의(善意)에 가득차 있었다.
 호데스튼의 유령에 관한 문서로 된 증언 가운데 가장 잘된 것은 40년 전의 살인사건을 조사하기 위해 그곳에 초청된 심령연구가 윌리엄 스타우튼에 의하여 밝혀진 것이다.
 이완 타우저란 살인범이 거의 완전 범죄를 저지른 직후, 그를 경찰로 달려가게 하여 자백을 시킬 만큼 공포감을 준 것은 무엇이었을까?——그것을 분명히 밝혀달라고 스타우튼이 부탁을 받은 때문이다.

 타우저는 마을에서 남의 빈축을 받는 평판이 과히 좋지 않은 사람이었다. 우람스럽게 몸집이 큰 사나이로 항상 교묘하게 경찰을 피해 다니는 사나이었다. 또, 이 고장의 실업가의 딸인 스잔 크로마를 짝사랑할 때까지도 그런 놈이었다.

 타우저가 '호데스튼의 유령'을 만났다는 너무도 무서운 경험을 하게 된 것은 이것이 원인이었던 것이다.

 몇개월간 타우저는 스잔에게 데이트 신청을 귀찮을 정도로 해 왔으나 스잔은 거절하였다. 그 무렵, 그녀는 다른 남자를 사랑하고 있었던 것이다. 화가 머리 끝까지 치민 타우저는 복수할 것을 마음먹고 사람들이 있는 곳에서 스잔이 자기를 푸대접한 것을 머지 않아 후회할 것이라고 큰소리를 쳤다.

 그런 지 며칠이 지난 어느 날 밤, 크로마의 집 현관문을 힘껏 두드리는 사람이 있었다. 스잔이 제일 처음에 문으로 나갔고 동생과 양친이 곧 뒤따랐다.

 그들은 복면을 한 사나이가 무조건 밀고 들어와서 스잔의 목을 칼날로 찌르는 것을 보았다. 사나이는 세 사람에게로 덤벼들었다. 하지만 상처를 입히기 전에 괴한은 단말마(斷末魔)의 외마디 비명 소리를 지르며 집에서 도망치기 시작했다.

 15분도 지나기 전에 타우저는 '그놈을 쫓아 줘! 내게서 떼어 버려 줘요.'하고 소리치며 경찰서로 비틀거리며 들어가서 자수를 했다.

 재판을 하기 직전에 타우저가 변호사에게 말한 바에 의하면 스잔 집에서 그를 쫓아온 시꺼멓고 무서운 사람의 모습

때문에 자수를 하지 않을 수 없는 처지가 되었다고 한다.
 그의 얼굴은 물론, 그는 모습을 말하기 조차 완강히 거절했으나—— 어깨 위로 무시무시하게 큰 뾰족뾰족한 날개들이 접혀있고 무서운 눈이 자기를 노려보았다고 말했다.
 타우저는 그 유령때문에 할 수 없이 자기의 죄를 고백해야만 했다고 주장했다. 또한 경찰서에 발을 들여 놓자마자, 그 유령은 사라졌노라고 말하는 것이었다.

보기 흉한 유령의 선의(善意)

 살인범의 이야기는 있을 수 있는 일로 생각되었으므로 변호사는 심령연구학회에 연락을 했다. 그래서 스타우튼이 조사를 맡게 된 것이다.
 마을 안을 조사해 본 스타우튼은 곧 도덕과 법을 범하려고 할 경우에만 나타나는 유령을 만난 일이 있다고 공언(公言)하는 사람을 몇사람인가 발견했다.
 이 근방에서도 누구에게나 호감을 주고 존경을 받는 존 브렌킨소프라는 사나이는 자기의 목숨이 붙어 있고 행복을 누리고 있을 수 있는 것도 '보기 흉한 유령'의 덕분임이라고 스타우튼에게 말해 주었다.
 몇년 전, 그는 파산 직전에 몰려 수면제를 먹고 자살하려고 하였다. 그러자 갑자기 유령이 나타난 것이다.
 브렌킨소프는 스타우튼에게 유령은 매우 보기 흉했으나, 어쩐 일인지 친애와 동정이 넘쳐 흐르고 있었다고 말했다. 유령은 브렌킨소프가 치사량의 수면제를 버릴때까지 옆에 서서 그를 지켜보고 있었다고 말했다. 약을 버리자 그의 실의(失意)에 가득찬 마음은 생기가 돌고 유령의 모습도 살며시 사라졌다고 한다.

  이 믿을 수 없는 현상을 어떻게 설명할 수 있을까? 단서가 될 만한 한 가지 이야기가 있다. 몇년 전, 이 지방의 목사가 교회에서 황금 접시를 훔치려던 도둑에 의해 살해당하였다. 그는 죽기 직전에 그 도둑을 용서하였다.

  하지만 그 도둑 사나이는 후회한 나머지 자살했다고 한다. '보기 흉한 유령'은 그 도둑의 영혼으로 나타나는 것일까? 다른 사람이 자기와 마찬가지로 후회하게 되는 것을——영원히 방황할 운명에 놓인 도둑의 죄의식으로 양심의 가책을 받는 걸 막기 위한 것일까? 하지만 문제는 다시 남게 된다. 추악한 것은 사악(邪惡)한 것과 같이 있다는 저 고정관념 말이다.

5. 울부짖는 해골

의지(意志)를 가진 해골

 약 60년 전, 어느 10월의 오후. 비에 젖은 묘지 가운데 입을 벌인 어느 무덤을 향하여 행렬이 다가가고 있었다. 일행이 그 무덤에 다다르자, 그곳에는 목사가 3백년 전의 사람의 해골을 묻는 매장식을 집행하기 위해 기다리고 있었다. 하지만 그것은 보통 해골이 아니었다.
 근처 농장의 주민들을 몇 년 동안이나 무서워 떨게 만든 바로 그것이었다. 이 매장식은 농부인 노오만 로오마스와 그의 가족이 정상적인 생활로 되돌아 갈 수 있도록 바라는 마음에서 시도해 본 하나의 실험이었다.
 만약 로오마스의 가족만이 희생자였다면 대부분의 사람들은 이 사건을 이토록 중요한 것으로 받아들이지는 않았을 것이다. 하지만 이 해골은 자기 스스로의 의지를 지닌 요괴로서 그 농장을 찾아 오는 모든 사람들을 증오했던 것이다.
 로오마스가 소작농으로서 처음 왔을 때, 집은 목수를 몇 사람 불러서 수리를 해야 될 만큼 부서져 있었다. 바로 그들이 이사온 그 순간부터 해골은 자기 고집을 부리기 시작했다.

이사 온 첫날 오후, 목수들은 광에서 점심 식사 후의 휴식을 취하고 있었다. 모든 것이 평화롭고 조용했다. 그런데 갑자기 건초를 쌓아 둔 곳에서 벼락치는 듯한 소리가 일어나면서 조용한 분위기는 깨지고 말았다. 마치 그곳에 둔 갈퀴나 써레, 그밖의 농기구를 미치광이가 한데 뒤엎어 놓기라도 하는 듯한 소리였다. 하지만 그들이 건초를 쌓아 둔 곳으로 올라가는 사다리에 가까이 가자 소리는 딱 멈추었다. 그러나 그곳을 떠나자 전보다도 더욱 요란하게 소음이 퍼지기 시작하는 것이었다.

그들은 드디어 건초를 쌓아 둔 곳으로 올라가 보았으나 그곳에는 사람의 그림자 조차 없었다. 다만 근처 일대에 농기구가 흐터지고——또한 낡은 여물통 위에 빙글빙글 웃고 있는 듯한 해골이 얹혀 있는것 이외에는 아무일도 없었다. 그들이 깜짝 놀라서 바라다보니, 해골은 부들부들 떨기 시작하다가 바닥으로 쿵! 떨어지고 그들이 있는 곳으로 굴러왔다. 그들은 도망치기 시작했다.

그 해골은 소나 말처럼 이 농장의 중요한 일부분이 되었다. 그래서 이름을 붙여 주고 딕키라고 불렀다. 얼핏 보기에 로오마스씨의 친척인 네드 딕슨이라는 사나이의 해골이 아닌가하고 한때는 생각한 일이 있었기 때문이다.

유령(幽靈)의 출현만이 꼭 다가오는 재난을 가족에게 알려 주는 것은 아니었다. 때로는 해

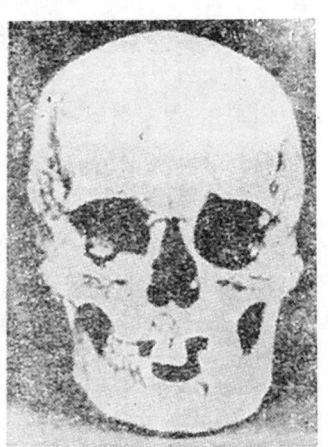

해골에는 의지가 있다

골이 그 일을 해 주었다.
 만약 집 근처를 가볍게 두드리는 경우에는 그것은 항시 가족의 누군가가 곧 병이 난다고 알려 주는 일이었다. 죽음이 다가오면 모두들 요란하게 뒤뚱뒤뚱거리는 소리를 들을 수 있었고 소리가 커지면 커질수록 임종이 가까왔다는 것이었다.

해골의 효용

 로오마스씨도 해골때문에 손해만 본 것이 아니라 크게 해골의 덕을 입었다. 가축이 갑자기 병에 걸리거나 망아지나 송아지, 새끼양 등이 태어나기 직전이 되면 항상 2층의 그의 침실 창문을 분명히 세 번 힘차게 두드리는 소리가 들려 잠에서 깨어나는 것이었다.
 하지만 만약 로오마스 집의 사람들이 그 장례식이 끝난 뒤에 '딕키'도 이것이 마지막이라고 생각했다면 그것은 아주 잘못 된 생각인 것이다.
 그날 밤은 한밤중이 지나도록 아주 조용했다. 그때 크게 고함 소리가 나자 가족들 모두가 침대에서 일어났다. 노여움이 가득찬 욕구불만을 노골적으로 표시한 부르짖음이었다. 너무나 큰 소리였으므로 1마일 저쪽의 마을까지 들렸을 정도였다.
 노오만 로오마스는 등불을 집어 들고 범인을 알아 내려고 나갔으나 농장에는 달리 아무일도 없었다. 하지만 특히 기묘한 일은 외치는 소리가 어떤 일정한 곳에서 들려 오는 게 아니라는 것이었다. 그것은 어느 곳에서나 들려 왔다.
 잠못 이루는 밤이 지나고 날이 밝기 바로 전에 목소리는 가슴이 메어지는 듯한 흐느껴 우는 소리를 남기고 훌쩍 사라졌다.

다음 날 밤은 더 심해졌고, 그런 상태가 그 뒤 몇일 밤인가 계속 되었다. 로오마스 집 사람들은 모두 잘 수가 없었다.

이 소란스러운 유령은 그 이후, 이 집에 빈번히 출몰하기 시작했다. 가구나 사기그릇이 던져지고 창문이 깨졌으며 어느 날 아침인가는 로오마스가 침대에 일어나 앉자 마자 뼈가 으스러질 지경으로 한 대 갈기는 것이었다.

'딕키의 유령'이 그 머리가 없어진 데 대하여 불평을 하고 있음이 분명했다. 마침내 해골은 발굴되고 로오마스 농장으로 돌아오게 되었다.

목사와 묘지기에게서 해골이 반환되자 크게 한숨소리가 들렸다. ── 안도와 기쁨의 한숨이었다. 그런 뒤로 '딕키'는 말썽을 부리지 않게 되었다. 현재도 그 해골은 그 농장의 작은 상자 안에 들어 있다.

6. 동숙자(同宿者)는 유령이었다!

숙박자가 없는 방

 그것은 그다지 큰 방은 아니나 몹시 썰렁하고 살풍경한 방이었다. 하지만 라스 마트는 그곳에 들어 갈 수 있는 것만으로도 기쁘기 그지없었다. 그도 그럴 것이 그에게는 돈이 얼마 없었고 밤을 보내기 위한 침대만 있다면 아무 불평도 없었기 때문이다.
 그는 1946년 1월의 바로 그 토요일, 밤늦게 맨체스터에 단 혼자만 남게 되리라고는 생각도 못했었다. 하지만 그날 오후 축구시합을 보러 갔고 그뒤 친구들과 한잔 마시고 있는 사이에 집에 돌아가기 위한 마지막 열차를 놓치고 만 것이다.
 다행히── 적어도 그때는 그렇게 생각되었다── 친절한 경관이 그에게 YMCA로 가는 길을 가르쳐 주었고 그곳이라면 하룻밤 숙소를 싼 값으로 빌려 줄 것이라고 알려 주었다. 하지만 너무 늦었으므로 그가 그곳에 도착하자 방은 완전히 만원이라고 거절을 당했다. 아니 거의 만원이라고 유즈 호텔의 종업원이 덧붙여 말했다. 그러나, 작은 방이 딱 하나 비어 있노라고 말했다. 아무도 그 방을 빌리는 사람이 없기 때문이라는 것이다.

호텔의 관리인은 요 몇년 동안 그 방에서 밤을 보낸 사람은 없다고 말하는 것이었다. 그 방에 들어간 사람은 다소 있었으나 항상 곧 서둘러 나가 버린다고 말했다. 라스는 그 방을 보자 과연 이래서야 아무도 들어 올리가 없다는 까닭을 납득했다.

방은 반 칸 정도의 넓이밖에 안되고 한 개의 선반 침대가 한쪽 벽을 완전히 막고 있을 뿐더러 문 안쪽에 튀어 나온 갈고리가 양복장의 대용품이 되어 있었다. 밀기만 해도 부서질 것 같은 약한 테이블이 그렇지 않아도 좁은 장소를 더욱 비좁게 만들고 있었고, 뿐만 아니라 나중에 마트가 느낀 일이나 그것은 방이 몹시 춥다는 것이었다.──외풍(外風)이라든가 습기 탓으로 춥다는 게 아니라 그 방의 분위기 속에 몹시 이상한 냉기(冷氣)가 서려 있는 것이었다.

스스로 움직이는 소지품

하지만 그는 피곤에 지쳐 있었으므로 이 악조건을 효과적으로 활용하기로 결심했다. 옷을 벗자, 시계·지갑·담배·성냥 따위를 침대 옆의 흔들거리는 테이블 위에 조심스럽게 늘어 놓았다.

막 잠이 들려고 할 때, 비로소 그는 그 방에 있는 것이 자기 한 사람만이 아니라는 것을 느꼈던 것이다. 그는 어둠 속에서 잠들려고 애쓰며 자리에 누웠다. 하지만 인기척을 너무나 강력히 느꼈으므로 마침내 그는 전등을 켰다. 그러나 그는 분명히 혼자였다.

다소 무시무시한 기분이 들기는 하였으나 지칠대로 지쳤으므로 그는 전등을 끄자 소르륵 잠들고 말았다.

제4장 영혼의 수수께끼 151

그런데 무엇인가가 그를 잠에서 깨우고 말았다. 가만히 자리에 누운채 그는 어둠속을 뚫어지게 지켜보았다. 하지만, 아무 것도 보이지 않았고 아무 소리도 들리지 않았

유령은 담배 연기에 끌려서 나온다

다. 다만 옆방의 누군가 코고는 소리가 은근히 들려올 따름이었다.

옆의 테이블에 올려 놓은 시계를 집으려고 하였으나 어쩐 일인지 보이지 않았다. 다시 보니 그곳에 있던 시계가 없는 게 아닌가! 몸이 떨려 오면서 무엇인지 무시무시한 일이 일어나고 있다는 것을 분명히 확신했다.

그는 어둠 속에서 성냥을, 지갑을, 그리고 담배조차도 더듬어 보았으나 테이블 위에는 전혀 아무것도 없는 것이었다. 침대에서 몸을 일으키자 라스는 전등불을 켰다. 그러자 놀랍게도 그가 그토록 조심해서 테이블 위에 얹어 놓은 소지품들이 모두 침대 밑에 굴러 떨어져 있는 것이 아닌가!

그가 처음에 직감적으로 한 일은 문을 조사하는 일이었다. 그것은 잠겨 있었다.──아무도 이 작은 방에 들어올 까닭이 없었다. 그래서 그는 약간 겁을 내면서도 침대가에 앉아서 실제로 자기가 소지품을 테이블 위에 놓았나 하는 걸 생각해 내려고 애썼다. 그의 마음은 아직도 이상한 의심스러운 생각으로 가득찼으나 그는 소지품을 다시 테이블 위로 다시 올려 놓자 마자 침대로 기어 들었다.

담배를 피우면 나타나는 유령

 그것은 편안치 못한 그날 밤에 최초로 일어난 사건이었다. 그뒤 다시 세번 그는 눈을 떴으나 그때마다 테이블 위에 놓은 물건이 침대 밑에 놓여 있는 것을 발견했다.
 아침이 될 때까지 그는 무서워서 겁에 질려 있었고 누구에겐가 이 일을 고백하지 않을 수 없는 마음이 되었다.
 아침 식사를 마친 후, 이 사건에 관해서 더 깊이 생각한 뒤에 그는 상임목사(常任牧師)에게 면회를 청했다. 목사는 엄숙한 태도로 그를 물끄러미 쳐다본 뒤 물어보았다.
 "자네는 침대에서 담배를 피우는 습관이 있는 게 아닌가?"
 마트는 머리를 끄덕였다.
 "하지만, 저는 늘 조심성 있게……."
 "그것이 아마 모든 걸 설명해 주겠지."
 하고 목사는 말했다.
 "실은 4년 전에 저 작은 방에서 잠을 잔 학생이 있었다네. 그도 침대에서 담배를 피우는 습관이 있어 어느 날 밤, 그가 잠이 든 후 침대에 불이 붙고 말았다네. 몇 분 안 가서 방 전체가 불바다가 돼 버렸어. 우리는 그를 구출하려고 하였으나 허사였어…… 그는 불에 타 죽었던 거야."
 마트는 정색을 했다.
 "그렇다면 그건 유령의 짓이었다고 말씀하시는 겁니까? 그의 영혼이 어젯밤, 저의 소지품을 옮겨 놓았다고 하는 겁니까?"
 목사는 고개를 끄덕였다.
 "전에도 일어났던 일이야. 내 생각으로는 그의 영혼은 다른 사람들을 보호하기 위하여 할 수 있는 일을 하려고 편안히 잠들 수 없게 하는 거라고 생각하네. 하여튼 이 현상이 일어나는 것은 반드시 작은 방의 숙박자가 침대에서 담배를 피우고 있을 때만이니까."

7. 영원한 미사를 드리는 유령신부

불의(不意)의 침입자

 제2차 세계대전이 끝나고 유럽이 다시금 평화를 되찾았을 때, 전화(戰火)에 의한 피해에서 복구해야만 될 많은 폐허가 수두룩 하게 있었다. 프랑스의 베쉬느 근처에 있는 이 이야기에 나오는 오래 된 교회도 폭격을 입은 많은 건물 가운데의 하나였다.
 벽에는 위험한 균열이 가로 세로로 갈라졌고 벽과 천정의 장식들이 너무 심하게 손상을 입어서 원래의 아름다움을 되찾기 위해 복구 비용을 모으는 데만도 많은 세월을 필요로 하였다.
 또한 끝으로 사제(司祭)인 시몽 신부(神父)는 그 지방에 있는 미술가에게 벽 장식과 프레스코 벽화(壁畵)를 완전히 복원시켜 달라고 부탁했다. 하지만 어떤 이유에선지 그 일은 거절당하고 미술가는 그 이유를 설명하기를 거부했다. 그는 무엇인지 두려워하고 있는 듯이 보였다.
 시몽 신부는 이 마을에 온 지 얼마 되지 않을 뿐더러 1955년 당시에도 불과 9년밖에 그곳에 살고 있지 않은 폭이었다. 그는 거절을 당한 일에 어쩔 줄을 몰라 했으나 이 일을 완성시키려는 결심은 변하지 않았다.

 그는 파리에 살고 있는 폴란드의 화가인 잔·빌스키를 불러왔다. 빌스키는 전형적인 예술가 기질의 까다로운 성격의 사나이였다. 목사로부터 일을 6주 동안에 완성시켜 주었으면 좋겠다고 부탁을 받자, 그는 아침 9시부터 가능한 한 늦게까지 교회 안에 혼자 있게 해주고 그 사이에는 절대로 면회를 사절해 달라고 요구했던 것이다.

 날마다 빌스키는 교회에 8시 30분에 왔다. 신부가 그를 안으로 들이면 화가는 교회의 출입구를 잠그고 아무도 안으로 들어와서 그의 일을 방해하지 못하게 하였다. 매일 밤 그는 시몽 신부가 따뜻한 식사를 준비하고 기다리는 신부의 집까지 자전거로 돌아가는 것이었다.

 이런 생활이 중단되지 않은 상태로 꼭 1주일 계속되었다. 빌스키는 자기의 일이 잘 진전되는데 만족하였다. 그러던 어느 날 아래를 내려다 보니 성직자(聖職者)가 교회 안으로 들어와서 넓은 방을 지나 제단(祭壇)이 있는 곳으로 걸어가는 게 보였다.

 시몽 신부가 약속을 깨뜨리고 들어온 일에 화가 났으나 화가는 일을 계속하였다. 하지만 그날 밤 신부 집에 돌아와서 무척 피곤했으므로 그 일을 신부에게 말할 생각도 나지 않아 잠자코 있었다.

미사를 드리는 성직자

 그런 일이 있은 지, 며칠 뒤의 밤 10시쯤 다시 같은 일이 일어났다. 이번에는 빌스키가 그 이상한 신부에게 말을 걸었으나 대답이 없었다. 그 사나이는 넓은 방을 가로질러서 제단 앞에 이르자 무릎을 꿇고 큰 소리로 성가(聖歌)를 부르기 시작했다. 이래 가지고서야 도저히 일을 계속할 마음이 나지 않았다. 빌스키는 도구를 챙겨서 돌아가기로 했다.

발판에서 내려와 보니 성가가 끝난 것을 알았다. 주위를 둘러보면서 그는 시몽 신부의 이름을 불러보았으나, 대답이 없었다. 신부는 돌아간 것 같아서 그는 가방을 짊어지고 교회를 나섰다. 여느 때보다 일찍 일을 그만둔 것을 그는 은근히 기뻐했다.

그는 한길을 가로질러서 선술집으로 들어가 술 한 잔을 주문했다.——1분이나 21분쯤 지나면 신부가 한길로 나올게 분명하다고 생각했다. 하지만 신부는 나오지 않았다. 이상하게 생각하면서 화가는 언제나 시몽 신부가 저녁식사 준비를 해주는 신부집을 향해 자전거로 달려 갔다.

하지만 돌아와 보니 식사는 준비되어 있지 않았고 시몽 신부는 의자에 기대앉아서 쿨쿨 잠을 자고 있었다. 화가는 신부를 흔들어 깨웠다.

"이런 미안해요."

신부는 허둥대며 말했다.

"벌써 몇 시간이나 잠을 잔 게 틀림 없군. 가정부에게 10시에 돌아갈 때 나를 깨워 달라고 부탁을 했는데 잊은 모양이구나."

빌스는 입을 딱 벌리고 신부를 바라다보았다.

"그렇다면 바로 반 시간쯤 전에 교회에 계신 것은 신부님이 아니셨던가요?"

시몽 신부는 입을 딱 벌리고 멍청한 표정을 지었다. 빌스키가 일을 하고 있는 동안에는 결코 교회 안에 들어간 일이 없다고 말했다. 그는 약속을 중히 여기고 이 점만은 엄수했던 것이다.

　빌스키는 이틀 밤이나 나타난 신부의 이야기를 하고 그것이 시몽 신부였다고만 생각했었노라고 말했다.

유령신부(幽靈神父)

　시몽 신부는 그 이상한 목사가 도대체 누군지 알고 싶다고 생각했다. 그래서 다음날 밤 교회 안의 의자에 앉아서 화가가 일하는 것을 지켜보면서 두 사람이 같이 그 신부가 나타나기를 기다렸던 것이다. 그러자 그때 갑자기 두 사람은 문이 삐걱거리며 열리는 소리를 들었다.
　"저것 봐, 왔어요!"
　하고 빌스키는 소리를 죽이고 말했다.
　발판 위의 그의 위치에서는 교회의 문이 보이지 않았으나 신부가 뒤돌아 문을 보았을 때, 문은 닫힌 채로 있었다.
　"바람의 탓이 분명하지."
　하고 그는 바쁘게 일을 계속하는 척하는 화가에게 말했다. 그때 문득 빌스키는 아래를 내려다 보고 기겁을 하게 놀랐다. 아래에 보이는 자리에는 신부가 두 사람 있는 게 아닌가!
　"시몽 신부님! 시몽 신부님 바로 옆에 앉아 있지 않습니까?"
　그는 신부의 등 뒤를 가리키며 말을 걸었다. 시몽 신부는 뒤를 돌아다보았으나 아무것도 보이지 않았다.
　빌스키의 등골에서는 오싹 소름이 끼쳤다. 그것은 유령이었던 것이다.
　유령 신부는 일어서자 비틀거리며 문쪽으로 걸어가더니 사라졌다.

"보시오! 저쪽으로 걸어 갔어요."
하고 빌스키는 소리쳤다.
"보이지 않습니까?"
하지만 시몽 신부에게는 역시 아무것도 보이지 않았다. 화가는 환각(幻覺)을 보고 있는 게 분명하다고 생각한 신부를 그가 집으로 돌아가는 데 동행해 주고, 다음 날 밤에도 그가 일하는 동안에 함께 교회 안에 있어 줄 것을 약속했다.
그런데 다음 날 밤 그들은 다시 유령을 기다렸다. 다시금 두 사람은 문이 삐걱거리는 소리를 들었다.
빌스키는 그림붓을 떨어뜨리고 발판 위에 쭈그리고 앉아서 신부를 보려고 하였다. 처음에는 그에게도 시몽 신부에게도 아무것도 보이지 않았다. 이윽고 빌스키는 제단 앞에 있는 유령을 힐끗 보았다.
"허! 저기 있어요."
시몽 신부는 제단 있는 곳을 뒤돌아 보았다. 하지만 이번에도 신부에게는 아무것도 보이지 않았다. 갑자기 그 자리의 공기는 성스러운 미사를 찬미하는 노래 소리로 가득찼다. 두 사람이 모두 그것을 들었다.
빌스키는 마침내 공포심 때문에 기절할 지경이었다. 그림 물감을 옆에 팽개치자 사다리를 구르듯이 내려가서 문까지 달려 갔으나 놀랍게도 그 문은 굳게 잠긴 채였다.
그 무렵에는 이미 유령은 사라지고 노래 소리도 끝났었다. 시몽 신부는 자신도 적지 않게 충격을 받았으면서도 화가를 어떻게든지 애써서 진정시켰다.
원래 정신력이 강한 빌스키도 이 유령때문에 완전히 마음이 어지러워져서 정신이 안정될 때까지 이틀동안이나 일을 쉬었다. 하지만 일단 시작한 일을 끝내지 않으면 안된다고 생각한 폴란드인은 유령이 나오건 안나오건 일을 하기로 결심을 굳혔다.

　유령 신부는 여덟 번이나 더 나타났다. 한 번인가는 제단을 완전히 뒤엎어 버리고 촛불을 쓰러뜨리기도 하였다. 시몽 신부는 항상 화가와 그 자리에 입회했다. 그는 어김없이 길게 부르는 성가를 듣거나 촛불이 쓰러지는 것을 보거나 하였음에도 불구하고 실제로 유령을 목격하는 일은 없었던 것이다.

　6주일을 예정하였던 것이 8주일이나 걸려서 벽화가 마침내 완성되자 잔·빌스키는 유령이 있는 교회에서 떠나게 된 것을 마음 속에서 감사하며 파리로 돌아왔다.

　시몽 신부가 조사한 바에 의해 분명해진 것은, 20년 가량 사이에 몇 사람이 이 교회에서 유령을 목격했다는 사실이다. 이 지방의 화가가 벽화를 복원시키는 일을 거절한 것은 그 이유 때문이었다는 것이다.

제 5 장
우주로부터의 침략자

1. 2천년 전에 그려진 우주인

성별을 알수 없는 괴상한 모습

하늘을 날으는 비행접시는 실재로 있는 것이냐? 없는 것이냐? 만일에 실재로 있다면 그것은 도대체 어디로부터 오는 물체인가, 이런 문제들은 오랜 세월에 걸쳐 많은 사람들의 마음에 의문부호(?)를 던져 준 문제이다.

아니 어쩌면 그것은 2천년이 넘도록 인류를 괴롭혀 온 문제일는지도 모른다는 것을 암시(暗示)하는 증거물이 최근에 이르러 발견된 것이다. 그 증거물은 브라질의 밀림속에 있는 수수께끼로 되어 있는 유적에서 고고학자(考古學者)들에 의하여 발굴된 직경이 불과 몇 인치밖에 안되는 작은 돌이었다.

그 돌에는 원형의 물체 위에 머리를 길게 늘어뜨리고 앉아 있는 벌거벗은 사람의 모습이 새겨져 있다. 그것은 단지 오래 전에 잊혀진 여러 신(神)이나 혹은 여신(女神)을 묘사한 그림에 지나지 않는 것인지도 모르지만, 단 한 가지 괴상한 점이 있다는 것이다.

그것을 만든 예술가는 애써 그곳에 유동적(流動的)인 힘이 존재한다는 것을 강조하고 있는 듯하다. 긴 머리는 센 바람에 휘날리고 있기라도 하듯 뒤로 펄럭이고 있고 원형의 좌석 아래쪽에서는, 뚜렷이 알 수 있는 구름 같은 항적(航跡)이 명확하게 표현되어 있는 것이다.

하지만 이 돌이 발견되었을 때에는 다만 '좌상(坐像)'으로 분류되어 처리되었을 뿐이고, 보다 확인하기 쉽고 근본이 분명한 다른 물체를 연구하는데 중점을 두게 되었다.

이 돌을 아직 확인되지 않은 비행물체와 관련을 지을 만한 외관상의 증거는 확실히 아무것도 없었던 것이다.

발굴과 관계가 있던 전문가들 몇 사람은 그래도 그것을 스케치하여 그 괴상한 작은 그림 모습을 수상하게 생각할 만한 호기심은 지니고 있었다. 분명히 그것은 괴상한 모습이었다.

긴 머리는 일반적으로 여성을 나타내는 것이나, 그 예술가가 여성을 나타내려고 마음 먹었다면 유방도 그렸을 것이다. 그것은 긴 머리보다도 더욱 분명히 여성이라는 것을 나타낼 수 있으니까. 따라서 이 그림의 모습은, 머리가 긴 남성일 거라고 해석되었다.

여기서 새로운 의문이 생겼다. 만약 그것이 남자의 모습으로 그려졌다면, 그것을 나타내는 것이 어디 있는지, 고대의 남미 원주민의 예술가들은 남성의 특징을 묘사하는 것을 결코 부끄러워 하지 않았다. 다시 덧붙여서 수수께끼와 같은 작은 인물상(人物像)에는 근육이 전혀 그려져 있지 않다는 괴상한 사실도 있다.

그것이 남자건 여자건 적어도 이두박근쯤은 그려 있어도 상관이 없었을 것이다.

하늘에서 내려오는 우주인의 전설

이 그림은 결국 어떤 직공으로 있는 예술가가 심심풀이로 돌 위에 새긴 보잘것 없는 낙서로서 무시당하게 되었다. 그래서 이 돌은 현재 완전히 잊혀지고 미국이나 어느 나라의 박물관 창고 안에서 먼지를 뒤집어 쓰고 있을 게 분명하다.
　하지만 그 돌에 그려진 스케치는 남아있다. 이것과 그 주변의 부족에게 전해지는 민화(民話)의 문헌을 바탕으로 한다면 이에 관한 설명을 해보는 일이 가능하다고 과학자들은 믿고 있다.
　민화란 것은 단지 아이들을 기쁘게 해 주기 위한 재미있는 이야기를 모은 것이 아니다. 그것은 수많은 전설을 거대하게 체계화 시킨 것이며 오랜 세월에 걸쳐 이야기가 전해 내려오는 사이에 그 참된 뜻은 대개의 경우 없어지는 것이다. 하지만 같은 지역의 곳곳에 남아 있는 비슷한 전설을 비교 검토하는 것으로서 그 원래의 뜻을 재생해 보는 일도 또한 가능하며, 자세히 그 내용을 분석했을 때 민화뿐만 아니라 전설·신화(神話)에서도 공통점을 발견할 수 있다.
　신앙의 대상으로 되어 있는 민화쯤 되면 강력한 힘을 가지고 있다. 까닭인즉, 그것은 남미 대륙을 정복하는 데 도움이 될 정도였으니 말이다. 잉카 사람과 아즈텍 사람이라는 중미(中美)와 남미에 있어서 주요 문명의 소유자들은 피부가 하얀 스페인의 탐험가들을 신(神)으로 잘못 보았던 것이다.
　그들에게는 하얀 피부를 가진 그들의 신이 언제고 동쪽에서 돌아오리라는 전설을 지니고 있었다. 이 전설을 믿고 그들은 현실적으로 천사이기보다는 짐승과 다를 바가 없는 정복자들의 발 밑에 꿇어 엎드렸던 것이다.
　스페인의 정복자들이 이 운이 없는 문명국 안으로 깊이 들어감에 따라 그들은 어떤 한 가지 질문을 받는 일에 대하여 다른 어떤 질문을 받는 일보다도 익숙해졌다. 그 질문이란 '당신들은 하늘에서 내려 오셨습니까?' 하는 것이었다.

남미의 원주민들은 바다를 건너온 하얀 피부의 신인 케사 알코아틀의 전설보다도 더 오래된 전설을 그들 자신 사이에 전해 왔던 것이다. 이 오래된 전설은 그들의 조상들이 하늘에서 속도가 빠른 전차를 타고 온 사람들과 교섭을 가졌던 경위를 전해 주고 있다. 그러나 이 두 개의 전설은 마침내는 혼동이 되고 말았다.

하늘을 날으는 전차의 전설은 말할 것도 없이 터무니없는 공상에서 생긴 옛날 이야기라고 해 버릴 수 있었을 것이다. 만약 그 뒤 3백년 가까운 뒤에 저 돌이 발견되지 않았다면……….

이 돌에 그림이 새겨진 것은 율리우스·케사르가 로마 제국을 통치하기 백년쯤 전의 일이었다. 이것은 인류가 하늘을 날 수 있게 된 2천년 이전의 일인 것이다. 그럼에도 불구하고 당신의 민중들은 설령 상상이라 할지라도 '하늘을 날으는 전차'를 항상 사용하는 한 민족을 창조한 것이었다.

그들은 정말 그 종족을 공상으로 창조한 것일까? 그렇지 않으면 우리가 현재 약간은 비웃는 투로 말하는 하늘을 날으는 접시라고 부르는 물체를 실제로 익혀 보았던 것은 아니었을까? 이 작은 돌이라는 증거품이 우리의 상상을 흔들어 놓고 있는 것이다.

고대인은 UFO를 보았다

처음에 발견한 사람들이 잘못 생각한 한 가지 사실은 그것이 너무도 단순한 조각에 지나지 않았으므로 그들의 과학적인 생각으로서도, 그 중대한 뜻을 파악하지 못했었다는 것은 결코 놀라운 일은 아니다.

다만 멸망한 문명에 대해서만 조예가 깊은 학자들에게 항적(航跡)의 구름을 일부러 그려 넣는 사람이 있었다면 어찌 그것이 비행운(飛行雲)을 본 사람에 틀림 없다는 사실을 깨닫기를 기대할 수 있으리오!

현재 우리는 고공을 날으는 항공기가 뒤에 남기고 가는 하얀 비행운을 가끔 보아왔다. 그것은 사실상 열을 받은 기체가 차가운 고공의 대기층을 지나갈 때 생기는 얼음의 결정(結晶)이며, 1939년대의 중간 무렵까지는 볼 수 없었던 것이다.

그 무렵까지는 비행기는 그렇게 고공을 날으는 일이 없었기 때문이다. 그렇다면 도대체 이 알려질 까닭이 없는 옛날의 원주민 예술가가 어디에서 차츰 사라져 가는 엷은 비행운(飛行雲)이라는 개념을 얻은 것일까?

그는 자기가 실제로 본 것을 그린 것이 아닐까? 그 인물상(人物像)이 급속히 움직이고 있다는 것은 그 머리를 보아도 분명히 알 수가 있다. 그 머리는 머리의 바로 뒤쪽으로 휘날리고 있었다. 그 자체가 또 한 가지의 이상한 일인 것이다. 왜냐하면 남미의 인디오들은 달리는 인간의 속도보다 더 빨리 움직이는 방법을 알지 못했던 것이다.

그들에게는 말(馬)이 없었던 것이다. 그럼에도 불구하고 도대체 어떻게 그들은 사람이 달릴 수 있는 한계보다 빠른 속도로 움직였을 경우 머리카락이 그와 같은 상태를 나타낸다는 것을 알수 있었단 말인가?

그리고 탈 것의 모양조차도 중대한 의미가 있는 것이다. 그것은 둥근 모양이다. 또한 남미의 인디오들은 차 바퀴라는 것을 발명한 일이 없었다. 따라서 둥근 모양이라는 것은 그들에게 있어서는 같은 시대의 로마 사람들과 같이 흔히 보아 온 것은 아니었을 것이다.

흔히 수송하는 데 쓰는 것은 '메는 바구니'라고 부르는 노예들이 어깨에 메고 나르는 네모진 상자 모양의 탈 것이었다. 따라서 그 예술가가 어떤 종류의 탈 것을 타고 있는 사람을 그리려고 했었다면 네모꼴을 그렸어야 할 게 아니었을까? 하지만 그는 둥근 모양을 그렸다.

가령 그리스도가 살아 있을 당시에 살던 이탈리아의 한 농부가 그리스도의 승천을 표현하려고 하여 그리스도가 기체역학(氣體力學)을 응용한 유선형(流線型)의 전차를 타고 올라가는 모습을 그렸다면 그것은 바로 이 남미의 원주민 예술가의 로마 판(版)이라고 할 수 있다.

이 인디오의 예술가가 표현하고 싶다고 생각되는 것을 암시하는 것은 오늘날 널리 알려진 하늘을 날으는 접시를 목격했다고 주장하는 사람들의 대부분이 그것은 아래쪽에서 바라다 보면 원형이었다고 말하는 사실이다. 이것이 가장 유력한 증거가 아닐까? 특히 이 원반(圓盤)모양의 탈 것의 아래 부분이 애매하게 분명치 못한 선으로 그려져 있고 열을 받은 표면 근처에서 빛이 이그러진 것을 그것으로 표현하려 하고 있는 것처럼 보인다면 더 말할 나위도 없다.

UFO가 하늘을 가로 질러서 날 때, 그 색채가 변화하는 이유의 하나는 그 고속도로 인하여 생기는 고열(高熱) 때문이라고 생각하고 있는 것이다. 머리가 긴 사람이 원반의 꼭대기에 앉아 있다는 괴상한 사실에는 뚜렷한 의미가 없다.

원시적인 예술가들 사이에서는 전체적인 신체의 균형이 잡히지 못하는 일은 있을 수 있는 현상이다. 모든 초기 문명에 있어서 흔히 쓰이는 불균형적인 한 예로는 가장 중요한 인물은 다른 어떤 인물보다도 몇 배 크게 그린다는 경향이었다.

이것은 이집트 사람들 사이에는 흔히 있는 일이며, 어린이는 아버지보다 어머니가 중요하다고 생각하고 있을 나이에는 흔히 어머니를 아버지보다 크게 그린다.

이런 까닭으로 그 인물이 반드시 불가능하지는 않으나, 위험한 자리에 앉아 있는 것처럼 그린 것은 그가 그와 같은 식으로 타고 앉았다는 것을 나타낸 것이라고느 볼 수 없다. 인물을 크게 그린 것은 예술가로서는 인물이 비행운(飛行雲)보다 훨씬 중대하게 느꼈던 것에 지나지 않는 것이다.

그렇다면 이 인물상 나체(裸體)로 성적 특징이 없고, 근육이 없다는 사실을 어떻게 설명할 것인가. 이와 같은 것이 없다는 것은 그 사람이 몸에 꼭 끼는 옷을 입었다면 간단히 설명할 수가 있다. 아마 잠수부가 입는 것 같은 얇은 잠수복을 몸에 걸치고 있었을 것이다.

이와 같은 이상한 것들을 종합해 보면 '있을 수 없는' 하나의 주장을 합리적으로 만들수 있다. 원리를 알 수 없는 동력(動力)으로 하늘을 날으는 탈 것에 탄 미지의 종족인 '인간'이 원시적인 브라질 인디오에서는 그림의 소재가 될 만큼 익숙하게 보아온 것이었다는 점이다.

'하늘과 땅 사이에는 상상조차 할 수 없는 일이 있다'는 속담도 있긴 하지만, 저 작은 돌의 증거품을 가지고 자꾸 캐 보면 어떤 종족의 '인간'이 매우 오랜 시기에 걸쳐 이 지구의 상공을 날아 다녔고 어느 시기에는 지구의 주민과 자유롭게 교섭을 가졌던 일이 있었을 것이 틀림 없다는 생각이 든다.

2. 비행접시에게 붙잡힌 부부

차를 쫓는 별

 1961년 9월의 어느 날 밤, 바아니·힐이 US 3호 국도를 차로 달리고 있을 때, 빠른 속도로 이동하는 빛을 처음으로 눈여겨 보게 된 것은 그의 아내 베티였다.
 처음 그녀는 그것을 별이라고 생각했다. 힐 부처는 캐나다에서 뉴우햄프셔의 포오츠머스에 있는 자택으로 차를 몰고 돌아가는 길이었다. 그들은 극히 전형적인 미국인 부부로서 그때까지는 달리 이상한 체험 같은 것을 당한 일도 없었고 또한 체험할 것 같지도 않았다.
 그날 밤까지는……. 왜냐하면 그날 밤, 그들은 예전에 일어났던 어떤 사고보다도 이상한 사건에 말려 들게 되었으니 말이다.
 그러나 그들 자신은 그 일을 애당초 아무것도 알지 못했다——. 5년 뒤에 의학 전문가들에 의하여 깊은 최면상태에 빠지게 되어 질문을 받은 결과, 사실이 밝혀진 것이다.
 만일 그들이 경험한 일이 사실이라면, 그것은 기록된 것 중에서 가장 무시무시한 사건의 하나로 손꼽혀야 할 일이다.
 또한 그들이 증언한 것을 뒷받침해 주는 극히 유력한 증거도 있는 것이다.

　1961년 9월의 바로 그날 밤, 베티·힐은 하늘의 멋진 경치를 넋을 잃고 바라보았다. 몇 시간 뒤 다시 또 하나의 보다 큰 별이 갑자기 나타나서 별이 있는 하늘에 겹치게 되자 그녀는 더욱 넋을 잃고 말았다. 드디어 그녀는 이 현상을 바아니에게도 눈여겨 보게 하였다.

　그는 차를 멈추고 바라보았다. 처음에 그는 그것이 지평선의 곡선에 착 붙어서 평행으로 이동하는 큰 별이라고 생각했다. 차를 다시 달리면서 그들은 이따금 하늘의 이 괴상한 물체를 관찰하였다. 애견(愛犬)인 닥스훈트 종(種)의 델지이가 갈팡질팡하기 시작했으므로 베티는 차를 세우고 개를 산보시키자고 하였다.

　차에서 내려서자 그들은 더욱 더 넋을 잃고 쌍안경을 꺼내서 오랜동안 이 이상한 물체를 관찰했다. 드디어 베티가 말했다.

　"여보, 저건 도저히 별이라고는 생각되지 않아요……."

　11시에는 카논 산의 음침한 모습이 거의 가까이 보이는 곳까지 와 있었다. 다시 차를 멈추자 그들은 급속히 접근해 오는 빛을 지켜보고 있었다. 그제서야 바아니는 그것을 비행기라고 생각했다.

　쌍안경을 통하여 바아니는 비행기의 동체와 같은 모양을 볼 수 있었다. 하지만 그것에는 날개가 없었다. 또한 그 동체를 따

우주인에게 붙잡힌 힐부처

라 환한 광점(光點)이 줄지어 있고, 그 점들이 각기 다른 색깔의 가는 광선을 방사(放射)하고 있는 것처럼 보였다.

원반에서 내려서는 우주인

바아니가 자기 자신이 감시를 당하고 있고, 그 괴상한 하늘을 날으는 물체가 자기들의 주위를 맴돌려하고 있는 것이 아닐까? 하는 이상한 감각에 사로잡힌 것은 바로 그때였다. 아내가 무서워하지 않도록 마음을 쓰면서 급히 아내를 차에 태웠다. 그러나 그들이 카논 산으로 향하자 UFO는 갑자기 숲 뒤쪽으로 급강하(急降下)하여 보이지 않게 되었다.

이윽고 다시 그것은 그들의 오른쪽으로부터 수백 피트밖에 떨어져 있지 않은 곳에 나타나 차의 속도에 맞춰서 나가기 시작했다. 그 물체는 거대한 큰 쟁반 같은 모양이었다. 그것은 바로 가까이에 떠 있었고, 그 빛은 차차 부드러운 환한 기운으로 줄어들었다. 그런데도 아직 아무런 소리도 들리지 않았다. 그러나 바아니는 몇 명의 사람 모양을 한 생물이 창에서 차 있는 쪽을 감시하고 있는 것을 분명히 확인했다.

천천히 소리도 없이 이 괴상한 비행체는 차츰 내려 오고 있었다. 그런 뒤 갑자기 그 아래 부분에서 사다리 같은 것이 뻗어 나와서 승무원이 밖으로 나타났다. 바아니는 그 승무원 한 사람이 그가 있는 쪽으로 미끄러지듯 다가오는 것을 보았다.

그는 이와 같은 위압적인 눈을 지금까지 본 일이 없었다. 갑자기 그는 무서워졌다. 차의 발동을 걸고는 도로를 곧장 달렸다. 하지만 불규칙한 삑—— 삑——소리가 그들 뒤로 다가오더니 그 소리는 차츰 커지는 것이었다.

그 순간부터 2시간 가량 힐 부처는 완전히 기억을 잃고 말았다. 이 동안에 일어났던 일을 지금까지도 그들은 설명할 수가 없었다. 그들은 집으로 돌아오는 데 여느 때보다 2시간이나 더 걸렸다. 또한 몇 년 뒤에 의학자들에 의하여 최면상태에 빠지게 되기까지는 두 사람 모두 그 두 시간 동안에 일어났던 일이 생각나지 않았던 것이다.

원반(圓盤) 안에서 받은 신체검사

집으로 돌아오자 두 사람은 모두 이상하게 지쳐 있었다. 바아니는 사타구니께와 아랫배가 아픈 것을 알 수 있었다. 부부가 모두 자기들이 입었던 옷을 벗어서 그 옷가지를 지하실에 던져 버렸다.

이 행위에 대해서는 그들 자신도 논리적인 설명을 할 수 없었으나 하여튼 두 사람이 모두 그 옷가지들을 두 번 다시 보고 싶지 않았던 것이었다. 차에는 여기저기에 이상한 흔적이 찍혀 있었고 그들의 팔목 시계는 집으로 돌아오기 두 시간 전의 숫자를 가리키고 멈춰 있었다.

그 시계는 그 뒤 도저히 수리가 불가능하였다. 그들이 비행접시를 만난 뒤 몇 주일 동안 베티는 무서운 악몽에 시달렸다. 그녀는 한밤중에 비명을 지르고 눈을 뜨지만 도대체 어떤 무서운 꿈을 꾸었는지는 설명할 수가 없었던 것이었다──.

최면상태에서 그녀가 정신분석의(精神分析醫)에게 말한 것은, 뉴우햄프셔의 인적이 거의 없는 길 위에 바리케이드가 쳐지고 그들의 차가 세워져서 검은 제복을 입은 이상한 느낌의 사나이들에 의하여 차 안으로 연행되었다. 그곳에서 그녀는 의식을 잃었다고 한다.
 그녀는 최면상태에서 이야기를 계속했다. 의식을 회복했을 때 그녀도 바아니도 일종의 항공기를 타고 있었다는 것이다. 그곳에서 그녀는 지적인 인간 모양의 생물들에게서 면밀한 신체검사를 받았다는 것이다. 바아니도 같은 목적으로 그 항공기의 다른 방으로 연행되어 갔다. 두 사람 모두――영어로――그들에게는 아무런 해도 끼치지 않겠다는 것을, 그리고 그들의 이상한 체험에 대하여 아무런 의식적인 기억을 지니는 일이 없이 석방될 것을 보증받았다.
 정신의학연구센터에서 행해진 최면실험 가운데 바아니와 베티는 다른 세계로부터 와서 납치해 간 이들에 대하여 더 여러가지를 생각해냈다.
 그러나 깊은 최면상태에서 자기들의 체험을 말했으므로 힐 부처는 어느 편이건 자기들이 말한 내용에 관해서는 기억하고 있지 않았다. 그들이 밝힌 것의 대부분은 공표되지 않았으며, 의사들은 일체 논평을 거부했다. 또한, 이 실험중의 대화기록은 FBI의 손에 이관(移管)된 것으로 믿어진다.

3. UFO는 지구에서 물을 보급한다

저수지 상공의 빛나는 물체

 1968년 1월의 어느 날 밤, 순찰 경관 조오지·다이크맨은 뉴욕에서 50마일 가량 떨어진 와낙크 저수지에 6마일에 걸쳐서 펼쳐진 빙판을 바라다보고 있었다.
 그때 갑자기 그의 주의를 끄는 것이 있었다. 그는 처음에는 그것을 비행기인가 생각했으나 보고 있는 사이에 그 물체는 크기를 더해 가더니, 드디어는 다이크맨이 후에 눈부신 흰빛이라고 묘사한 것으로 변모된 것이다. 그것은 매우 천천히 댐의 북쪽 끝의 저공(低空)을 비행하고 있었다. 지켜보고 있는 가운데, 그것은 적색(赤色)으로 변했다. 그러다가 마지막에는 다시 먼저의 흰빛으로 변한 것이다.
 다이크맨은 충분히 관찰했다. 차로 뛰어 돌아오자 무선자동차의 스위치를 넣고 다른 저수지의 순찰 경관들에게 연락했다. 몇 분 뒤에 그의 동료들이 2, 3명 현장에 도착하여, 아직 빙판의 상공에 떠도는 듯이 떠있는 빛나는 물체를 보고 놀란 나머지 입을 딱 벌리고 바라다 보았던 것이다.
 이 물체를 목격한 사람은 이밖에도 있었다. 그 중에는 와낙크 시장인 하리 울프와 그의 열 네살짜리 아들 빌리와 두

명의 시의회의원도 있었다.
 곧 저수지 주변에는 사람들이 산처럼 모여들었다. 원반은 이제 불그스름한 빛으로 빛나고 있었다. 또한 천천히 비행을 계속했다. 이윽고 갑자기 수백 피이트 가량 상승하여 그곳에서 딱 멈췄다. 탐조등의 빛을 약간 약하게 한 듯한 눈부신 광선이 괴물체(怪物體)에서 빙판으로 방사되었다.
 그 광선은 간격을 두고 1시간 가량 깜박이고 있었다. 그러더니 아무런 예고도 없이 물체는 차츰 속도를 더해 가면서 거의 수직으로 상승하기 시작하더니 1분 후에는 하늘의 성층권(成層圈) 속으로 사라지고 말았다.
 몇몇 사람들이 그 물체가 다시 날아오지 않을까 하는 기대를 걸고 그 자리에 머물러 있었으나, 오전 1시 30분쯤에는 드디어 단념을 하고 돌아갔다. 다만 두 사람의 경관인 조오와 디브·시스코 형제가 그 자리를 감시하는 역할을 맡고 남아 있었다.
 그런 다음 30분 후 오전 2시쯤에 그들은 무선으로 이상한 물체가 다시 돌아온다는 것과 또한 지금 쌍안경으로 그것을 지켜보고 있다는 것을 연락했다. 이번에는 형편이 전과 조금 달라진 것 같았다.
 마치 몇 개의 눈부신 별들이 모여서 단단한 덩어리를 이루고 있는 것처럼 보였다. 몇 분 뒤에는 그것은 갑자기 사라졌고 보이지 않게 되었다.

빙판에 뚫린 구멍

 다음 날 아침 저수지의 담당자들이 수면(水面)조사를 하러 나갔다. UFO가 상공에 떠있었던 저수지의 북쪽 끝에서 그들은 빙판 위에 몇 군데 거의 둥근 모양의 구멍이 뚫리고 그 곳에 물이 넘쳐 있는 것을 발견했다. 구멍은 거대한 화염방사기로 녹인 자국처럼 보였다.

이 저수지에서 다음으로 커다란 비행접시를 목격한 사건은 3월에 일어났다. 이때에는 저공비행중의 뱅행접시가 와낙크에서 그리 멀지 않은 수도원의 수녀들을 몹시 놀라게 하였다고 한다.

얼음을 녹이는 UFO

이윽고 1968년 10월에는 다시 비행접시가 와낙크 저수지로 집단을 이루고 날아왔다.

10월 12일에는 적어도 열 명이나 되는 사람들이 한 개의 비행접시가 저수지 상공에 떠있는 것을 목격했다. 그것은 납작한 접시 모양으로 꼭대기에 둥근 돔이 있고, 알미늄과 비슷한 어떤 종류의 금속으로 만들어진 것처럼 보였다. 그것은 저수지의 표면 바로 근처까지 내려 왔으므로 그 비행하는 밑의 수면이 일렁거렸다고 한다.

이때까지만 해도 이 사건이 보도되자 세계 각지에서 선풍적인 물의를 일으켰다. 비행접시가 분명히 저수지에 대하여 흥미를 가지고 있다는 사실을 설명하는 색다른 학설도 제출되었다. 어떤 사람은 세계 각지의 저수지에 조직적으로 신경안정제가 투하되었으며 그 목적은 우주인이 지구를 무혈점령(無血占領)하기 위해서라고 주장했다.

또 한 가지 설은 비행접시는 사실은 와낙크 저수지의 물 밑에 기지(基地)를 두고 있다는 것이었다. 이와 같은 설은 전혀 터무니없는 것처럼 생각된다. 그래도 우리에게 있어서는 그다지 필요치 않은 이 넓은 수역(水域)이 '우주에서 온 방문객'에게는 지구가 제공할 수 있는 가장 귀중한 것으로 알고 있는지도 모른다는 걸 암시하는 증거는 분명히 있는 것 같다. 하지만 왜 저수지의 광경이 이들 접시 연구의 전문가들은 순수한 기술에 있어서의 설명이 있다고 믿고 있다. 다시 말해서 그들도 우리와 마찬가지로 물이 필요한 것이라고 ……．

"비행접시들이 지구를 물의 공급장소로 쓰고 있다는 것은, 나에게는 분명한 일로 생각된다."고 도울 박사는 말했다.

"만약 비행접시를 만든 생물들이 우리 지구인과 비슷한 종류라면 그들은 항상 물자를 보급할 필요를 절실히 느끼고 있을 것이다. 그들이 지구에 오는 것은 침략이나 그밖의 지구인들이 무서워할 만한 이유 때문에서가 아니다. 그들은 단지 지구인과 같은 계열의 신체의 기본구조를 갖춘 생명이라면 반드시 어떤 형태로건 보급을 필요로 하는 물을 탱크에 채우기 위해 올 따름이다."

콜로라도의 조사단은 이미 수면의 상공을 떠돌고 있거나, 혹은 실제로 물에 떠있거나 한 미확인(未確認) 물체를 목격했다는 보고를 적어도 열 몇 건은 조사하기 시작하고 있다. 분명히 '비행접시'―― 그렇게 불러도 된다면 ―― 는, 거의 항상 내륙(內陸)의 깊고, 물이 더럽지 않은 호수를 선택하고 있고, 해면에 닿을락말락 비행하고 있던 비행접시는 극히 적은 %를 차지하고 있는 것에 지나지 않는다.

4. 모세는 외계인(外界人)이었다

하늘에서 대사(大使)로 임명한다는 소리

조오지·킹은 놀란 나머지 하마터면 커피 주전자를 떨어뜨릴뻔 했다. 음침한 목소리가 폭발하듯이 이렇게 들려온 것이다.

"준비하라! 그대는 성연맹의회(星聯盟議會)의 대표로 선출되었노라."

사방을 둘러보아도 그는 혼자뿐이었다. 매우 작은 방에는 달리 아무도 없었다. 그러나 그는 방금 들은 말을 조금도 의심하지 않았다. 설령 그 목소리가 한 번 밖에 들리지 않았지만……. 서른 다섯살이며, 독신인 그는 이상한 통신에 놀라긴 했으나, 마음을 정하지 않을 수는 없었다.

그 순간부터 그는 최초의 '성연맹대사(星聯盟大使)'로서, 이상한 사명을 완수하기 시작했으니 말이다. 그 이상한 일이 시작된 것은 그가 1954년 5월 어느 토요일 아침, 런던의 관청의 수위로서 일하고 있을 때였다. 그는 새로운 임무에 전력을 다하기 위해, 그 세속적인 직업을 즉석에서 그만두었다.

조오지·킹은 그때까지 몇 년 동안이나 신비로운 일에 대

제5장 우주로부터의 침략자 179

하여 열심히 연구하고 있었다. 이윽고 그 소리를 들은 지 8일 후, 한 사람의 손님이 찾아왔다. 그 사나이는, 킹의 말에 의하면 잠긴 문을 소리없이 통과하여 방으로 들어왔다.

 손님은 인도에서 온 요기(yogi)로서 킹에게 금성에서 온 생물과 연락을 취하는 비밀의 지식을 전해 주러 온 것이었다. 지시를 마치자 요기는 온 길을 되돌아 갔다——잠겨진 문을 통과하여……

 그로부터 자기는 세 번 이상이나 비행접시로 금성에 갔었다고 킹은 말하고 있다. 나아가서 그는 달이나, 화성·토성·목성에도 자주 갔다고 한다. 지구에서 금성에 가는 데 걸리는 시간은 약 2초 반이라는 것이었다.

 그는 우주를 정기적으로 순회하라는 명령을 받고 있었다. 그는 은하계(銀河系)에 대한 지구의 특명대사로 임명되었기 때문이다.

 그는 또한 테라(다시 말해서 지구)의 우주 주임사절(主任使節)이며, 지구 정신회로(精神回路)의 제1인자인 사람이다.

 화성은 굉장히 상쾌한 곳으로 7층 높이의 빌딩만한 아름다운 식물이나, 이국적인 꽃들이 피어 있다. 또한 화성인은 이 지구를 자주 찾고 있다. 이를테면 한 사람의 화성인이 1957년 그가 어느 기도집회에 가려고 할 때 찾아왔다.

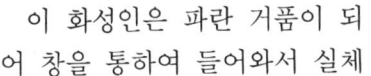
성연맹(星聯盟) 대사인 킹존사

 이 화성인은 파란 거품이 되어 창을 통하여 들어와서 실체

화되었다.

키는 보통 크기이고, 금빛으로 빛나는 살갗, 길고 검은 머리, 검푸른 눈에 자그마한 발을 가진 사나이로 변했다.

한편 금성인은 6피트나 7피트 되는 킹·사이즈의 생물로서 눈에는 눈동자가 없고, 머리는 희고 발이 작다. 그리고 태양 에너지로 살고있다.

지구는 우주의 유배지였는가?

킹은 이제 많은 추종자들에게 닥터 조오지·킹으로 알려져 있다. 그의 활동은 이 세계에서 신비학(神秘學) 단체를 이루는 일이었다.

그는 우주의 대사로서의 임무에 대해 극히 열심히 일하고 있고 세계의 지도자들의 분별 없는 핵무기 사용을 사정없이 비난하고 있다.

"우주인들은 몇 세기 동안이나, 우리를 감시하여 왔다."

고 그는 말한다. 그리고 우리가 섣불리 수소폭탄을 쓰고, 우주공간에 손을 뻗히고 있는 것을 알고, 우리가 이 큰 우주에 주는 손해를 근심하고 있다.

이들 지구 밖의 생물들은 과학기술 면에서 우리보다 몇 백년이나 앞서고 있다. 우리가 절박한 위기에만 사용할 수 있는 수소폭탄 따위는 그들의 병기(兵器)에 비하면 하찮은 파리만도 못하다.

모든 우주인이 지구에 대하여 우호적(友好的)인 것은 아니다. 사실——이라고 그는 주장한다.——13년쯤 전에 '가로우치'라는 혹성의 사악(邪惡)한 물고기 인간이, 몇 조(兆) 마일이나 되는 먼 우주에서 지구를 침략하려고 한 일이 있었다. 그들은 영국만한 크기의 소혹성(小惑星)을 보내왔다.
 지구가 살아난 것은 우리의 화성인 덕분이다. 화성인은 그 소혹성을 방해하고, 지구에서 가장 강력한 폭탄의 1만 배나 강력한 폭탄으로 파괴시켰던 것이다.
 킹은 어떻게 그런 일을 알 수 있었을까? 조오지·킹은 지구의 대표로서 그 일이 일어났을 때 자기도 그곳에 있었다고 주장한다. 킹은 또한 다음과 같이 말하고 있다.
 지구는 한때 우주인에게 침략당한 일이 있었다. 태양계의 범죄 유배지로서 지구는 식민지가 된 것이다. 우리의 조상들은 원래 우주 범죄자로서 이 별에 유배되어 온 사람들인 것이다.

그리스도로부터의 계시

 킹과 두 사람의 제자가 '우주의 주(主)의 가르침'을 펴기 위하여 '천공학회(天空學會)'를 창설한 것은 1956년 8월의 일이었다. 킹은 다음과 같이 말했다.
 지구의 위, 1,550마일 되는 곳에 거대한 우주선이 궤도를 돌고 있으며, 그곳에 '화성구(火星區) 6호'로 알려져 있는 강력한 화성 정보국의 본부가 있어서 지구를 향하여 에너지를 방사하고 있다. 이 에너지는 열 아홉의 '성스러운' 산들 가운데의 어느 하나이며 '천공학회' 회원에 의하여 받게 된다.
 또한 이 에너지는 그들에게서 전 인류의 복지를 위해 쓰여지고 있다. 스코틀랜드의 벤·호오프 산, 콜로라도 주의 캐슬·피이크, 아프리카의 킬리만자로는 이들 성스러운 산들 가운데의 3군데 산이다.
 킹은 화성인이 그를 '밧데리'로서 사용하고 있는 동안에 산

위에서 요가의 포즈를 취하고 이들 성스러운 산에다 그 스스로가 '충전(充電)'을 시키고 있다고 주장한다.

1958년 7월, 그는 산들 가운데 한 산에 올라가서 세계를 위하여 기도하라는 명령을 받았다. 그는 요가의 비법을 행했다. 자기가 예수의 앞에 있다는 것을 안 것은 이때였다고 그는 말한다.

예수는 그에게 새 '성서'의 제1장을 구술(口述)했다. 킹은 그 뒤, 녹음기로 이 성구(聖句)를 완전히 기록했다. 이 테이프는 다섯 시간 짜리이며, 값은 7파운드 10실링이다. 닥터 킹 존사(尊師)는 예수와 모세는 모두 화성인이며, 베들레헴의 별은 비행접시였다고 주장하고 있다.

5. 유럽을 습격한 외계인

팔이 없는 괴상한 난장이

피에르·피토오가 자전거에서 구르듯이 내려서 프랑스의 봐렌센 시 근처의 경찰서에 넘어질듯이 뛰어 들어오자, 경관들은 이놈은 술에 취해 있던지, 혹은 머리가 돈 게 아닌가 하고 생각했다.

그는 거의 숨도 쉬지 않고 경관들이 지금까지 들어본 일도 없는 이야기를 떠들어댄 것이다. 홍분한 그 사나이가 믿을 수 없는 이야기를 다시 한 번 되풀이 하는 사이에 경관들은 의사를 부르러 보냈다. 하지만 곧 피토오가 술주정뱅이도, 미치광이도 아니라는 것이 확인되었다.

의사가 경관에게 단언하는 바에 의하면 피토오의 심신상태는 심한 공포때문에 빚어진 것이라고 말했다. 그렇다면 그는 무엇에 그렇게 놀랐을까?

1964년 9월 14일은 많은 프랑스 사람들에게 결코 잊을 수 없는 밤이 되었다. 이 밤을 계기로 프랑스는 사실상 우주인의 침략을 받은 것이었다.

그날 저녁 어둠이 짙어 오는 가운데 피토오는 뒷뜰에서, 취미로 교미(交尾)를 붙이며 키우고 있는 그레이 하운드 개들에게 먹이를 줄 준비를 하고 있었다. 그는 개집 옆에 있는 오두막에서 개 먹이를 섞고 있었다. 그러자 배가 고파서 짖던 개 소리가 갑자기 무서워하는 캥캥거리는 소리로 변하고, 개들은 개집 주위에 쳐 놓은 철망을 뛰어 넘어 어디론가 전부 도망가고 말았다.

그런 뒤, 사방이 조용해지자 피토오는 지붕 위에서 몇 백만 마리나 되는 벌이 떼를 지어 있는 듯한 소리를 들었다. 그것은 그의 호기심을 자극시켜 살펴볼 양으로, 피토오는 훤한 곳으로 걸어나갔으나 그때 소리는 이미 멈춰 있었다. 어찌나 조용한지 무시무시했다.

사방을 둘러보고 최초로 눈에 띈 것은 집 뒤에 웅크리고 있는 검은 덩어리였다. 하지만 어둠이 갑자기 다가오고 있었으므로 그 물건의 겉 모양은 분명히 확인할 수 없었다.

갑자기 다른 무엇이 피토오의 주의를 끌었다. 두 개의 괴상한 사람의 그림자가 마당의 담 옆에 서 있었다. 키가 4피트 정도밖에 안되고, 다리는 분명히 있었으나 팔은 보이지 않았다.

피토오는 놀라서 소리를 질렀다. 그 소리에 두 개의 생물은 어두운 곳에 있는 물체 쪽으로 달려갔다. 피토오는 뛰어가서 두 사람을 가로 막으려고 문께로 갔다. 목표로 삼은 두 물체는 피토오가 야채 밭을 지나서 6피트 정도까지 다가가도록 도망가지 않았다.

그때에 벌써 세 사람은 집 뒤에 육중하게 내려 앉은 본 일조차 없는 탈 것 바로 옆까지 왔다. 조금만 더 가면 둘 중의 한 사람을 잡을 수 있게 된 순간에 발이 멈췄다. 생물의 한쪽이 획 돌아서서 피토오에게 한 줄기 광선을 비치자 그는 꼼짝할 수 없게 되었다. 보고 들을 수는 있었으나 전신이 마비되고 말았다.

그 '물체'가 소리를 내며 지평선 저편으로 날아간 뒤에 비로소 피토오는 힘이 땅위에서 되살아 오는 것을 느꼈다. 이윽고 무서워서 어쩔줄 모르던 피토오는 자전거를 타자 힘껏 페달을 밟고 가장 가까운 경찰서로 온 것이었다.

다음 날 아침, 그는 경관에게 비행접시가 착륙했던 곳을 보여주었다. 집 뒤에 30톤 안팎의 중량이 걸린 듯한 우묵하게 패인 곳이 발견되었다. 또한 우묵한 곳의 주위가 고열(高熱)로 누른 자국이 남아 있었다.

그러나, 다만 발굽을 질질 끈 듯한 자국 이외에는 발자국은 보이지 않았다. 그것은 소발 따위의 갈라진 발굽이었다. 또한 이 근처에는 주민들이 아는 한 소는 한 마리도 없었다.

잠수복을 입은 난장이

16일 밤, 봐렌센에서 몇 마일 떨어진 작은 마을을 한 마리의 개가 뽕나무밭 주위를 코를 벌름거리며 냄새를 맡으면서 다니고 있었다.

개 주인인 폰치 부인은 바구니에 오디를 따 넣기에 바빴으나, 그때 누군가가 다가오는 것을 눈치챘다. 처음에는 담장 그늘에 어린이가 숨어 있나 하고 생각했다. 그러나 그것이 그녀를 향하여 오는 것을 알자, 폰치 부인은 집을 향해 뛰기 시작했다.

하지만 그 괴상한 모습은 잊을 수 없었다. 반은 사람의 모습이었으나 반은 무엇이었을까? 키는 3피트 정도로 선풍기와 비슷한 모습이고, 플라스틱 어항 같은 물건 속에 세 개의 눈이 있었다. 잠시 후 요란한 천둥치는 듯한 소리가 온 집안을 흔들어 놓더니, 거대한 원기둥꼴의 물체가 날아가는 것이 창문으로 보였다.

이들 두 가지의 괴상한 사건은 또한 다른 사건과도 관계가 있었다. 그것은 9월 17일에 일어났다. 어느 교구(敎區)의 신부가 크레르몽·페랑 근방의 고가도로 위에서 '잠수복을 입은 난장이'에게 쫓겼던 것이다. 그 신부는——본인은 익명(匿名)을 바라고 있다——나에게 쫓아온 것의 모습을 분명히 말해 주었다.

"플라스틱 자루를 뒤집어 쓰고, 앞면도 뒷면도 없는 이상한 발을 가진 난장이였습니다."

그러나 사건은 그것으로 그치지 않았다. 잇달아 며칠 사이에 비인이나 알데쉬나 로마 근방에 사는 몇십명의 사람들에게서 한꺼번에 보고가 들어온 것이다.

사람들은 같은 24시간 사이에 일어난 똑같은 사건에 겁이 날 대로 났다. 관계 당국에서는 분명히 이 사건을 대수롭지 않게 취급하지는 않았다. 왜냐하면 사건을 순서적으로 늘어 놓고 각각 그 위치를 지도 위에 선으로 연결시키니까 그 선은 일직선이 된다는 걸 알 수 있었기 때문이다.

각각 목격을 당한 시간과 각기 짧은 간격을 생각해 보니 이 직선은 하나의 길 순서를 뚜렷이 나타내고 있다.

제 6 장
현실속의 4차원 현상

1. 동시에 일어난 수상한 소사(燒死)사건

대서양상의 기괴한 죽음

 어떤 한 배의 요리사가 전에 없이 솜씨를 부려서, 이 배의 2등 항해사인 피터·필립스의 의견에 의하면 왕실(王室) 연회에 내 놓아도 부끄럽지 않을 만한 진수성찬을 차렸다.
 피터는 1938년 4월 어느날 오후, 화창한 날씨의 잔잔한 대서양 위를 미끄러지듯 항해하고 있는 부정기화물선 SS·아루리치호의 2등 항해사로 타고 있었다.
 그는 배의 난간에 기댄 채, 파이프를 꺼내 담배를 채우기 시작했다. 그러다가 도중에서 채우다 말고, 자신도 그 이유를 알 수 없는 무엇인가 이상한 사태가 일어나고 있는 것 같은 야릇한 느낌이 가슴을 설레이게 하는 것을 느꼈다.
 이윽고 그는 그것이 무엇인가를 깨달았다. 뱃머리가 좌우로 몹시 흔들리고 있었고 배가 진로를 벗어나고 있다는 사실은 의심할 여지가 없었다. 배는 아마 운전이 불가능하게 된 듯하였다. 그런데도 사방은 온통 정적에 쌓여 있어 대서양의 광활한 수면은 고요하고, 수평선 위로 아일랜드 서해안이 부옇게 보이는 근방에서 상쾌한 미풍이 불어오고 있을 뿐이었다.

제6장 현실속의 4차원 현상   189

 이상하게 생각한 그 2등 항해사는 브리지 위로 올라갔다. 그 꼭대기에서 그는 걸음을 멈추고 코를 벌름거리며 냄새를 맡았다. 공중에는 분명히 이상한 냄새가 떠돌고 있었는데 마치 고기가 타는 듯한 냄새였다. 그러나 그것은 부엌에서 나는 냄새는 아닌 것 같았다.
 필립스는 조타실(操舵室) 문을 열고 들어서는 순간 놀란 나머지 그만 뒷걸음질을 치고 물러섰다. 키 바퀴가 제멋대로 이리 저리 움직이고 있었던 것이다.
 또한 그 근처의 바닥에는 키잡이로 생각되는 시체가 딩굴고 있었는데 그 시체는 누구라고 분갈할 수 없을 정도로 까맣게 타서 숯처럼 되어 있었다. 살이 타는 냄새는 도저히 참을 수가 없었다.
 필립스는 밖으로 뛰어 나가 난간에 기대어 신선한 공기를 가슴 가득히 주린 듯 들이마셨다. 두려움과 토할 것 같은 메스꺼움을 겨우 진정시키자, 다시 조타실로 돌아가서 갑판 위의 검게 탄 시체 옆에 쭈구리고 앉았다.
 믿을 수 없는 일이었으나 키잡이의 옷은 아무 데도 상한 곳이 없었고, 조타실 안의 물건도 아무런 이상이 없었다. 불에 탔다고 여겨지는 것은 아무 곳이 없었고, 조타실 안의 물건도 아무런 이상이 없었다. 불에 탔다고 여겨지는 것은 아무것도 눈에 띄지 않았다. 그런데도 키잡이의 시체만은 고열 탓으로 바싹 타 버린 것이다.
 이 모두가 필립스에게는 수수께끼였다. 그러나 아무리 심한 공포로 마음에 깊은 충격을 받았다 해도 자신의 의무를 저버릴 수는 없었다.
 이 사건을 항해일지(日誌)에 기입해 두지 않으면 안되었다. 시간도 역시……. 필립스는 자기의 시계를 보았다. 1938

년 4월 7일 오후 1시 15분이었다.

차 속의 두 변사체

그 곳에서 4백 마일 동쪽인 체스터 시 교외의 압튼 마을 사람들은, 점심 식사를 마치고 다시 일을 시작하기 위하여 일터로 돌아오고 있었다. 이때 갑자기 한 부인이 무서움에 질린 단말마의 비명을 질렀다.

한 대의 대형 트럭이 큰 길을 비틀거리듯 달려오고 있었던 것이다. 운전수는 핸들에 기대듯 앞으로 쓰러져 있었고, 차는 인도(人道)의 가장자리 돌에 부딪친 후, 이어 비스듬히 달려서 가로등 기둥에 쾅! 하며 부딪치고, 유리의 파편과 흙먼지를 자욱히 날리면서 뒤집혀졌다.

누군가 경찰에 전화를 걸어서 2, 3분 뒤, 경관들이 소방서원들과 함께 현장으로 달려왔다. 소방서원들이 뒤집힌 차를 바로 해서 열어 보니 안에 있던 운전수는 검게 탄 시체가 되어 있었다. 하지만 자동차는 불에 탄 흔적이 전혀 보이지 않았다.

그곳에서 무대를 또한 4백 마일 가량 동쪽으로 옮겨 보기로 한다. 화란의 도시 니이메겐에서 일어난 일이다. 시계 바늘은 오후 2시 15분을 가리키고 있었다. 도로(道路)를 순찰하고 있던 한 경관은 주차 중인 한 대의 차 앞에서 깜짝 놀라 걸음을 멈추었다. 안에 있는 운전석의 사나이의 모습이 아무래도 이상하게 보였기 때문이다.

경찰관이 확인하기 위해 차문을 열자 그 사나이는 이미 굳어진 시체로서, 그만 길 위에 굴러 떨어져 버렸다.

그도 역시 검게 타 있었다. 그러나 그의 옷이나, 차 안의 헝겊으로 싼 좌석은 아무런 불탄 흔적이 없었다.

충격을 받은 이 경관은 차 안의 사나이가 자기 몸 안에서 일어난 심한 불길때문에 불타 버린 것이라고 밖에는 생각하지 않았다.

사람의 몸이 아무런 뚜렷한 이유도 없이 불이 일어나 훨훨 타게 된다는 사건은 현대과학이 설명할 수 없는 현상 중에서도 가장 두드러진 것이며, 따라서 과학자들은 설명할 수 없는 이 현상에 대해 외면해 버리려는 경향이 짙다.

자발성 연소에 의한 죽음

가장 오래 전에 기록된 이런 종류의 사건 가운데 하나는 1905년 3월에 일어난 일로서 사잔프턴 부근의 오두막 안에서 두 사람의 노인이 원인 모르게 타죽은 것이다.

두 사람의 시체는 거의 완전히 숯이 되어 있었으나 시체가 발견된 방 안에는 불이 닿은 흔적이라고는 전혀 보이지 않았다. 경찰은 처음에는 이 사건을 살인사건으로 취급하였으나 후에 증거가 없다는 이유로 조사를 중단하여 버렸다.

1916년 12월 뉴우저어지주의 레이크·덴마아크 호텔의 지배인은 하녀인 릴리안·그린이 자기 방 마루 위에 거의 다 죽은 상태로 누워 있는 것을 발견했다.

호텔 주인에 의하면 그녀는 심하게 불에 타 있었고, 그 옷도 타서 너덜너덜된 채 그녀의 몸에 붙어 있었으나 방 안에는 불에 의한 어떤 피해의 흔적도 보이지 않았다.

그녀는 한 마디도 말하지 않은 채 몇 분 뒤에 죽고 말았다. 경찰은 이에 대하여 아무런 확실한 결론에 도달하지 못한 채 이를 단순한 사고사로서 다루고 말았다.

이 '자발성 연소에 의한 죽음'의 가장 유명한 사건은 플로리다 주의 세인트·피터스버그의 67세 된 메리·리이저 부인(婦人)의 죽음일 것이다. 그녀의 검게 탄 시체는 어느 날 아침 자기 방에서 발견되었음에도 불구하고, 벽이 연기로 검게 그을거나 타지 않았다는 것이다.

메리·리이저의 이상한 사망사건의 조사 결과는 전 세계의 신문의 일면(一面) 기사를 장식했던 것이나, 조사가 끝난 뒤의 조사관들은 그 사건을 조사하기 시작한 때와 마찬가지로 전혀 속수무책이었다.

이런 사건들을 설명하기 위하여 수많은 학설들이 제출되었다. 그 중에서 비행접시설이니, 불가시(不可視)의 열선설(熱線說) 등은 물론, 이러한 억설 가운데서도 특히 두드러진 것이었다. 어느 과학자들은 다음과 같은 학설을 주장하기도 하였다.

즉, 사람의 뇌수(腦髓)는 어떤 특정한 조건 하에서 한꺼번에 거대한 에너지를 폭발적으로 방출하는 일이 있는데 이때 전 신경조직(全神經組織)에 단락(短絡)이 생기게 되고 그 결과로서, 사람의 몸을 재로 만들 만한 체내 발화가 일어난다는 것이다.

그러나 만일 그렇다면 1938년 4월 7일의 사건은 또다시 설명할 수 없는 문제가 생기게 된다. 그때의 세 사람——수부(水夫)와 대형트럭 운전사와 자가용 차의 차주——이렇게 서로 수백 마일이나 떨어진 곳에 있던 세 사람은 각각 이상한 불로 수수께끼의 죽음을 당한 것이다.

시간대(時間帶)의 차이에 의한 명목상의 시차는 있었으나, 이 세 사람은 매우 정확하게 같은 순간에 불타버린 것이다.

2. 증발된 에스키모 부락의 수수께끼

무시무시한 무인부락(無人部落)

사냥꾼인 조오·라벨은 피곤에 지쳤고 온 몸이 얼어붙어 왔다. 그의 썰매는 사냥으로 얻은 모피로 가득 찼었고 매우 흡족하기는 하였으나, 40여년의 사냥꾼 생활에서 이토록 피로에 지쳐 버리기란 아무리 기억을 더듬어 보아도 아직 한번도 없었다.
 뼈의 마디마디는 추위와 피로때문에 지근지근 아파왔다.
 "이건 아마……"
하고 라벨은 생각했다.
 "나도 은퇴할 시기가 됐구먼."
 1930년 겨울, 라벨은 캐나다의 북서쪽 영토의 북극권에서 150마일 가량쯤 떨어진 곳에 있는 아바아덴과 베에커호(湖)의 기슭을 따라 여느 때와 마찬가지로 수렵에서 돌아오는 도중이었다.
 그는 남동쪽으로 3백 마일 가량 떨어진 허드슨 만의 서쪽 끝인 처어칠을 향해 가고 있었다.
 "이제 두세 시간만 지나면 어두워진다."
 그래서 라벨은 홰초리를 휘둘러, 개들이 전속력을 내도록 길을 재촉했다. 몇 마일 앞에는 앙기크니 호수와 에스키모 부락이 있었다.

라벨은 그곳에서 하룻밤을 보낼 셈이었다. 그는 앙기크니 호수 부근의 에스키모들과는 친한 사이였다. 그는 지금까지 헤아릴 수 없을 만큼 많은 날들을 다정하게 그들과 함께 불을 쪼였고, 담배를 나눠 피우며 그 댓가로서 음식을 받고 또한 서로 이야기를 나누었던 것이다.

언덕을 다 오르고, 마을로 통하는 눈으로 덮인 긴 비탈을 내려가는 순간 라벨은 무엇인가 이상한 일이 있다는 것을 알아차렸다.

여느 때 같으면 에스키모의 개들이 귀가 아프도록 짖어대고, 아이들이 그를 마중하러 달려 나올 일이었건만, 그 순간 눈 앞에 전개된 오두막과 천막집의 집단은 야릇하면서도 무서울 만큼 조용하기만 했다.

당황한 라벨은 마을의 구석구석을 찾아 헤매었다. 마을은 마치 완전히 버림을 받은 것처럼 보였다. 그곳에는 살아 있는 것의 흔적이라고는 눈을 씻고 볼래야 볼 수가 없었다. 에스키모들이 어디로 갔다고 하여도 그들이 매우 서둘러서 이곳을 떠났다는 흔적이 역력히 보였다. 라벨은 그릇 가득히 넘치도록 음식이 담긴 남비가 땡땡 얼어 붙은 채로 타다 만 장작 위에 걸려 있는 것을 보았다.

어떤 오두막에서는 반쯤 꿰매다 둔 바다표범 가죽의 저고리가 바늘이 아직 꽂힌 채로 버려져 있었는데 마치 바느질을 갑자기 동댕이친 듯한 느낌이 들었다.

파헤쳐진 신성한 무덤

프랑스계의 캐나다 사람인 라벨은, 미신을 믿지 않는 바는 아니지만 꽁꽁 얼어 붙은 앙기크니 호숫가로 걸어갔을 때 까닭모를 두려움으로 갑자기 머리 끝이 오싹하는 것을 느꼈다. 그 기슭에서 그가 찾아본 것은 이 신비스런 수수께끼를 한층 더 깊은 의혹 속으로 밀어 넣을 따름이었다.

그것은 부락민들의 통나무 배였다. 카누는 손질을 게을리 한 상태로 방치되어 있었고 분명히 이 몇개월 동안 쓴 흔적이 없었다. 라벨은 이 의혹을 풀 단서가 잡히지 않을까 하고 온 부락 안을 돌아다니고 탐색을 계속했다.

그가 개들을 발견한 것은 그때였다. 대여섯 마리 가량의 개가, 나무 그루터기에 단단히 묶인 채 죽어 있었다. 그 얼어 붙은 몸둥이를 조사하고 라벨은 그들이 굶어 죽었다는 것을 알았다.

하지만 보다 크게 놀랄 일이 그 뒤에 기다리고 있었다. 그곳에서 백 야아드 가량 더 갔을 때 라벨은 무덤이 파헤쳐져 있는 것을 발견했다.

묘지는 에스키모들에게 있어서는 둘도 없는 신성한 곳이라는 것을 라벨은 알고 있었다. 일단 매장된 시체를 다시 파낸다는 일은 생각조차 할 수 없는 일이었다. 하지만 이 사건에 관한 한 무덤은 파헤쳐져 있었다.

또한 그것이 야수들의 짓이라고는 생각할 수 없는 증거가 있었으니 그도 그럴 것이 무덤을 덮고 있던 묘석(墓石)들은 그대로 차곡차곡 쌓여 있었던 것이다.

라벨은 무인부락(無人部落)에서, 편안하지 못한 하룻밤을 보내고 그 뒤 전속력으로 처어칠로 돌아와 그가 겪은 괴상한 일을 캐나다 기마경찰에 보고했다. 그 경찰대는 곧 조사원을 무인부락으로 파견했다. 이때 라벨도 함께 동행하였는데 그곳에서 그들은 모든 것이 사냥꾼의 말대로라는 것을 알게 된 것이다.

이 사건 가운데 가장 이상한 것은 에스키모들이 라이플 총을 남기고 갔다는 사실일 것이다. 라이플 총은 에스키모들의 재산 가운데서는 가장 귀중한 물건으로서 설령 아주 짧은 기간의 여행이라 할지라도 꼭 휴대하는 것이다.

마을 전체가 총 출동할 때에 이 귀중한 물건을 지니지 않고 간다는 일은 믿을 수 없는 일인 것이다. 그건 그렇다 치고 생각이 건전한 에스키모라면 엄동설한에 여행을 떠나는 일은 결코 하지 않을 것이다.

그런데 이 마을의 50명이 넘는 남녀와 아이들이 몽땅 여행을 떠났다는 결과가 되는 것이다. 더우기 그들은 중요한 옷가지와 식량 따위를 남겨 두고 떠난 것이다.

대규모의 수색도 헛수고

캐나다 경찰의 조사원들은 라벨과 마찬가지로 오로지 당황할 따름이었다. 도대체 에스키모들이 어느 방향으로 가버렸는지를 가리켜 줄 발자취도 흔적도 일체 보이지 않았기 때문이다.

이 수수께끼를 풀고자 하는 단호한 결의 아래 캐나다 기마경찰은 수개월에 걸친 대규모의 수색을 벌였다. 몇 백 명이나 되는 사냥꾼들에게 행방불명이 된 에스키모들을 보면 즉시 보고하라고 요청했다. 한편, 캐나다 기마경찰들은 북쪽의 앙기크니 호수 주변에 있는 숲 속과 서쪽의 구릉지대(丘陵地帶)를 이잡듯이 살피고, 그 지역의 에스키모들을 심문했다. 그러나 그런 일들은 모두 헛수고로 끝났을 뿐이었다.

제6장 현실속의 4차원 현상 197

마침내, 이 부락민 행방불명의 조사 서류는 미해결이라는 낙인이 찍혔고 또한 잊혀지고 말았다. 그 뒤 그들 에스키모들의 행방은 여전히 알려지지 않은 채 남아 있다. 조오·라벨이 한참 뒤에 말했듯이 마치 50명의 사람들이 지구 표면에서 몽땅 뽑혀 버리기라도 한 듯한 느낌이었다.

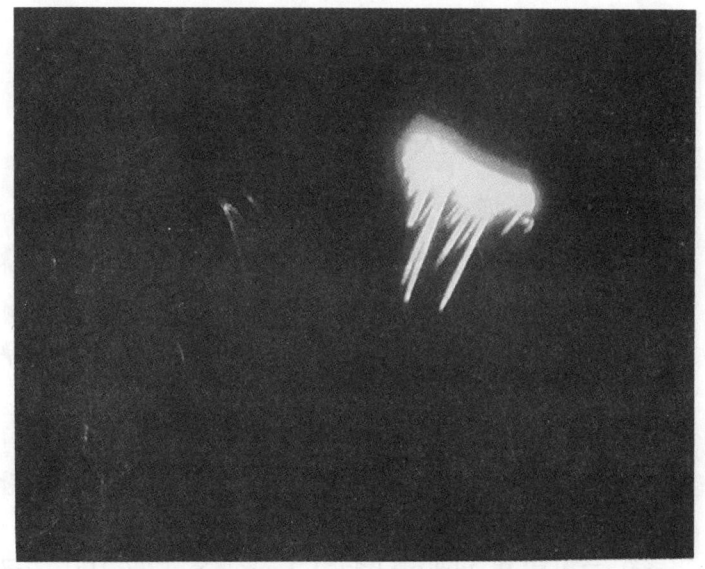

오스트리아의 교사인 귀도 모스브루거가 1976년 6월 13일, 마이어의 접촉에 따라가서 촬영한 사진. 마치 발광(發光)하는 거대한 해파리 같다.

3. 바다를 건너온 열 아홉 송이의 장미

영국 본토 폭격중 전사

1941년 여름, 유럽은 온통 공포의 소용돌이 속에 빠져 있었다. 폭풍처럼 군국주의 독일이 물밀듯이 그들의 정복의 야망을 착착 실현하는 도중이었다. 국민들은 승리의 기쁨에 빠져 있었고, 제3제국의 군대에 지원해야만 한다는 생각을 누구나 갖게 되었다.

쿨트·헤프렌 중위도 그 중의 한 사람이었다. 그는 독일 공군의 전투기 승무원 가운데서도 유능한 사람 중의 한 사람이었고 특히 행운의 사나이였다.

죽을 고비를 몇 번씩이나 넘기고 살아 돌아왔으므로 친구들은 "자네에게는 수호천사(守護天使)가 딸려 있는 게로군."

하고 놀려대곤 했다.

헤프렌 자신도 행운이 딸려 있다는 것을 알 수 있었다. 어느 비행중대에 새로 배속된 지 얼마 안되어 대단한 뉴스가 전해졌다. 즉, 독일군에게 완강히 저항하고 있는 영국의 최후 거점인 영국 본토를 공격하기로 결정된 것이다. 그들의 영웅 괴에링 원수는, 독일 공군은 이 중대한 사명을 훌륭히

수행할 것이라고 단언했다.
 비행중대가 파괴 임무를 실행에 옮기기 위해 하늘을 날아 검게 덮자, 쿨트는 기쁨에 들떠 흥분하고 있었다. 이윽고 영국해협을 건너자, 영국 공군기의 한 편대가 요격을 하러 나타났다.
 그들이 밀집대형을 짜고 덤벼들자 쿨트는 웃음을 거두었다. 엄지손가락이 기관총의 방아쇠를 눌렀다.
 한 줄기의 탄연(彈煙)이 영국 비행기를 향하여 날랐다. 상대는 사정거리 밖으로 올라갔다. 쿨트는 기체를 기울어지게 했다. 목이 마르고 눈은 번들거렸다.
 갑자기 배후에 하나의 비행기 그림자를 보았다. 아니 보았다기보다는 느꼈던 것이다. 기관총의 시끄러운 소리가 들리고 다리 어느 곳엔가에서 야릇한 아픔을 느꼈다.
 비행기의 기수(機首)가 아래로 향하고 회전하면서 그는 멀리 녹색의 초원 잉글랜드를 향하여 급강하 하기 시작했다.
 두려운 생각은 없었다. 무엇인가 요란하게 울렸고 아픔이 극히 짧은 순간에 엄습해 왔다. 영원히 밝아오지 않는 밤의 어두움이 밀려 왔다.
 그 추락을 목격한 것은 어느 영국 보병소대였다. 그들은 곧 현장으로 달려가 조종사를 기체(機體)에서 끌어냈다. 하지만 죽은 것을 알자 그들은 그만 실망하고 말았다. 그래도 이럴 경우에는 어떤 종류의 예의는 지켜졌다.
 쿨트 · 헤프렌은 앵글로색슨인이 세운 탑 뒤에 묻혔다. 더 섹스주 윌블튼에 있는 작은 교회 묘지의 느릅나무 가로수 옆에서 그의 유해는 적으로 호칭된 사람들과 이 기름진 땅을 나눠 갖게 되었던 것이다.
 이것이 전쟁이었다. 하지만 죽은 이에게는 경의(敬意)를 표하는 것이다.

남겨진 어머니의 성묘

다른 한쪽편 나라에서는 한 사람의 여성이 울고 있었다. 공식적으로는 그의 아들이 행방불명이 된 것이다. 하지만 헤프렌 부인에게는 그들이 항상 행방불명으로 처리한다는 것을 알고 있었다.

마치 정부는 독일인 뿐만 아니다 독일군에 가담한 모든 사람은 전사하는 일이 있다는 것을 인정하기를 꺼리고 있는 듯 하였다. 외국에서 아들이 죽었다는 사실이 그녀의 슬픔을 더욱 깊게 했다.

하지만 그녀는 강한 성격이어서 용기가 있었다. 죽음도 인생에서 떼어 버릴 수 없는 일면이라고 생각했다. 가족에게는 그들 일족이 한데 묻힐 곳이 있어야 하며, 그 자신도 이 가족 묘지에 묻혀야 한다고 믿는 전통주의자(傳統主義者)였다.

유품을 정리하여 장례식을 치른 후였다. 그녀는 매주 걸르지 않고 성묘를 했다. 그것만이 슬픔을 표면화 시킨 그녀의 행위였다.

그녀는 묘석 위에 아들의 나이만큼 열 아홉 송이의 붉은 장미를 놓았다. 아들의 명복을 빌기 위한 단순한 행위였으나 이윽고 그것은 그녀의 외로운 생활의 중심이 되었고, 이 습관은 시간이 흐름에 따라 하나의 의식이 되었다.

1956년 존·마아링그라는 광고업자가 윌블턴에 있는 오두막 한 채를 샀다. 그도 전쟁에 참가하였으므로 마음에 깊은 상처를 입고 있었다.

마아링그는 날마다 런던으로 출근하며 매일 밤 그는 역에서 교회를 지나 오두막으로 걸어서 돌아왔다.

어느 날 밤, 그는 걸음을 갑자기 멈추었다. 달콤하고 강렬한 향내가 풍겨 왔던 것이다. 장미꽃 냄새였다. 마아링그는 묘지를 죽 훑어 보고 어느 묘석 위에 장미꽃 한 다발이 놓여 있는 것을 보았다. 묘비명을 읽고는 강한 호기심을 느꼈다.

〈독일 공군병사 쿠르트·헤프렌
1922년~1941년
전쟁에 희생되어 이곳에 잠들다〉

"이상한데……"
그는 중얼거렸다.
"독일인이 이곳에 묻혀 있고, 지금도 잊지 않고 명복을 비는 사람이 있다니……."
이 일은 그를 혼란 속으로 빠뜨렸다. 그날 밤, 그는 선술집에서 이 일을 무심코 말했더니 도미노 놀이나 맥주를 마시던 마을 사람들은 어깨를 움추려 보였다.
"그건 오래 전부터의 일이었지. 우리와는 아무 관계도 없는 일이요. 신경 쓸 것 없오."
다음 날 밤 집으로 급히 오는데 마아링그는 나무 밑둥에 구멍을 파고 있는 버어트·스타텐을 만났다.
그는 수위 겸, 묘직이 겸, 종치기 겸, 일기예보와 정치의 가십에 이르기까지 잡동산이 소식통이었다.
"여보게 버어트"
마아링그는 말을 건넸다.
"저 무덤 말인데, 왜 있지 않나. 독일인의 무덤말일세. 알고 있겠지?"

"예, 마아링그씨, 알고 말굽쇼. 그 무덤이 생긴지 꽤 여러 해가 지났습죠."
"무덤에 꽃이 있더군. 재미있는 일이지."
"꽃은 매주 목요일에 나타납니다. 시계처럼 정확하게 말씀입니다……. 사람의 짓은 아닙죠."
"누가 갖다 놓는 거요?"
마아링그는 호기심으로 물어보았다. 이 시골 사람은 대답을 꺼렸다. 눈길이, 사실을 속이려는 듯이 먼 곳을 향했다.
"사실이지, 마아링그씨! 소인은 아무것도 모릅니다. 정말입니다."
"여보게!"
마아링그는 설득하듯이,
"자네는 중요한 일을 잘못 보는 사람이 아닐세. 사실을 아는 사람은 자네 말고는 아무도 없을 걸세."
이렇게 추커 세웠더니 곧 반응이 나타났다. 이 말을 정당한 칭찬으로 알아듣고 스타텐은 고개를 끄덕였다.

시공(時空)을 뛰어 넘은 장미 꽃송이

그러나 신중히 사방을 둘러보고 목소리를 낮춘 채 목이 쉰 속삭이는 소리로 말하기 시작했다.
"사실은 소인은 아무 것도 잘 모릅니다만, 20년이라는 세월을 매주 꽃다발이 있는 것을 보아 왔습죠. 소인은 지금까지 이곳에 살고 있지만요, 한 번도 꽃을 바치는 사람은 본 일이 없습니다. 누군지 비밀로 해 두려는 놈이 있는 것 같은뎁쇼……."
존·마아링그는 상을 찌푸렸다. 장미꽃 자체는 하잘 것 없는 것이지만 무엇인지 사연이 있는 듯하였다. 죽은 독일인을 기억하고 있는 사람이 있다는 말인가? 그것도 이렇게 오랫동안 더우기 왜 이렇게까지 비밀을 지키려고 하는 것일까?

다음 목요일에 마아링그는 휴가를 얻기로 하였다. 그날 오후 그는 멍하니 있었으므로 잤는지 깨어 있었는지 분간할 수 없을 정도였다. 그러나 그는 갑자기 눈을 떴다. 묘석 위에 한 송이 빨간 장미꽃이 그윽한 향기를 풍기고 있었다.

"그럴 리가……"

그는 혼자말을 했다.

"있을 수 없지."

교회는 황폐해 있었다. 묘지도 길도 마찬가지였다. 지금은 깊은 고요함만이 남아 있었다.

이상하게 우울해지는 정적만이 드리워지고 있었다. 마아링그는 무서움을 떨어 버리려는 듯이 얼굴을 찌푸렸다. 그는 이성적인 사나이였다.

"일이 묘하게 됐는 걸. 단순하고 완벽한 설명이 가능할텐데, 그래야만 되는 거다! 조사하는 거다. 사실을 조사하자. 죽은 사나이에게는 살아 있는 육친이 있을지도 모른다. 이 근방에 있을지도 모른다. 논리적으로 조사해 보자. 그 길밖에는 없다."

그는 몇번이고 되풀이 했다. 조사해 보니 죽은 사나이의 모친은 지금도 독일에서 살고 있다는 것이 밝혀졌다. 다른 육친에 관해서는 알 수 없었으나 그가 이야기를 들은 상대방은 그 가능성을 부정하지는 않았다. 다행이 그는 장사일로 독일에 가게 되었다. 그의 가슴은 기대에 가득 찼다.

그러나 그는 어떻게든 보다 잘 조사하여 진실을 알아내야만 되겠다고 생각했다. 독일에 가면 헤프렌 부인을 만나서 해답을 들을 수 있을지도 모를 일이었다.

해결의 열쇠는 사라졌다

헤프렌의 집은 매우 컸으나 망했다는 것을 눈치로 알 수 있었다. 문을 지날 때는 넘어질 정도로 긴장해 있었다. 진상이 바로 앞에 있음을 느끼고 있었다.

초인종이 집 안에서 울렸다. 한참 동안 기다린 뒤 문이 열렸다. 몸집이 작은 호리호리한 노파가 그와 마주섰다. 손은 하얀 앞치마를 꼭 쥐고 서 있었다.

"헤프렌 부인이십니까? 갑자기 찾아와서 죄송합니다. 실은 말씀드릴 게 있습니다. 아드님 쿨트 군에 대해서입니다만……아드님은……에……좀 이야기가 길어지겠는데, 잠간 들어갈 수 있을는지요……."

눈물이 노인의 눈에 고였다. 마아링그는 갑자기 당황해졌다.

"헤프렌 부인은 돌아갔어요."

노파는 눈물을 흘리며 말했다.

"어저께였어요."

"실례했습니다."

마아링그는 작은 소리로 말했다. 노파가 문을 닫아 버리는 것을 피하려고,

"제가 찾아와서는 안될 것이었는데……"

라고 덧붙였다.

"그 사람은 완고해서요. 며칠 전도 그렇죠. 쿨트의 명복을 빌어 무덤에 꽃을 바치러 가겠다고 하지 않겠어요. 20년 동안 하던 일이었지만요. 열 아홉 송이의 빨간 장미꽃을 바치

는 겁니다. 저는 그 사람에게 말했습니다. 당신은 중병이라고요. 의사 선생님도 그렇게 말씀하셨지요. 그래도 어디 말을 듣습니까? 고집불통이었으니까요······.”

 노파는 들어 줄 사람이 나타난 것이 기뻐서 열심히 슬픔을 털어 놓았다. 마아링그는 듣지 않을 수 없었다. 영국으로 돌아오자 곧 마아링그는 무덤으로 갔다.

 빛이 낡은 열 아홉 송이의 빨간 장미꽃이 묘석 위에 얹혀 있었다. 그러나 무슨 까닭인지 결코 진상을 밝힐 수 없는 게 아닐까, 하는 생각이 들었다. 까닭은 헤프렌 부인이 독일에서 죽었기 때문이었다.

 다음 주에는 꽃이 없었다. 다시는 나타나지 않았다. 무덤도 이제는 황폐해져서 아무도 기억하지 못하게 되었다. 먼 옛날을 추억하는 실마리로서, 그러나 존·마아링그는 묘지를 지날때 때로는 걸음을 멈춘다. 수수께끼가 풀리지 않은 채였으니까······. 누가 무덤에 꽃을 갖다 놓았을까? 헤프렌 부인이 죽자, 왜 그 일도 중단되었을까?

 마아링그는 하나의 가능할지도 모를 해답을 생각해 내었다. 감히 남에게 말할 엄두를 내지 못할 해답을. ‘어머니의 사랑과 슬픔이 그 아들의 명복을 빌기 위해 시간과 공간을 뛰어 넘을 수 있었다’는 것이다. 물론 어리석은 생각일는지 모르지만······.

4. 저주받은 악마의 기관차

믿을 수 없는 잇달은 사고

신호수는 수화기를 떨어뜨리고, 선로를 놀란 눈길로 내려다 보았다. 연락이 온 것은 장난이 아니었다. 기관차가 급속도로 인입선(引入線)으로 돌입해 온 것이다.

그 기관차의 운전석에는 아무도 없었다. 브레이크도 걸려 있지 않았다. 이제 그 기관차는 요란한 소리를 지르며 본선(本線)으로 달려가고 있다. 사람들이 들끓는 버밍검 역까지는 1마일도 남지 않았다.

신호수는 장치를 조종하려고 덤벼들었다. 전철기를 본선에 진입할 수 없도록 차례로 돌리고 요란한 소리를 울리며 지나가는 열차를 몸을 납작 엎드린 채 지나쳐 보냈다.

열차는 전철기(轉轍機)에 맞부딪치고 소리를 내면서 지붕을 뚫고 지나더니 지선(支線)에 머무르고 있던 화물열차의 뒷 부분을 향해 돌진해 갔다. 이윽고 잔해 속에서 순직한 차장이 운반되었다.

영국 국내 신문에 그 기사가 실리자, 철도에 관계된 사람들은 어떻게 할 방도가 없다고 머리를 저었다.

그들은 어느 한 사람도 놀라지 않았다. 사고를 일으킨 기관차가 D326이었기 때문이다.

 5년 전에 만들어진 뒤 D326은 사고의 연속이었다. 철도원들은 '악마의 기관차'라고 불렀다. 액운이 붙어있다고 그들은 말했다. 인명(人命)을 잃게 하는 연속적인 사고에 이상하게도 D326이 관련되는 우연이 분명히 밝혀졌던 것이다.

 그 기관차가 처음 신문의 제목으로 튀어나온 것은 1962년 12월 26일의 일이었다. 다른 열차와 충돌하여 18명의 목숨을 잃은 것이다. 일어날 까닭이 없는 사고였다. 피이터·발틴 기관수는 모든 신호가 빨강으로 바뀐 것을 확인하고 있었다. 그러나 브레이크를 세게 걸자 D326은 멈출 생각도 하지 않는 것이었다.

잇달은 희생자들

 그런 뒤 그 기관차는 7개월 동안 수리하느라고 공장으로 들어가 있었다. 그후 1963년 8월 8일——세계적으로 유명한 〈대열차(大列車)강도사건〉의 밤——3백만 파운드 가량의 못쓰게 된 돈뭉치를 싣고 가던 우편열차가 버킹검의 에일즈베리시 근방에서 매복중인 강도를 만났다. 그때, 기관사는 머리를 몹시 얻어맞고 그 상처가 원인이 되어 그 뒤에는 일을 할 수 없게 되었다. 그때의 기관차도 D326이었다.

 이렇게 될 아무런 이유도 없었다. 원래 쓰게 될 예정이었던 기관차가 객차와 연결되기 불과 몇분 전에 고장이 발견되어 대신 D326이 차고에서 끌려 나오게 된 것이다. D326에 얽힌 다음의 사고는 4주일 뒤에 일어났다.

 이번에는 기관사인 헨리·카아터라는 사람이 운전석에서 심장마비를 일으킨 것이다. 기관차 조수의 기민한 처치가 없었던들 하마터면 사고로 번질뻔 했다. 그때의 D326은 런던에서 맨체스터를 향하고 있었고, 10대의 객차를 끌고 있었다.

1964년 8월, 이번의 희생자는 기관조수였다. D326의 지붕에 올라갔을 때, 잘못하여 머리 위의 전선을 만지고 말았다.

이 사고가 난지, 8주일 뒤 D326은 또한 세 사람의 생명을 빼앗았다. 그들은 선로에서 일하고 있을 때 죽었다. 어찌해서 가까이 오는 열차의 소리를 듣지 못했는지는 아무도 알지 못했다. 다만, 더 이상한 일은 D326의 기관사도 세 사람을 보고 브레이크를 걸려고 하였지만 또다시 브레이크가 걸리지 않았다는 사실이다.

그러나 후에 검사원이 조사했을 때, 브레이크는 분명히 제 구실을 하는 상태에 있었음이 확인된 것이다.

그 이후, 12개월 동안 D326은 아무 사고도 일으키지 않고 운송업무에 종사해 왔다. 아마 악운이 사라진 것이리라고 철도 관계자는 생각하기 시작했으나 그것은 잘못이었다. 한 사람의 차장이 다음의 희생자가 되었다.

그는 1965년 11월에 죽었다.

그가 타고 있던 열차에 D326이 충돌한 것이다. 이 사고로 D326은 대파(大破)되었다. 해체 처분하도록 바랐던 철도 관계자들은 많이 있었으나 기관차는 다시금 공장으로 보내지고 필요한 곳에 수리를 하게 되었다. 수리하는 데 7개월이 걸렸다.

시운전을 하였을 때, 기관조수가 승강구에서 미끄러져 떨어졌고 뒤에 딸린 객차에 부딪쳐서 상처를 입고 죽었다.

현재 D326은 현역에서 물러나 스윈든의 큰 차고에 들어가 있다. 기계에 관해서는 아무 데도 나쁜 곳이 없다.

5. 푸른 난(蘭)을 둘러싼 수수께끼

식물학자의 이상한 죽음

1940년 9월, 세뇨르·크리스토프·말티나가 자기 연구실에서 테이블에 엎드려 죽어 있는 시체로 발견되었다.

주먹 속에는 시들은 희귀종인 난초의 죽은 줄기가 꼭 쥐어 있었다.

세계적으로 유명한 식물학자의 한 사람이 죽은 것이다. 세계에서도 희귀한 꽃의 하나인 '푸른 난초'가 또다시 생목숨을 요구한 거군! 하고 쑥덕거리는 말이 퍼져 나갔다.

말티나의 죽음은 온 세계에 공포를 불러 일으켰다. 브에노스아이레스의 검시(檢屍) 재판의 판결은 '심장마비에 의한 죽음'이라는 것이었으나 이것도 수수께끼를 한층 더 깊게 만들 따름이었다. 왜냐하면 말티나는 30대 후반의 건강한 사나이였으니까……

이 일의 발단은 페드로·알타스라는 다른 식물학자가 이 이국(異國)의 꽃을 찾아 남아메리카의 밀림 속을 샅샅이 찾아나선 것에 있었다. 난(蘭)은 알려져 있는 것만으로도 5천이나 되는 종류가 있으나 그 가운데 단 한 가지가 바로 이것이다.

그는 또 폐허가 된 사원(寺院)도 찾고 있었다. 그와 같은 사원이 푸른 난초의 생식처(生殖處)라는 것이 일반에게 알려져 있음을 알고 있었기 때문이다. 난초를 찾는 일은 그 목적을 이루지 못한 채 몇주일이나 지나갔으나, 갑자기 인디오의 안내원이 그와 같은 폐허의 한 곳을 찾아냈다. 끈기 있게 또한 주의 깊게 그들은 희귀종인 난초를 찾아서 풀숲과 작은 돌 사이를 살펴 나갔다.

인디오의 안내인들도 알타스에게 지지 않을 만큼 열심히 찾으러 다녔다. 푸른 난초에는 위대한 힘이 있다고 믿고 있었으니 말이다. 이윽고 찾기를 단념하고 다시 탐험을 계속하려고 하던 중에 한 사람의 인디오가 큰 나무의 우툴두툴한 뿌리 사이로 머리를 쳐들고 있는 작은 봉오리를 찾아냈다— 그것이 바로 푸른 난초였다.

알타스는 이 보물을 조심스럽게 이끼와 나무 껍질로 싸서 브에노스아이레스로 돌아왔다. 그곳의 식물연구소에서 그는 난초를 분석해 달라고 세뇨르·말티나에게 주었던 것이다. 말티나는 연구실로 뛰어 들자 방문을 잠갔다. 그런 뒤 몇 시간 뒤에 그는 죽은 것이다.

'무시무시한 밀림의 꽃의 요정(妖精)' 때문에 새로운 희생자가 생긴 것을 안 사람들의 기분은 연구소의 미신을 믿는 청소부 아줌마의 다음과 같은 말로 표현되어 있다.

"꽃의 요정이 또다시 죽음을 불러 왔어요. 밀림의 신을 모독해서는 안되고 말고요."

그녀는 시들은 난초의 죽은 줄기를 불태우며 그렇게 말했던 것이다. 헤아릴 수 없을 만큼 많은 탐험가와 식물학자가 이 이상야릇한 이국의 식물에게 유혹되어 죽어 갔다.

푸른 난초가 처음 발견된 2백년 이상이나 지난 오늘에 이

제6장 현실속의 4차원 현상 211

르러서도 '이 난초는 세계에서 가장 귀하게 여기는 꽃이다.
 이 세상에서 드문 난초를 찾은 사람은 많이 있다. 하지만 찾았을 뿐이지 마침내는 죽음을 부르게 되고 손 아래서 자취도 없어지고 마는 것이다.
 그 꽃을 손에 넣는 모든 사람에게 무슨 이상한 무서운 저주를 하는 것처럼 보였다. 그러므로 아마존의 큰 나무의 어두운 그늘 속에 꽃을 피운 푸른 난초는 지금까지도 비밀을 간직하고 있는 것이다.

아마존의 마력에 쓰러지다

 이 주목할 만한 꽃에 관한 최초의 이야기는 17세기의 뱃사람이 가지고 온 것이다. 그들의 말에 의하면 그 푸른 꽃은 세계에서 으뜸가는 귀중한 것이라고 하였다는 것이다. 하지만 그것은 남아메리카의 밀림 어딘가에 몰래 잠자고 있었다.
 이 꽃을 찾아 내는 일이 몹시 어렵다는 사실을 알고 식물학자는 놀랐다. 하지만 밀림의 원시적인 토인(土人)들은 푸른 난초에는 초자연의 힘이 있다고 믿고 있었다. 그 푸른 신(神)을 숭배하기 위하여 그들은 원시적인 제단을 만들었다. 그리고는 푸른 난초를 찾으러 오는 사람들에게서 그 꽃을 목숨과 바꿔서라도 지키려고 했다.

아마존에 푸른 난초는 잠자고 있다

수많은 모험가들은 갑작스런 죽음에서 오는 위협을 두려워하기는 하였으나 푸른 난초의 유혹에는 이길 수가 없었던 것이다.

용감한 사나이들이 몇 사람씩이나 이 귀중한 꽃을 찾으러 혼자서 떠났으나 돌아오는 사람은 아무도 없었다. 18세기에 비롯된 스페인 사람의 대원정(大遠征)에서는 단 한 사람의 안내원이 무사히 돌아왔을 뿐이다.

그는 미쳐서 헛소리를 중얼거리고 있었다. 나폴레옹 제국이 멸망된 지 얼마 안 있어서 덴마아크의 탐험대가 과학자인 텔네스 박사에게 인솔되어 출발하였다. 탐험대는 아마존 강의 하구(河口)에 도달하여 그곳에서 내륙을 향해 갔고 마침내 난초가 있는 곳에 도착했다.

하지만 다음 날 아침, 일찌기 적의(敵意)를 품은 인디오의 습격을 받았다.──빗발처럼 퍼붓는 독화살에 맞아 일행은 무참히 죽어 갔다.

텔네스 박사는 간신히 탈출하는데 성공하여 겁에 질린 인디오 하인을 데리고 밀림 속 깊숙이 도망쳤다.

두 사람은 적이 추격해 오지나 않나 하고 겁을 내면서, 울창한 밀림을 헤치며 나갔다. 그러자 갑자기 텔네스는 걸음을 멈췄다……. 바위 사이에 독을 칠한 바늘로 에워싸여 보호된 바로 그 꽃을 보았던 것이다.

죽음에 직면한 지금에야 겨우 찾아낸 것이다. 하지만 꽃 옆에는 텔네스의 캠프를 공격하러 간 덕분에 지키는 사람이 없었다. 자기에게 닥친 행운에 마음이 들떠 줄기를 잘라내어 급히 도망쳤다. 아마존 강 기슭에 도착하자 곧 두 사람의 카누를 찾아냈다.

그들은 바닷가를 향해 배를 젓기 시작했다. 그때 난초의 저주가 그들에게 작용을 한 것이다. 카누가 뒤집히고 텔네스와 하인은 급류 속에 떨어졌다. 하인은 헤엄을 잘 쳤기 때문에 텔네스는 그의 이름을 부르며 무사히 꽃을 운반하라고 소리 질렀다. 하지만 사나운 카이만 악어가 그에게 덮쳐서 꽃은 잃어버리고 말았다.

계속해서 몇 년 동안에 몇 번의 탐험대가 같은 운명을 더 듬었던 것이다. 식물원은 고사하고 박물관 조차도 그 푸른 난초 한 종류에 대하여 터무니없는 현상금을 걸었다.

화란(和蘭)의 튤립 재배가로서 백만장자인 피에·드·벨드는 단단히 무장을 한 사람들을 데리고 꽃을 찾아 나섰다. 만약 푸른 난초를 찾아 내는 사람에게는 돈을 많이 주겠다고 약속을 당연히 했다.

피에·드·벨드는 실패를 모르는 사나이었으므로 온 세계의 학자들은 푸른 난초가 드디어는 발견될 것이라고 굳게 믿고 있었다. 하지만 다시금 저 이상한 마물(魔物)이 그들을 박살을 내게 만들었다. 전원이 열병으로 죽고 만 것이다. 마침내 푸른 난초는 전설 속의 꽃이 되었다.

저주받은 꽃과 사라진 객선(客船)

제1차 세계대전이 일어난 직후, 저명한 탐험가인 카알·호이스너 씨는 완벽하다고 할 수 있는 한 가지 계획을 세웠다. 밀림을 빠져 나갈 때까지 푸른 난초를 자기 손으로 가져가지 않아도 되도록 한 마리의 통신 비둘기를 훈련시켜서 난초를 비둘기에 달아매어 아마존강을 내려가서 날아가도록 훈련을 시켰다. 호이스너는 난초를 두 포기 발견했다. 하지만 두 포기 모두 울타리로 에워싸여 있어서 원주민이 단단히 지키고 있었다. 이윽고 그는 지키는 이가 없는 제단을 찾아냈다.
 그는 제일 어린 싹이 달린 화초를 손에 넣자 그것을 비둘기에게 묶었다. 눈 깜짝할 사이에 비둘기는 나무가지를 지나서 높이 날아 올라갔다. 하지만 이번에야말로 성공한 것처럼 생각됐을 때, 거대한 콘도르가 비둘기를 습격한 것이다.
 호이스너는 콘도르를 향해 권총을 발사했으나 맞지 않았다. 더우기 이 총성을 듣고 인디오가 그의 뒤를 쫓게 되었다. 목숨을 건진 사람은 오직 안내원 한 사람 뿐이었다.
 계속해서 8년 동안 아무도 푸른 난초를 찾는 일은 없었다. 살아 남은 사람이 없다는 것은 명백한 일인 것 같았다. —— 설령 그 희귀한 난초를 일단 얻기는 하였더라도——.
 리오데자네이로에 있는 '열대병(熱帶病)연구소'의 의사인 안더마아트 박사는 언젠가 아마존강 기슭에 번진 이상한 열병에 관한 이야기를 듣고 그는 어느 부족을 만났다. 그 추장은 열병에 걸려 있었다.
 추장은 엉성한 짚 위에 누워 있고 그의 주위를 종족(種族)들이 둘러싸고 있었다. 무당이 그를 고치려고 하고 있고 그것을 원주민들이 물끄러미 지켜보고 있었다. 안더마아트 박사는 주사를 놓으려고 했으나 환자 머리 위에 하늘거리고 있는 푸른 꽃을 보자 그는 손을 멈췄다. —— 바로 푸른 난초였다.
 그는 곧 푸른 난초에는 병을 고치는 힘이 있다고 원주민들이 믿고 있다는 걸 알았다. 추장을 진찰한 뒤 안더마아트는 자기라면 그를 고친다고 말했다. 하지만 그는 추장을 강(江)의 하류에 있는 백인들의 개척지인 토르가로 데리고 가겠다고 주장했다.
 원주민은 승락했다. 또한 자기를 혼자 있게 해서 환자를 진찰하게 해 달라는 박사의 요구도 수락이 되었다.
 안더마아트 박사는 추장의 머리에 댄 헝겊 속에 푸른 난초를 숨겼다. 이 이상 잘 될 리는 없을 것이다.
 추장의 수술은 성공하였고 안더마아트 박사는 그릇에 분명히 담은 난초를 가지고 급히 서둘러서 리오데자네이로로 돌아왔다.
 그는 소노라호라는 작은 포르투갈 행 기선에 예약을 해 두었다. 저주를 이겨냈음이 틀림없다. 유럽에 가면 큰 돈이 기다리고 있다고 굳게 믿고 있었다. 하지만 소노라호는 포르투갈에는 결코 도착하지 않았다.
 바다 어느 곳에서 승객과 승무원을 태운 채 소식이 끊어지고 말았던 것이다——푸른 난초와 함께——.
 밀림의 신(神)은 다시금 승리를 거둔 모양이다. 이렇게 하여 한 포기의 꽃이 지금도 세계를 괴롭히고, 당황하게 만들고, 또한 매혹시키고 있다. 그 꽃이야말로 전설적인 푸른 난초인 것이다.

6. 불도저를 거부하는 신목(神木)

저주받은 움직이지 않는 큰 나무

아프리카에 20년 가깝게 사는 동안 빌·마킨타이어는 신목(神木)이니, 흑마술(黑魔術)에 대한 말을 예사로 듣게 되었다. 그는 이른바 마법의 성격을 띤 기적을 많이 보아왔으나 하나도 믿고 있지 않았다.

1930년, 은퇴하기 위하여 마침내 다음 주일에는 영국으로 돌아가게 되었을 때 그는 나이지리아에 있는 그의 회사의 건설용지 가운데 한 곳의 방문을 요청받았다.

그곳의 기술자가 어려운 문제에 부딪쳐 있는 것이었다. 그 어려운 문제란 꿈쩍도 하지 않는 몇백만 파운드라는 발전계획을 방해하고 있는 한 그루의 나무였던 것이다. 한 시간이 지날 때마다 마킨타이어의 회사는 몇 천 파운드나 되는 돈을 낭비하고 있다는 계산이 나왔다.

그는 제일 먼저 그 보고를 믿을 수 없어서 무슨 오해가 있지나 않나 하고 생각했다. 하지만 비행기에서 그곳으로 날아가 보고 그는 실제로 자기의 눈으로 그것을 보았던 것이다.

숲과 나무들이 베어지고 평평하게 다듬어진 건설용지 한가운데에 주임 엔지니어가 '저주받은 움직이지 않는 나무'라

제6장 현실속의 4차원 현상   217

고 부른 바로 그것이 서 있었다.
 그 나무는 뿌리 채 뽑아 버리려는 어떠한 방법에도 넘어가지 않고 있다. 체인을 걸고 불도저로 잡아다니는 계획조차도 실패로 끝나고 말았다.
 남은 단 한 가지 방법은 다이나마이트로 조금씩 폭파해 나가는 수밖에 없을 것 같았다. 하지만 그 폭발이 이미 완성된 일과 건물에 피해를 입힐 경우에는 사태가 위험하게 된다.
 마킨타이어는 몇 년 전부터 안면이 있는 아프리카인인 현장 감독을 불러서 어떻게 하면 이 문제를 해결할 수 있나 하고 물어보았다. 아프리카인은 당황한 모양이었다.
 "나으리는 이 나무를 움직일 자격이 없으십니다."
 하고 그는 말했다.
 "이 나무는 하느님이시니까요."
 마킨타이어의 놀라는 얼굴을 보며 아프리카인은 다시 이 나무는 어떤 신령님이 사는 집이므로 신성한 곳이어서 범할 수 없을 것이라고 설명했다. 마킨타이어는 믿을 수 없다는 표정을 감추려고 애썼다.
 "하지만 우리는 이 나무를 비키게 해야만 되네. 이 용지에 있는 것은 모조리 없애야만 되는 거라네."
 그는 기도사(祈禱師)를 불러서 나무의 신령(神靈)에게 어딘가 다른 곳에 '이곳처럼 살기 좋은 나무'를 찾아 제공할 테니 그리로 옮겨가지 않겠느냐고 부탁해 보는게 어떠냐는 제안을 하는 것이 그 아프리카인으로서 할 수 있는 최선의 일이었다.
 마킨타이어는 분명히 곤란하다는 표정을 지었다. 하지만 곰곰히 생각한 끝에 그는 토인에게 기도사를 데려 오도록 부탁했다. 겨우 도착한 기도사는 제사를 지낼 때 입듯이 정장을 한 키가 크고 어깨가 떡 벌어진 예순 남짓한 아프리카인이었다.

기도는 쇠보다도 강하다

마킨타이어는 그에게 나무를 철거시켜야만 된다고 설명했다. 기도사는 신령님께 다른 나무로 옮겨가 달라고 부탁해보겠노라고 말했다. 하지만 신령님께 바칠 산 제물과 선물이 필요했다.

그는 제물로서 양을 세 마리, 진을 세 병 청구했다. 또한 만약 신령님이 나무에서 떠나게 됐을 경우에는 백 파운드의 보수를 내라고 요구했다.

유럽인에게는 그 신청이 터무니 없게 들렸으나 한편으로 저 나무를 쓰러뜨리려고 이미 사용한 돈을 계산해 보고 만약 기도가 잘만 된다면 백 파운드는 싼 것이다, 라고 생각했다. 약간 재미있다는 미소를 띄고 양과 진을 자겨오라고 명령했다.

기도사는 양의 목을 따서 죽이고 그 피를 나무 뿌리 근처 땅에 흘렸다. 그런 뒤 진을 나무 둘레에 뿌리고 단조로운 소리로 중얼거리며 어떤 무아(無我)상태에 들어갔다. 그리고 아프리카인 감독은 속삭이는 그 얼거림을 고용주에게 번역해서 들려 주었다.

"오오, 이 나무의 주인이신 신령님이시여! 우리는 당신께 이 나무에서 떠나 다른 보다 좋은 나무로 옮기실 것을 바랍니다. 새로 서는 건물은 극히 좋은 것이어서 이곳 사람들이 많은 일거리를 얻을 수 있고 모든 사람에게 다 좋게 되는 일이옵니다."

그는 다시 진을 나무 뿌리에 쏟으면서 계속했다

"오오, 만약 이 나무의 신령님이신 당신이 이 나무를 떠나 주신다면 이 사람들이 모두 잘살게 되고 당신의 새 나무에 산 제물을 바치고, 감사하는 뜻을 나타내오리다."

다시금 진을 땅에 붓고 기도사는 간략한 춤을 추었다. 다시금 나무의 신령께 이야기한 뒤 마킨타이어쪽을 향했다.

"나으리, 신령님은 이 나무에서 떠날 것을 승낙했습니다. 다른 보다 좋은 나무를 그에게 배당해 주십시오."

"고맙소."

마킨타이어는 고맙지도 않다는듯이 말했다. 진을 헛되게 써 버렸다는 생각이 들어서였다.

"다시 한번 줄기에 강철 밧줄을 감아서 트럭터와 불도저로 끌어 보자."

"그럴 필요는 없습니다."

하고 기도사는 엄숙하게 말했다.

"나무 둘레에 밧줄을 감고 두 세 사람이 끌어 보십시오. 문제없이 나무는 쓰러질 것입니다."

아프리카인 감독은 몇 사람의 노동자를 불렀다. 그들은 밧줄을 줄기에 감고 잡아당겼다. 단번에 뿌리가 흔들리기 시작했다. 나무는 기울고 땅 위에 쿵! 소리를 내고 쓰러졌다. 얽힌 뿌리가 사방 팔방으로 뻗혀 있었다.

"앞으로는 어떤 말썽도 일어나지 않을 겁니다. 나으리!"

약속대로 백 파운드를 받더니 기도사는 말했다.

"신령님은 영구(永久)한 건물이 사람들에게 있어서 또한 그 자신에게 있어서 중요하다는 걸 알았습니다. 신령님은, 나으리께서 앞으로 하시는 일에 더 이상 말썽이 생기지 않도록 하겠다고 약속해 주었습니다."

이윽고 위엄 있게 보인 기도사는 그가 왔던 방향인 나무 숲 속으로 걸어갔다.

빔쉽과 무인 리모콘 원반이 함께 나타난 사진 가운데 하나로서 1975년 3월 3일 촬영. 1978년 11월 17일자 독일의 주간지 〈슈피겔〉지의 표지에 게재된 사진.

제 7 장
인간의 불가사의

1. 독약과 총알에도 죽지 않는 사나이

괴승(怪僧) 라스프친 나타나다

라스프친이라는 사나이가 언제 어디서 태어났는지 분명히 알고 있는 사람은 한 사람도 없다.──많은 사람들은 '이런 놈은 태어난 게 아니라 사악(邪惡)한 영(靈)으로서 이 세상에 온 것이다.'라고 단언하기조차 했다. 또 한편으로는 충분한 증거를 들어 이 자야말로 악마 바로 그것이라고 믿는 사람도 있었다.

까닭인즉 그는 주색(酒色)에 빠졌고 악(惡)을 위한 악을 좋아했으며, 그가 만난 모든 사람들에게 믿기 어려울 정도로 나쁜 영향을 끼쳤기 때문이다. 하지만 러시아의 황제인 니콜라스 2세는 1905년 11월 어느 날 일기에 다음과 같이 썼다.

〈오늘 드보르스크 지방에서 상경한 신(神)의 아들 그레고리를 만나다〉라고.

그레고리는 자신의 행동때문에 제국(帝國)을 쓰러뜨린 악마의 성품을 지닌 수도승(修道僧)이었다. 그는 왕좌의 그늘에서 권력을 마음대로 휘둘렀다.

그후 그의 이름은 타락한 사람이란 뜻인 '라스프친'이라고 불리어졌다.

그가 떨치는 이상야릇한 강한 힘은 미신에 깊이 사로잡힌 농민을 두려움 때문에 혼란 속에 몰아 넣었고 황제와 황후의 마음을 자기 뜻대로 휘둘렀던 것이다. 이것은 바로 라스프친이 러시아를 지배할 수 있었다는 것을 뜻한다.

그의 소문은 순식간에 온 러시아를 휩쓸기 시작했다. 가난에 시달리고 특권을 행세하는 귀족들에게 학대받는 무력한 농민이 러시아 온 땅에 가득하였으므로 그런 소문이 번지기에는 아주 좋은 기회였던 것이다.

사회의 정점(頂點)에는 일종의 살아 있는 신으로서 존경받을 수 있는 만능의 '작은 신(神)'—— 황제가 있었다. 그에게는 단 한 가지의 법이 있을 뿐이다. 그것은 그 광대한 영토 안의 살아 있는 모든 것이 신권(神權)에 의해 황제의 개인 소유물이라는 것이다. 그러나 1905년 이후에는, 옛부터 만백성이 두려워 떠는 존재였던 신과 같은 황제도 공처가에 불과한 너절한 한 남성으로 전락하고 말았다.

더우기 그 아내가 라스프친의 뜻대로 되고말자, 로마노프 왕조를 피흘리게 하는 멸망을 가져올 혁명을 일으킬 만한 뿌리가 거의 마련되었던 것이다.

라스프친은 제일 먼저 러시아 변경(邊境)의 작은 마을에 나타났다. 그 무렵에는 다만 '그레고리 수도사'라고 불리었다. 그 당시의 많은 사기군들과 만찬가지로 그도 종교를 직업으로 삼는 일이 부(富)와 편안으로 통하는 길이라는 것을 깨달았다. 고립된 사회에 사는 무식하고 광신적인 사람들은

불사신의 라스프친

전에도 수없이 이런 많은 사람들을 받아들였던 것처럼 이 야성적인 새로운 인물을 맞아 들였다. 그러나 그레고리 수도사는 지옥으로 떨어진다거나 최후의 심판을 설교하러 온 것은 아니었다. 그는 교의(敎義)에 새로운 해석을 내렸다.
 "미덕(美德)을 아는 유일한 방법은 죄를 범하는 일이다."
 이렇게 그는 잘라 말했다.
 "구원을 찾아내는 유일한 방법은 우선 타락을 경험해 보는 것이다."
 이와 같이 사람을 현혹시키는 교리(敎理)였던 것이다. 엄격한 생활을 보내고 단식과 기도로 지새는 대신에 그레고리 수도사의 신자들은 정반대의 길을 걸어갔다.
 여자와 술과 음식——그 어느 것의 한계를 넘어도 구원을 받을 수 있다는 것이다. 그레고리가 이름을 라스프친으로 바꾼 것은 이 무렵이었다. '방탕한 사람' '타락한 사람'이라는 뜻이지만 어쩌면 그에게 꼭 맞는 이름일지도 모른다.
 그는 차츰 동지를 모아 술과 타락의 당당한 행진을 참다운 권력이 존재하는 곳——황제의 궁전——을 향해 시작했던 것이다. 라스프친은 흔히 일컫는 술군·대식가(大食家)·호색한(好色漢)은 아니었다.
 적(敵)도 그의 편도, 입을 모아 그의 사람을 매혹시키는 힘——사람 뿐만 아니라 자연 그 자체도 지배할 수 있는 것이 아닌가 하는 이상한 능력을 인정했다.
 신앙으로 치료하는 방법을 개발하여 그는 순식간에 좋은 평판을 얻었고 빗발치듯 하는 비난 속에서도 한편 칭찬하는 사람 역시 많았다. 그의 제자들은 다 죽어가는 어린애의 생명을 구원받은 많은 어머니들이 그의 이름을 고마운 마음으로 축복했다고 주장했다.

신의 아들 궁정으로 들어가다

 분명히 미개하고 불결한 마을에서는 약에 대한 지식을 조금만 알고 있는 것만으로도 훌륭한 솜씨라는 칭찬을 얼마든지 받을 수 있다. 그러나 실제로 라스프친은 마법의 힘으로 치료를 하는 것처럼 보였다.
 어떤 사람은 그를 악마라고 생각하고 또한 어떤 사람은 천사라고 생각했다고 하더라도 결코 놀랄 일은 아니었다.
 오늘날 그의 초상화를 보는 사람은 누구나, 그는 다른 사람이 갖고 있지 않은 무엇을 분명히 갖고 있었다는 것을 인정하게 된다.
 그의 성품은 야비했다. 사진에 찍혀 있는 길게 얽혀 있는 수염에서 뚜렷이 볼 수 있듯이 말이다. 하지만 사람의 마음을 꿰뚫어보는 듯한 죄면력(催眠力)을 가진 검은 눈동자가 교묘히 야비하다는 인상을 지워 주고 있다. 사람들은 그 사진을 보고는 몸서리친다. 이유인즉 실재로 살아 있던 악마의 분명한 사진 따위와는 여간해서 있을 수 없기 때문이다.
 그러나, 대중에게 끼친 큰 영향력에도 불구하고 만일 황제가 없었다면 라스프친은 러시아 이외의 고장에서는 거의 알려지지 않은 상태에서 생애를 보내고 죽었을 것이다.
 전능하신 황제의 부인이 되자마자 황비는 지상에서 두번째로 훌륭한 사람이 되었음을 알고 그것에 어울리는 행동을 하게 되었다. 그러나 그녀와 남편에게는 하나의 커다란 슬픔이 있었다. 제위(帝位)를 이어받을 아들이 혈우병(血友病)인 것이었다.
 로마노프 왕조가 과거 수세기에 걸쳐 근친결혼(近親結婚)

을 한데 대한 보복이었다. 혈족(血族) 결혼으로 인하여 이 일족은 선택된 인간으로서 스스로 권력을 유지해 갈 수 있었다. 그러나 한편으로는 그 피가 흐려지고 있었다.

이런 상태가 되자 보통 건강한 사람이라면 있을 수도 없는 약간 긁힌 상처만 나도 죽음의 선고를 받는 것과 같았다. 피가 엉길줄 모르고 흘러 내려서 마침내 환자는 쇠약하게 되어 죽게 된다.

어린 황태자가 이 병에 걸린 것이 발견되자 그의 신변에는 그 시대의 의학이 할 수 있는 한 최고의 방법을 쓰게 되었다. 그럼에도 불구하고 만약 그를 평상시의 생활에서 격리시킬 수 없다면 언제 어디서나 출혈이 되어 죽을 것은 통계상으로도 확실하였다. 어렸을 때에는 격리시키는 것이 가능하겠지만 황제가 된 뒤에는 어떻게 한단 말인가?

황후는 마음이 극히 어지러워 몇 년씩이나 그를 고칠 수 있는 의사가 없나 하고 전 유럽을 찾아 헤매었다. 의사들은 궁전으로 줄을 지어 왔고 아이를 진찰하자 모두들 머리를 가로저으며 사례금만 받았다.

그의 병은 당시의 의학으로서는 어떻게도 할 수 없는 것이었다. 그러므로 치료를 잘한다는 '신의 아들'이 이 러시아에 있다는 소문을 들은 황후가 심부름군을 보낸 것은 당연한 일이었다. 그는 그 부름을 받고 궁전으로 들어간 것이다.

이 성인(聖人)은 겉보기에도 벌써 강력한 심리적인 이점을 갖추고 있었다. 전임자들은 자못 엄숙하게 차린 전통적인 의사들이었던 반면에 물흐르듯한 긴 수염을 기른 라스프친은 마치 사막에서 걸어나온 구약성서의 예언자처럼 보였을 것이 틀림 없다.

그러나 그러한 라스프친 조차도 풍채만으로 궁전에 들어

갈 수는 없었을 것이다. 아마도 그는 앓는 소년에게 씌워진 운명을 헤치고 격려해 줄 수 있으리라고 인정을 받기는 했을 것이다. 혹은 그의 지금까지의 업적이 황제와 황후로 하여금 납득하게 하였는지도 모른다.

모든 권력을 손 안에

그가 궁전으로 들어간 그 순간부터 명성과 부(富) —— 또한 무시무시한 죽음을 향한 문이 열리고 있었다. 황후의 눈 앞에서 그는 어떠한 나쁜 짓도 할 수 없었지만 궁전 안 그의 호화스런 방에서는 곧 악의에 가득찬 힘이 행사되기 시작했다.

즉, 이 나라에서 가장 고귀한 사람들 —— 거만한 귀족계급 가운데서도 가장 거만한 사람들은 각자가 양자택일을 강요 당하고 있음을 깨닫고 있었다. 라스프친이 요구하는 존경과 권력을 모조리 인정하든가 혹은 추방당하던가 처음부터 존재하지 않았던 것처럼 이 세상에서 없어지던가 그 중 어느 것을 선택해야 했다.

러시아의 터무니 없는 정치 형태가 거대한 약점을 드러내기 시작한 것은 그 이후였다. 모든 권력은 황제가 쥐고 있었지만 사랑하는 아내가 신용하는 사람의 입을 막게 할 수는 없었기 때문이다.

다소 분별 있는 사람들은 황제의 주의를 그 일에 관심을 갖도록 하려고 하였다. 이른바 의회에서 라스프친의 문제에 관하여 논쟁을 벌이려는 비참한 시도를 하였던 것이다.

황후는 불처럼 노하여 펄펄 뛰었고 면직과 추방의 선풍이 일었으므로 이제는 이 문제에 대해 언급하는 사람조차도 거의 없어져 버렸다.
 제1차 세계대전이 유럽을 뒤집어 놓고 러시아를 삼킨 것은 이 무렵이었다. 비참한 퇴각을 몇 차례나 거듭한 뒤 황제는 몸소 진두지휘에 나섰다. 모든 권력을 황후에게 맡긴채 그는 전선으로 나갔다.
 라스프친은 이제야 인생의 절정에 이르렀다. 황제가 가졌던 얼마 안되는 견제력 조차 사라지고 이제 라스프친의 힘에는 걸리는 것이 없는듯 했다. 날마다 황후로부터 황제에게 편지가 전해졌다.
 안부를 걱정하는 아내다운 자상한 마음씨가 적힌 그 편지에는 터무니 없는 정치적 군사적 조언이 덧붙여 씌여 있었다.——조언은 라스프친의 의견에 의한 것이었다.
 "성 그레고리가 말씀하시는 바에 의하면……"
 이런 식으로 또 한 사람의 대신(大臣)이 실각하고 라스프친의 마음에 드는 무능한 인물이 그의 수족(手足)이 되는 것이었다.
 그러나 곧 라스프친의 생각에는 동이 나기 시작했다. 전쟁은 전혀 그의 취미와는 동떨어져 있었다. 아마 그는 자신의 중요성이 차츰 늘어나는 병사들에 대한 중요성으로 인해 미약해져감을 느꼈을 것이다. 신의 아들로서 그는 그것에 찬성할 수 없었다.
 또한 어떤 알려지지 않은 이유로, 그는 배신을 생각하기 시작하여 독일과 은밀한 연락을 취했다. 이것은 그로서는 너무나 지나친 짓이었다. 이제까지는 그의 미친 척하는 짓이 조정(朝廷)을 위태롭게 만들고 있었지만 이번에는 적과의 교섭이 국가를 위태롭게 만들었다. 이 사건이 발각되자 일부의 애국자가 반란을 일으킬 것을 결의했다.

라스프친이 권세를 잡은 몇 년에 걸친 동안에도 시종 일관하여 반대하는 세력이 있었다. 반대파들은 황후가 분노를 터뜨리지 못하도록 일을 극비밀리에 진행시키지 않으면 안되었다. 그 시기의 그들은 너무나 무력했던 것이다.

그러나 시대는 바뀌기 시작했고 러시아에는 혁명의 기운이 꿈틀거리고 있었다. 도처에서 황제 일족에 대한 불온과 불만의 움직임이 일어났다. 궁정 안에 있는 라스프친의 적들의 경우 외부의 도움을 바랄 수 있게 되었다.

비참하기 그지없는 마지막

1916년 12월 30일 저녁 무렵, 라스프친은 어느 귀족 저택에 초대를 받았다. 판에 박힌듯한 경의에 넘치는 인사말로 구정(舊政)의 신하들은 이 지극히 유력한 황후의 친구에게 아부를 했다. 자기 신변의 위험한 일 같은 것을 라스프친은 추호도 생각하지 않았다.

안락과 절대적인 권력을 뜻대로 발휘한 오랜 세월이 날카로왔던 그의 마음을 둔하게 만들었으며, 황제 일족의 친구로서 충고인(忠告人)인 성 그레고리에게 누가 감히 손찌검을 하리라고 예견할 수 있었을까?

저택에 다다르자 곧 러시아의 전통적인 환영의 표시로서 술과 과자를 대접받았다. 라스프친에게 준 과자에는 사람을 순식간에 죽게 하는 청산가리가 잔뜩 발라져 있었다. 라스프친이 이 작은 사탕과자를 좋아하는 것은 모두가 알고 있었다.

음모자들은 라스프친이 요란하게 지껄이며 손을 뻗쳐 과자를 집어 입에 넣는 것을 지켜보고 있었다. 그는 씹으면서도 이야기를 하고 있었다. 또 한 개 그는 과자를 입에 넣었다. 말도 죽일만한 청산가리가 몸 안으로 들어갔음에도 불구하고 아무 일도 일어나지 않았다.

지금쯤은 괴로와 몸부림을 칠 판인데도 여전히 그는 즐거운듯이 마시며 계속 먹고 있었다. 마침내 이곳을 떠나게 된다면 기회는 이제 다시 돌아오지 않을는지 모른다.

음모자 중의 몇 사람이 방을 살며시 빠져 나와서 급히 의논을 했다. 저 믿을 수 없는 사나이는 가장 무서운 독약에도 면역이 되어 있는 것이다. 과연 총알로 죽일 수 있을까 하고 그들은 의심을 했다. 한 사나이가 연발 피스톨을 들고 방으로 돌아왔다.

이 때야 비로소 라스프친은 위험이 다가온 것을 알았다.

그는 성큼성큼 앞으로 나갔다,

피스톨이 불을 뿜었다. 한 방, 다시 또 한 방 믿을 수 없는 일이지만, 그는 아직 꼿꼿이 서 있었다. 세 방, 네 방 다섯 방의 총알이 그의 몸에 발사됐다. 피가 상처에서 뿜어 나왔다. 라스프친은 아픔으로 괴로와하며 소리를 쳤다. 그러나 아직 살아 있었다.

탄창(彈倉)이 비고 피스톨은 헛소리를 냈다. 공포와 증오 섞인 표정으로 적은 라스프친에게 차츰 다가섰다. 그들은 심하게 몸부림치는 라스프친을 층계 밑으로 끌어 내려 섣달 밤의 살을 에이는 듯한 찬 기운이 서린 어둠 속으로 끌고 나왔다.

근처에는 네바 강이 흐르고 있었다. 1피트가 넘는 깊이까지 얼었지만 음모자들은 그것도 계산에 넣고 있었다. 그들 중의 몇 명이 라스프친을 꼼짝 못하게 지키고 있는 동안에 남은 사람들은 얼음에 구멍을 뚫었다. 마침내 산 제물을 구멍가로 밀고 가서 안으로 떨어뜨렸다. 그러나 그때에도 라스프친은 몸부림을 치고 있었다.

독약을 먹고 총알에 맞고도 믿을 수 없게 그는 살아 있었다. 그러나 그들은 간신히 얼음 밑으로 그를 밀어넣었고 빠른 물살에 그의 몸은 떠내려 갔다. 후에 그의 시체가 발견되고 슬픔에 젖은 황후는 그에게 온갖 종류의 훈장을 내려 매장시켰다. 적의(敵意)에 불탄 황후는 살인범에게 복수할 것을 맹세했다.

그렇지만 1년도 채 못되어 그녀와 황제와 모든 아이들은 혁명의 총탄 밑에 쓰러지게 되었던 것이다. 라스프친이 오랫동안 지배해 온 일족(一族)에게 준 마지막 선물은 그의 사후(死後)에 뒤이어 들어닥친 일족의 떼죽음이었다.

2. 파라오의 장군이었던 교수

2천년 전의 전투 장면

1947년에 프레드릭·우드가 자기는 대장(大將)이었다고 말했을 때, 놀라는 사람은 거의 없었다. 아무래도 그는 교양 있는 사람이었으니 말이다.

그는 대학의 음악교수였고 우수한 작곡가였으며 수학자이기도 했다. 프레드릭의 친구나 이웃 사람들은 이처럼 오랫동안 그가 자기의 군경력을 비밀로 해 두었던 일에 놀랐는지도 모르지만 그만큼 지성을 지닌 사람이라면 군대에서도 틀림없이 높은 지위에 있었을 것이라고 한결같이 인정하는 바였다.

그러나 모두가 진정으로 놀란 것은 우드 교수가 군대에 있었다고 말하는 그 군대에 관한 일이었다. 그는 자기가 고대(古代) 이집트의 파라오 군대에서 유명한 장군이었다는 완벽한 증거가 있다고 믿고 있는 것이었다.

우드 교수는 한 학생이 강당에 두고 간 그 분야의 책을 읽고 신비적인 일에 깊은 흥미를 갖게 되었다. 그는 영매(靈媒)를 찾아가 보았다. 그 영매는 수십 세기나 지나간 과거의 그 자신을 한번 슬쩍 보여 주었다.

이 영매를 통해서 어느 날 박사는 자기가 '보라'라고 불려지는 영체(靈體)── 영계(靈界)의 영혼 ──와 연락이 닿았다는 것을 알았다. '보라'는 그가 알지 못하는 말로 이야기를 건네 왔다.

처음에는 무슨 말인지 전혀 알지 못했으나 교수는 '보라'가 전해 주려는 것을 이해하려고 마음 속으로 결정하고 고대 이집트어(語)를 배우기 시작했다.

오랫동안 힘이 드는 공부였으나 마침내 '보라'의 통신을 충분히 번역할 수 있을 만큼 그 말에 익숙해졌다.

영매와의 강령회에서 우드 박사는── 기절한 상태에서── 전생에 살았던 시대로 시간을 초월하여 거슬러 가게 되었다.

그 전생에서 그는 라마── 다시 말해서 위대한 파라오 군대의 최고사령관이었다. 다시 한번 그는 전생에서 그랬듯이 이집트 말을 모국어처럼 자유롭게 구사하며 사막의 모래를 밟고 다시 한 번 군대를 이끌고 싸움터로 향했다.

어느 날의 기절한 상태에서는, 그는 2천년 이상이나 전에 고전한 시리아 사라과의 용감한 전투를 다시 체험할 수 있었다.

또 다른 어느 전투에서 그는 아주 생생한 사건에 다시금 부딪쳤다. 전리품(戰利品)의 하나로서 카르나크에서 온 신전(神殿)의 무녀를 차지한 것이다. 그 소녀의 모습은 꿈꾸는 듯한 아름다운 모습을 지극히 생생하게 기억할 수 있었으므로 잠시 뒤에 그는 아주 다른 종류의 충격을 받았다. 그것은 그가 그 소녀를 다시 만났기 때문이었다. 이 인생에서 그는 2천년 전에 약탈한 무녀의 재생(再生)을 만난 것이다.

박사처럼 실제적이고 사물을 분별하는 식견이 있고, 교육을 받은 사람이 다른 사람들과 마찬가지로 초자연적인 사건에는 회의적이었던 그가——이렇게 확신을 갖고 있을 때, 여기에는 분명히 어떤 뜻이 있지 않겠는가?

3. 가로웨이 동굴의 식인일가(食人一家)

무법자 부부의 강도살인

 스코틀랜드의 가로웨이 해안은 몇 세기 동안 변하지 않은 모습을 지금까지 그대로 보여주고 있다. 그곳은 달의 뒷면처럼 외롭고 또 격리되어 있었다. 무슨 일이 일어나도 이상하지 않은 곳이다. 이를테면, 한 쌍의 남녀가 3세대(世代)에 걸쳐 식인종을 키우거나, 자기의 자식에게 있을 수 없는 야만적 행위로 약탈과 살인을 시켰다고 하는 것과 같기 때문이다.
 카시엘・로오건이 무법자가 되려고 마침내 결심을 했을 때, 그 거점(據點)으로 삼은 곳이 이 황량한 해안의 마을에서 멀리 떨어진 동굴이었다. 아마 프로가 되기 전에도 그는 몇 번인가 본거지를 정하지 않은 채 약탈을 했을 것이 분명하다.
 그것을 마지막으로 고향의 마을을 떠났을 때, 그는 아내로서 한 사람의 소녀를 데리고 갔다. 이 아가씨는 그에 못지 않게 흉포(凶暴)하고 타락해 있었다.
 이 지방에 관하여 잘 알고 있던 카시엘・로오건의 지식은 커다란 도움이 되었다. 그것은 그가 곧 25년 이상이나 발견되지 않은 채 살 수 있었던 은둔 장소를 찾아낼 수 있었기 때문이다. 인적이 끊어진 해안선이 있는 곳에서, 그는 벼랑에 깊숙이 들어간 동굴을 찾아 내었던 것이다.

밀물이 들어올 때면 입구는 물 밑에 잠기게 된다. 바닷물이 빠졌을 때에도 감시인이 바로 곁을 지나지만 않는다면 동굴은 절대로 발견될 수 없었다. 그러나 출입구는 하나 밖에 없었다. ──후에 로오건 일족은 이 사실을 후회하게 된다.

로오건의 방법은 간단하고 효과적이었다. 그는 동행이 없는 길손만을 노렸던 것이었다. 그것도 걸어서 가는 행인만을 선택하였다. 말을 탄 사람은 좀더 많은 돈을 가지고 있을지도 모르나 만일 말이 도망치는 날에는 그 결과가 경계하게 만들고 만다.

그는 희생자를 죽인 후에 시체에서 돈이 되는 것과 신원을 알릴 수 있는 물건들은 전부 없애고, 계곡이나 숲 속에 감추는 게 보통이었다.

처음부터 로오건은 매우 조심스러웠다.

그다지 가치가 없는 강탈품만은 근처 마을이나 도시에 가서 팔아 버렸지만 신원이 밝혀질 것 같은 것이나 조금이라도 의심을 받을 만한 것은 모조리 동굴로 갖고 돌아왔다. 세월이 지남에 따라 놀랄 만한 가치의 저장품이 점점 늘어갔다. 그러나 언제나 마음에 걸리는 문제가 두 가지 있었다. 어쩌다가 시체가 발견되고 때때로 짝이 맞지 않는 옷을 시장에 팔러오는 키가 큰 사나운 사나이가 관련이 되어 시체가 발견되고 신원이 알려질지도 모른다는 사실이었으며, 또 하나는 이와 같이 황폐한 곳에서 음식을 찾아 낸다는 것은 거의 불가능한 어려운 문제라는 것이었다.

그는 황무지를 개간하기 위하여 자기의 인생을 농사일에

바치기를 원하지는 않았다. 그렇다고 훔치는 것도 결코 많지 않았다.

일거양득의 시체 처리법

이 두 가지 어려운 문제, 아직 아무도 생각하지 못한 희생자들을 먹어 버린다고 하는 간단한 방법을 한꺼번에 해결한다는 생각이 어떻게 해서 로오건의 머리에 떠오르게 된 것일까——아마도 그의 가족들이 추운 겨울 동안 구멍 속에 갇혀 있을 때, 필요에 의하여 어쩔 수 없이 근처에서 구할 수 있는 고기로 끼니를 잊게 된 때문이 아니었을까. 그 뒤 사람의 고기를 먹는 것이 습성이 되어 마침내는 이 온몸에 소름이 끼치는 끔찍스러운 행위가 당연한 것이 되어 버린 것이 아닌가 한다.

하나의 가족이 이루어졌다. 점점 늘어만 가는 가족이었다. 불과 몇 년이 지나는 동안에 카시엘·로오건과 그 아내는 그 습관이 아주 오랜 옛날의 동굴인과 별로 다를 바 없는 경지에까지 퇴화하고 말았다.

첫번째 세대(世代)의 어린이들이 성적으로 성숙해지자 곧 그들은 부부가 되었다. 두번째 세대의 어린이들은 자라서 어른이 되어서 마침내는 스무 명의 아이들을 낳게 되어 그들 일족이 발견되기 직전에는 50명 이상의 인구에 달하였다. 새로운 세대의 어린이들에게는 약탈과 살인하는 방법이 가르쳐졌다.

이 무렵이 되자, 이들 일족들의 만행은 손을 댈 수 없을 정도가 되어 카시엘이 얌전하게 한 명의 사나이를 습격했던 것과는 달리 이제는 한꺼번에 서너 명 때로는 여섯 명이나 되는 여행자를 죽인다는 대규모의 습격이 되었다.

먹여야 하는 입도 늘었는지 모르지만, 곤봉과 검(劍)을 쥐는 손은 더 많아졌다. 살인이 있은 뒤에 시체는 독특한 처리 방법을 연구해 낸 여자들의 손에 넘겨 졌다. 때로 시체가 남아 돌아갈 경우에는 그 무렵의 얌전한 가정부인들이면 누구나 그러했듯이 로오건 가(家)의 여자들도 장래를 위해서 커다란 고기덩어리들은 주의 깊게 소금에 저려 놓았던 것이었다.

그동안에도 동굴 속의 보물의 산은 착실히 높아져 갔다. 카시엘이 처음에 취하곤 했던 방법은 지금도 그대로 계승이 되어 로오건 일족은 값이 나가는 것이나 신원을 알리게 될 듯 싶은 것은 처리하려고 하지를 않았다.

그들이 필요로 했던 것은 돈과 의복이었다.

식인족의 최후

그러나 그들이 아무리 조심스럽게 행동하여도 이처럼 대규모의 약탈이 언제까지나 들키지 않을 까닭이 없었다.

로오건 일족의 정체가 어떻게 밝혀졌는가 하는 데 대해서는 두 개의 정반대되는 보고가 있다. 일족 가운데 한 젊은이가 한 시간쯤 전에 죽인 사나이의 소지품을 처분하려고 하다가 체포되어 목숨을 살려 받으려고 자기 가족들을 배반했다는 이야기이다.

또 하나의 보고는 로오건 일족이 습격할 시기를 잘못 택하여 살인하는 현장을 남에게 들키게 되었다는 것이다.

어쨌던 한 번 의혹이 생기자, 어느 일정한 지역에서 일어난 살인수법이 밝혀지고 말았다. 대규모의 토벌대가 조직되어 국왕 스스로가 이 부대를 이끌었다는 설도 있지만, 그 지방은 샅샅이 수색되었다.
 마침내 수색대는 동굴 있는 곳까지 찾아왔다. 그곳이 은신처로서는 안성맞춤이라는 것이 누구의 눈에도 분명했다.
 또 하나 최초의 수색대원이 동굴 안에 들어서자 곧 분명해진 것은 썩은 고기에서 나는 지독한 악취였다. 더 안으로 들어간 수색대는 소름이 쭉 끼치는 장면을 보았다. 25년 이상에 걸쳐서 수집된 인골(人骨)의 산과 그 곁의 무시무시한 푸줏간의 창고와 같이 매달아 놓은 새로운 고기덩어리와 소금에 절인 고기덩어리였다.
 로오건 일족은 살인자이기는 했으나 전투원은 아니었다.
 분노하여 날뛰는 무장병(武裝兵)의 한 무리와 대결을 하게 되자 이들은 곧 항복을 했다. 어느 누구에게도 자비는 베풀어지지 않았다. 그 무렵에는 50대의 노인이 되어 있었던 원흉(元凶)인 카시엘・로오건으로부터 어린아이에 이르기까지 전원이 괴물로서 송두리째 살해당하고 말았던 것이다.

4. 벤·마구듀이산(山)의 잿빛 거인

미행하는 무거운 발걸음 소리

 벤·마구듀이산 꼭대기에 있는 것은 자기 한 사람이라는 것을 충분히 이미 알고 있었으므로, 코리이 교수는 자기가 들었다고 생각된 소리를 무시했었다.
 숙련된 등산가인 그는 인적이 없는 이 산 저 산에서 바람이 지어내는 이상한 소리에는 익숙해 있었던 것이다. 하지만 1933년의 그날, 스코틀랜드의 케른고옴 산 꼭대기에 섰을 때 교수는 다시금 그 기묘한 소리를 들었던 것이다.
 그것은 마치 누군가가 눈 위를 그를 향해 걸어오는 듯한 소리였다. 교수는 주위를 둘러보았다. 하지만 아무도 없었다. 그의 발자국 외에는 다른 발자국이란 하나도 없었다. 그래서 신경질적으로 륙색을 어깨에 메자 그는 산허리를 내려가기 시작했다.
 와락 겁이난 것은 바로 이때였다. 왜냐하면 계속해서 또한 은근히 굳어진 눈을 밟으며 뒤를 따라오는 무거운 발소리를 똑똑히 들었기 때문이다.
 눈으로 확인해 보아도 아무도 보이지 않았으나 발걸음 소리는 계속해서 뒤쫓아 왔다. 그가 세 걸음이나 네 걸음 걷는 사이에 육중하고 느린 발걸음 소리가 하나 정도 들리는 것이었다.
 이 몹시 느린 걸음걸이가 거인을 연상시킨 것을 깨닫고 코리이 교수는 주위를 살펴보았다. 하지만 하나의 커다란 회색 그림자 이외에는 아무것도 없었다. 그것은 안개가 짙게 뭉쳐 있는 것 같이도 보였다.
 코리이는 겁에 질려서 전속력으로 산허리를 미끄러져 도망쳐서 간신히 3천 피트 정도까지 하산하여 로시이마스카스 삼림지대에 이르렀다. 그는 창피하다는 생각은 전혀 없이 여러 사람에게 그 이야기를 하였다.
 "당신은 그것을 무엇이라고 생각하시오? 나로서는 도저히 알 수 없으니 말이지. 헌데 벤·마구듀이 산 꼭대기에는 아주 이상한 게 있오. 난 다시는 저 산에 올라가고 싶지 않아요."
 페르라스·모올――'커다란 잿빛의 사나이'가 해발 4,300피트의 사람이 살지 않는 케른고옴 산 꼭대기에 출몰한다는 스코틀랜드 고지 사람의 전설은 이미 몇세기에 걸쳐서 전해지고 있다.
 하지만 이 35년 사이에 그 전설은 사실이라는 가능성을 띠게 된 것이다.

둔하게 빛나는 잿빛의 거인

 제2차 세계대전이 시작되기 직전, 역시 전문적인 등산가인 덴샴이 그 산 꼭대기에서 혼자 쉬고 있었다. 그러자 갑자기 안개가 끼고 덴샴은 이상 야릇한 소리를 분명히 들었다.
 그도 또한 천천히 은근히 다가오는 거인의 발걸음 소리를 들은 것이다.
 그때의 덴샴은 코리이 교수의 체험을 알지 못했으나 반응은 같았다. 덴샴은 걸음아 날 살려라 하고 도망쳤으나, 하마터면 불행한 일을 당할뻔 했다.
 그는 정신없이 진한 안개 속을 뛰어들어——너무나 겁을 집어 먹고 있었기 때문에 정말 아슬아슬한 상태에서 간신히 자기 자신이 몇 백 피트나 되는 깎아지른 절벽——라아차 벼랑을 향하여 걸음을 내어 딛고 있다는 것을 모를뻔 하였던 것이었다. 허나 그 벼랑을 피하려고 하니까 그것이 몹시 어렵다는 것을 그는 깨닫게 되었다. 마치 그것은 무엇인가 보이지 않는 힘이 그를 벼랑으로 밀어 떨어뜨리려고 하고 있는 것 같았다.
 몸을 비틀고 발 뒤꿈치를 눈 속에 깊이 집어넣고 덴샴은 필사적으로 버팀으로서 간신히 벼랑 끝에 와서야 겨우 멎을 수가 있었다. 이로부터는 코리이 교수와 마찬가지로 수천 피트 밑에 있는 산기슭까지 마구 달리었다. 그리고 교수와 마찬가지로 그는 조금도 주저함이 없이 그 이야기를 공개했던 것이었다.
 합리적인 설명은 할 수 없었지만 벤·마구듀이에는 무엇인가가 있다고 굳게 믿었기 때문이었다.
 전시중(戰時中)에 덴샴은 또다시 벤·마구듀이에 올라갔다. 이번에는 친구와 함께였다. 꼭대기에 오르자 곧 덴샴은 이상한 것을 눈치챘다.
 친구는 줄곧 혼자서 무엇인가를 중얼거리고 있었던 것이었다. 조금 자세히 보니까 친구는 케른의 저 너머에 있는 누군가와 이야기를 하고 있음을 알 수가 있었다. 그리하여 무슨 짓을 하는가를 보려고 그는 그곳으로 돌아가 보았다. 그는 희미하게 빛나는 윤곽이 뚜렷하지 않은 인간형(人間型)을 한 그 무엇과 마주 대하고 있음을 알았다.

그것은 보통 사람보다 몇 피트나 더 키가 컸다. 그것을 지켜보고 있는 동안에 그 보이지 않는 정체불명인 존재에게 이야기를 하고 있는 자기 자신의 목소리가 들려서 그는 깜짝 놀라지 않을 수 없었다.

나중에 그는 친구와 기억을 대조해 보았다. 둘이 다 미지(未知)의 생물과 이성적으로 이야기를 했다는 것을 확신할 수 있었다. 무슨 내용이었는지는 기억하고 있지 않았다. 벤・마구듀이 산 꼭대기의 영적(靈的)인 힘에 대한 보고는 굉장히 많이 있다. 중요한 것은 그들 보고가 모두 환상 따위에 사로잡히지 않는 냉정한 전문적인 등산가들이 한 보고라는 사실이다.

거인은 성인(聖人)의 영(靈)인가?

어떤 사람이 개를 데리고 산의 정상에 올라 갔을 때, 무어라고 설명할 수 없는 이상한 것을 느꼈는데 그것을 개도 느꼈는지 겁을 집어먹고 깽깽하고 히스테릭한 비명을 울리고 도망가 버렸다고 했다. 그때 산꼭대기에는 아무도 없었는데, 찌르듯이 날카롭고 드높은 노래 소리가 들려왔다고 털어 놓은 사람도 있다. 이 사나이는 또한 '잿빛의 그림자와 같은 거인'도 보았다는 이야기였다.

6월의 어느 날 밤, 유명한 등산가인 케라스 박사는 동생과 함께 벤・마구듀이 산에 올랐다. 그때 그는 한 사람의 인물이 넓은 협곡을 올라와 동생에게 가까이 가는 것을 보고 놀랐다. 그 사람은 키가 10피트 가량이나 되었다.

당연한 일이지만 케라스는 동생에게 무슨 일이 있지 않을까 마음이 조마조마했다. 협곡의 반대쪽으로 급히 돌아가 보니까 동생은 혼자 서 있었다.

동생에게 키가 큰 인물에 대해서 물어 봐도 동생은 무슨 소린지 영문을 몰라하는 것이었다.

그는 아무것도 보지를 못했다는 것이었다.

또한 저명한 등산가인 서어·휴·란킨은 이 '잿빛 사나이'와 정말로 이야기를 나누었다고 주장했다. 그 모습은 간디와 똑같았으나 다만 키가 좀더 컸었다고 했다. 또한 그 사나이가 나타남과 동시에 란킨은 이상한 소리의 음악을 들었다고 했다. 그것을 그는 천상(天上)의 음악 같다고 표현했다.

란킨의 말에 의하면, 잿빛 사나이는 그가 사는 고장에서 제일 높은 산에서 세계의 운명을 관장한다고 하는 천사들 가운데 하나가 아닌가 말하는 것이었다.

벤·마구듀이 산에는 정말 커다란 유령이 나오는 것일까? 아니면 많은 사람들이 말하듯이 모두가 넌센스인 것일까?

불과 몇년 전, 심령연구가들은 이 일 때문에 이 산 위며 근처에 사는 사냥꾼, 숲 지키는 이, 몰이꾼들에게 '잿빛 사나이'에 대하여 어떻게 생각하느냐고 물어본 일이 있다. 잠시 뒤 그들은 대답을 해 주었으나, 그 중 몇 사람은 몹시 난처해 하는 것이었다. 어느 사냥꾼은 말했다.

"우리들은 그 문제에 대해서는 이야기하지 않겠어요. 골치 아픈 일을 당하고 싶지 않으니까요?"

그들도 또한 산꼭대기에서 유령을 보았던 것일까? 만일 그렇다면 '벤·마구듀이의 잿빛 사나이'에 두려움을 느껴서 일부러 그에 대한 이야기를 하지 않으려는 것이었을까? 그의 분노를 살 것을 두려워서……

5. 6년 동안 땅 속에서 산 사나이

폭격으로 땅 속에 생매장되다

6년 동안이나 묻혀 있었던 무덤에서 구조된 지 이틀도 되기전에 굴트·홀츠는 또다시 다른 무덤 속으로 들어가야만 했다. ……햇빛에 살해당해서!

이 6년 동안, 그가 겪은 이야기는 여지껏 기록된 이야기들 가운데서도 가장 이상스러운 체험의 하나일 것이다.

1945년의 봄, 홀츠는 또 한 명의 독일군 병사 하인츠·뮐러와 함께 죽음을 당했던 것이었다. 둘이 다같이 무덤에서 살아나왔으나 뮐러만이 두번째 인생에서 살아 남게 되었던 것이었다.

다른 다섯명의 독일 병사들과 함께 홀츠와 뮐러는 폴란드의 기도니아의 지하창고 속에서 저장품을 운반해 내갈 준비를 하고 있었다. 그들은 쳐들어 오는 소련군을 피하여 도망치는 중이었다.

그들은 모두 하나같이 독일군이 패하리라는 것을 느끼고 있었고, 이 전쟁은 앞으로 몇 달 안에 끝나게 되리라고 생각하고 있었다. 그러나 이들에 관한 한 전쟁은 그때 끝났다.

마침 지하창고에서 나오려는데 그들은 머리 위에서 시끄

럽게 울리는 사이렌 소리를 들었다. 그 뒤를 이어서 귀에 익은 소련 폭격기의 무겁고 단조로운 폭음과 폭탄이 땅 위에서 터지는 폭발음을 들었다.

식료품점은 직격탄을 맞았고 그들이 있었던 엄폐호는 갑자기 몇백톤이나 되는 돌에 깔리게 되었다. 비록 소련군이 그곳에서 수마일 밖에 떨어진 곳에 있었다고 하더라도 구조가 가능했을지 어떨는지는 의심스러운 일이었다.

창고가 입은 피해는 지독해서 아무도 그 가운데에 산 사람들이 묻혀 있으리라고는 생각해 보지도 않았기 때문이었다.

소련군이 기도니아에 진주해 들어오자 창고는 폭탄이 만든 구멍 주위에 기왓장만이 널려 있을 따름이었다. 소련군들은 파편을 치우고 그곳을 판판하게 하고 그리고는 여섯명의 살아 있는 인간이 묻혀 있는 무덤을 봉쇄하고 말았다.

폭발로 죽은 한명의 독일 사람을 빼 놓고는 모두 살아 있었는데도 말이다.

무덤으로부터의 탈출은 불가능하다는 것이 곧 확실해졌다. 그리하여 독일인들은 살아 남기 위한 수단을 강구하게 되었다. 그러나 다시 한 번 햇빛을 보게 되는 것이 6년이나 뒤의 일이 되리라고는 아무도 알 까닭이 없었다.

뮐러는 아주 명확하게 모든 식량을 전혀 사사로운 감정을 섞지 않고 공평하게 나누도록 명령했다. 그 식량이란 수톤에 이르는 밀가루였다. 그리고 충분한 분량의 양초가 있었다. 그 촛불로 그들은 빛을 밝히고, 빵을 만들기 위해서 밀가루에 넣을 물을 덥히었다.

물은 앞으로 아주 큰 문제가 되겠구나 하고 뮐러는 생각했다. 그들은 지하실 한쪽 구석에 물방울이 흘러내리는 것을 발견하고, 한 방울이라도 누실되지 않도록 빈 깡통에다가 받았다.

젊은 병사의 자살

　처음 몇 달 동안은 살려 달라고 외쳐도 보았으나 아무도 귀담아 들어 주는 이는 없었고 다음에는 이 감옥의 천정을 두드려서 연락해 보려고 애도 썼으나, 이것 역시 허사였다. 단념하지 않는다는 것은 칭송받을 만한 일이었다. 뮐러는 군용 시계로 정확하게 시간을 알도록 명령했다.
　그러나 일주일, 한 달, 시간이 흐름에 따라서 그들 가운데서 가장 건강한 병사조차도 초조와 긴장때문에 정신이 흐려지고 있었다.
　그들이 땅 속에 갇히게 된 지 9개월째 되던 날, 맨 먼저 한 사람이 죽었다.
　그들 가운데서도 가장 나이어린 함부르크 출신의 열 아홉 살난 소년이었다.
　다른 사람들이 잠자고 있는 동안에 목을 매어 자살한 것이었다. 전우들은 그를 방바닥을 파고 묻었다.
　1년쯤 지나자 베르린 출신의 하사가 죽었다. 뮐러에게 있어서 가장 괴로왔던 시기였다. 왜냐하면 하사가 고열로 떨고 있는 것을 보고 전염병인지도 모른다고 생각했기 때문이었다.
　그들에게는 그것을 분간할 길이 전혀 없었으며 할 수 있는 것은 오직 하나, 기다리는 것 뿐이었다.
　겨울도 문제였다. 살아 남기 위해서는 몸을 따뜻하게 하지 않으면 안되었기 때문이다. 그러나 그들은 상당히 깊은 곳에 묻혔었기에, 발틱해의 몸을 에이는 듯한 냉기는 그들이 있는 데까지 스며들어 오지 못했다. 심심해서 미칠 것만 같았다. 뮐러는 길고 끝없는 시간을 잊게 해 주는 일이라면 무엇이고 해 보았다. 세번째 사람이 죽은 것은 그로부터 2년째 되던 해였다.

그도 자살이었다. 앞서 두 사람과 마찬가지로 바닥에 묻히었다.

3년이 지나자, 뮐러와 몸집이 작고 쾌활한 홀츠 두 사람이 남게 되었다.

홀츠는 자살할 염려는 없었다. 뮐러도 마찬가지였다. 그는 사는 것을 즐거워 했고 모처럼 3년 동안이나 이 사람의 눈에 띄지 않는 지옥에서 살아 남았는데, 새삼스레 죽을 생각은 없었던 것이었다.

몇달 뒤 어쩔 수 없는 타격이 그들을 찾아왔다. 양초의 저장이 바닥이 났던 것이다. 그 뒤 그들은 캄캄한 한 치 앞도 분간할 수 없는, 어둠 속에서 살아야만 했다. 그러나 그들은 아직 지지 않았다. 홀츠는 유일한 기회라고 믿고 한 가지 제안을 했다. 깨어나 있는 시간을 반으로 줄이기 위하여 한꺼번에 사흘 낮 밤을 잘 수 있도록 자기 훈련을 하는 것이다. 한 달도 지나기 전에 두 명의 독일인은 한꺼번에 이틀을 잘 수 있게 되었다. 한 달이 더 지나자 사흘 동안 잠잘 수 있게 되었다.

기적의 생환, 그리고 죽음

이윽고 1950년의 어느 날 한 사건이 일어났다. 지난 6년만에 처음으로 외부로 부터의 소리가 들려 온 것이었다.

근처에 있는 공장의 굴뚝을 부수고 있는 노동자가 일으킨 폭발음이었다.
 소리는 아주 적고 희미했으나 그들에게는 이 엄폐호(掩蔽壕)에 수류탄이라도 던져진 것과 같은 커다란 소리로 들렸다. 맨 처음에는 잘못 들은 것이라고 생각하여 잊으려고 애썼다. 그러자 지난 몇년 동안 살아온 어둠 속에 비쳐 들어오는 한 줄기 빛을 뮐러가 발견했다.
 한편으로는 의심하면서 그들은 그 빛을 향하여 복도를 부스고 벽돌더미와 흙더미 속을 손으로 더듬어 나가서 마침내 함몰에 의하여 생긴 틈에 도달했다.
 그들은 어쩔 줄을 몰라 하면서 두더지처럼 진흙을 손톱으로 파내었다.
 그동안 두 사람은 줄곧 기쁜 눈물을 흘리고 있었다. 그것은 절대로 꿈은 아니었다.
 이 무덤에서 빠져 나가려면 약간의 흙더미만 치우면 되는 것이었다.
 그날 토요일 오후 한낮이 지날 무렵, 기도니아의 번화가에서 물건을 사던 사람들은 빌딩 건설용지에서 비틀거리면서 기어나온 누더기 옷을 걸친 바싹 여윈 두 사나이를 깜짝 놀라서 바라보았다. 하지만 키가 작은 사나이인 홀츠는 정신없이 한낮의 거리에 기어나온 순간, 두 손을 머리에 대고 쓰러졌다. 뮐러도 뒤로 비틀거리면서, 관자노리가 욱신거리며 아팠고, 눈알은 불이 붙은 것처럼 뜨겁고 아팠다.
 그리고 홀츠는 죽었다. 거의 모든 시간을 어둠 속에서 6년을 보낸 뒤에 강렬한 햇빛이 너무 자극이 강했던 때문이었다. 햇빛에 눈을 맞고 그 충격으로 그는 죽었다. 이틀 뒤, 그의 시체는 그렇게도 빠져 나오고 싶던 땅 속으로 다시 파묻히게 되었다.

6. 어둠 속에서 나타난 수수께끼 소년

카스팔·하우자의 수수께끼

 독일 역사상 가장 괴상한 이 수수께끼에 관한 여러 가지 주장들은 그 중심인물과 거의 마찬가지 정도로 믿기 어려운 것이었다. 그리고 오늘날에 와서도 아직 서부 독일의 역사가들은 140년 이래의 이 풀리지 않는 수수께끼를 밝힐 수 있는 해답을 여전히 찾아 헤매고 있는 것이다. 이를테면 카스팔·하우자란 도대체 누구이며 그 출신지는 어딘가?
 누가 그를 죽였는가? 또 무엇때문에 죽여야만 했던 것일까? 하는 따위의 사실들을 역사가들은 알고 싶어하고 있는 것이다.
 많은 추정이 제기되었으나 그 대부분은 어리석은 주장으로서 취급되었다. 그는 다른 별나라에서 온 지적생물(知的生物)이었던가? 아니면 어쩌다가 잘못하여 다른 시대로부터 시간의 이그러진 틈 사이에 끼어들어 헤매어 나온 사람이었던가?
 아니면, 그는 어떤 음모의 희생자로서 어린 시절부터 냉혹한 고독 속에 감금되어 있었던 왕위의 정당한 계승자였던 것일까?

아마도 우리들은 그가 발견되기 전까지 어떤 공포의 고난(苦難)을 체험해 왔는지 알아 낼 수는 없으리라고 생각한다. 그가 처음 발견된 것은 1828년 5월 26일 저녁 5시 무렵이었다.

그때 그는 뉘른베르크의 시문(市門) 바로 안쪽을 목적없이 헤매어 다니고 있었던 것이었다.

육체적으로도 정신적으로도 결함이 있다는 인상을 주는 이상하게 비틀거리는 걸음을 걷는 이 소년은 야경군들에게 수상하게 여겨져서 체포되었다.

그는 손에 제6(뉘른베르크) 기병연대에 속한 한 대령에게 보낸 편지를 들고 있었다. 그 편지에는 다음과 같이 쓰여져 있었다.

〈이 소년은 임금님 밑에서 시중드는 사람이 되기를 원하고 있다. 그의 어머니는 이 소년을 가둬 줄 것을 나에게 부탁했다. 나는 그에게 외출을 허용한 일이 여지껏 한 번도 없었다. 나는 그에게 읽고 쓰는 것을 가르쳤다. 나는 밤 사이에 그를 뉘른베르크에 데리고 왔다. 소년은 세례를 받았다. 그의 이름은 카스팔——.

1812년 4월 30일 태생이다. 그의 어머니는 그가 열 일곱 살이 되었을 때, 그를 뉘른베르크에다가 데려다 주도록 나에게 부탁했다. 그의 아버지는 이미 죽었다.〉

—— 이 편지에는 서명(署名)이 없었다.

우리 속에서 자란 동물소년

경찰은 이 이상한 젊은이를 조사하고 심문했다. 경찰조서에다가 자기 이름을 적을 수 있는 능력은 있었다.

그는 카스팔·하우자라고 썼다. 그러나 그의 정신연령은 줄 잡아서 대체로 세살 먹은 아이 정도였다. 그에게는 밤과 낮에 대한 개념이 없었고 불이 붙어 타고 있는 초를 보면 이상하다는 듯이 촛불 속에 손가락을 집어 넣고는 뜨거워 비명을 올리는 것이었다.

그는 자기의 손을 쓰는 능력이 없었고, 빵과 물 말고는 모든 음식을 거부했다.

방바닥 위에 털썩 주저 앉았을 때만은 기분이 매우 좋아 보였다. 그는 자기 자신이 누구라는 것을 몰랐다. 그에게는 오직 '우리'와 '구멍'과 그에게 음식을 날라다 주었으나 한 번도 그 얼굴을 본 일이 없다는 수수께끼의 간수에 대한 희미한 기억이 있을 뿐이었다.

우리 속에서 일생을 끝낼뻔 했던 카스팔에게 있어서는, 일반 대중들로부터 호기심에 찬 눈초리로 바라다보는 대상이 되었다는 것은 다행한 일이 아닐 수 없었다. 어떤 젊은 학교 선생이 그에게 흥미를 갖고 자기 집으로 데려갔기 때문이었다.

교사도 또한 소년에게 말하는 것을 읽고 쓰는 법을 가르쳐 주기 시작했는데 카스팔이 터무니없이 커다란 학습 능력을 표시하기 시작한 것을 보자 깜짝 놀라고 말았다.

이 젊은이가 누구이든 수준을 훨씬 넘는 지능을 갖고 있다는 사실은 의심할 여지가 없었다.

조금씩 조금씩 이 소년의 이상스러운 소년시대에 있었던 일들이 밝혀지기 시작했다. 16년 동안이라는 긴 세월에 걸쳐서 그는 어두운 창문도 없는 방에 감금되어 있었다고 한다. 그 방은 매우 작아서 그는 일어설 수도 걸을 수도 없었다. 그의 장난감은 한 쌍의 작은 목마(木馬)와 나무로 깎은 개뿐이었다.
 어느 날, 한 사나이가 그를 감방에서 끌어 내어 구식 옷을 입혔는데, 처음 겪는 낯선 경험에 당황하여 공포에 떨고 있는 소년을 뉘른베르크의 시문(市門) 바깥에 서 있게 하고 떠나버리고 말았던 것이었다.
 이윽고 카스팔·하우자의 이상한 이야기는 유럽 전체에 퍼졌다. 몇 주일 동안 사람들은 카스팔의 이야기만 주고 받았다. 신문은 이 소년의 하나 하나의 행동을 묘사한 기사를 가득히 실었다.
 많은 논설들은 죄없는 어린이를 짐승과 같이 우리 속에 가두었던 범죄자를 즉시 재판장에 끌어 내야만 한다고 분노를 터뜨렸다. 뉘른베르크의 부랑아들 명성은 미국에까지도 전해졌다. 그러나 이윽고 흥미의 첫물결이 지나가자 이 사건은 사람들의 기억 속에서 사라져 갔다.

가슴에 꽂힌 칼

 뉘른베르크에 이상하게 나타난 뒤, 18개월 동안 카스팔 하우자는 비교적 평온한 가운데 시간을 보냈다. 그 무렵에는, 그와 같은 나이 또래의 젊은이의 대부분 처럼——그 이상이라고는 할 수 없어도——똑같이 읽고 쓸 수 있게 되었다.
 그의 학습에 대한 정열은 왕성했다.
 짧은 시간밖에 자지 않았고 어디를 가도 책을 손에 들고 있었다. 그는 가지가지 두려움을 극복하는데 성공했다. 군악대의 연주를 들어도 그전처럼 비명을 올리면서 구석으로 도망치거나 하지 않게 되었다. 고기맛에도 구역질을 내지 않게 되었다.

그는 꽃과 같은 소박한 것에 커다란 기쁨을 느끼게 되었고 사람들에 대하여도 절대적인 믿음을 갖게 되었다.

1830년의 어느 날, 그는 이 믿기 쉬운 성질에 배신을 당하였다. 저녁 때, 산책 나간 길에 그는 낯선 사나이에게 옆길로 유인되어 면도칼로 이마에 상처를 입었던 것이었다.

다행히 상처는 곧 아물었으나 그 뒤로 카스팔은 생활에 있어서 공포를 느끼게 되어 교사의 집 정원 밖으로는 한 걸음도 나가지 않게 되었던 것이다. 그러나 그는 자기 운명을 뿌리칠 수는 없었다. 이로부터 3년 뒤 즉, 스물 한번째 생일을 맞은 얼마 뒤, 가슴에 칼이 꽂힌 채 쓰러져 있는 그를 발견한 것은 교사의 집 정원에서였다.

이로부터 이틀동안 그는 간신히 목숨을 부지했으나 살아날 가망은 물론 없었다. 상처는 너무 깊었고, 출혈은 치명적으로 다량이었다. 살인범은 끝내 발견되지 않고 말았다.

카스팔의 묘비명(墓碑銘)에는 〈낯선 자에게 살해당한 낯선 자 이곳에 잠들다〉라고 기록되어 있다.

오늘날에 이르까지 아직 역사가들은 카스팔・하우자에 대한 수수께끼의 해명(解明)에 상당한 노력을 기울이고 있다.

가장 널리 퍼져 있는 주장은 카스팔은 바아덴의 왕위의 정당한 계승자였으나 왕실의 다른 집안 왕자를 왕위에 오르게 하기 위해 유괴되어 세살 때부터 감금생활을 했다는 이야기이다. 따라서 카스팔은 그의 간수가 계획한 동물인간으로가 아니라 정당하게는 왕자가 되어야 할 인간이었던 게 아닌가 한다.

이 주장은 흥미 있는 것이긴 하지만 우리들은 결국 진상을 알 수는 없으리라. 카스팔・하우자의 묘석이 그 비밀을 너무나도 완고하게 지켜 주고 있으니까 말이다.

제 8 장
심령의 신비

1. 10년 뒤의 살인을 예고한 환영(幻影)

폭스관(館)의 이상한 소문

 나와 같은 심령연구가는, 자주 자기가 겪은 체험이 독자적인 것이라고 한결같이 믿고 있는 사람들로부터 실로 온갖 무시무시하고 이상한 이야기를 듣게 되곤 한다.
 하지만 대부분의 경우 조사해 보면 그것은 지나친 상상력의 산물이었거나 또는 자그마한 명예심때문에 날조된 이야기인 경우가 많다. 그러나 때로는 실제로 소설보다도 더 신기한 실화를 듣게 되는 경우도 있다. 몇년 전, 내가 노오포오크에서 휴가를 보냈을 때 조사한 사건도 그러했다.
 마아틴·쳰버어즈와 그의 아내에게 일어난 모든 일들은 과연 사실이라는 느낌으로 가득 차 있었으므로, 적어도 나 개인으로서는 믿지 않을 수가 없었던 것이다. 우선 그들의 그와 같은 이야기는 일부러 꾸며서 사람들의 눈길을 모으려고 할만한 아무런 이유가 없었고, 그들의 체험은 누구나 원하지 않은 종류의 것으로서 그 체험에 의하여 그들이 얻은 지식은 온몸에 소름이 끼치는 것이었기 때문이다.
 어쨌든 이것은 내가 아직 이 책을 쓰게 되기 전에 그들과 만나서 녹음한 그때의 녹음 테이프에서 그대로 기록한 그들의 이야가이다. 이하 첸버어즈 부인이 나에게 이야기한 말을 그대로 기록하기로 한다.

 "솔직하게 말해서 우리들 부부는, 아무도 이 사건이 일어났을 당시에 별로 이렇다 할 만한 두려움을 느꼈던 것은 아니었지요. 이상하게 들릴지 모르겠으나 이것은 사실입니다. 공포는 여러 해가 지난 뒤에 찾아왔습니다. 그리고 그 무서운 일은 이제부터 일어나려고 하고 있는 것입니다. 나의 남편인 마아틴은 모레스테드 근처에서 한 채의 집을 살 결심을 했습니다. 남편은 어렸을 때, 그 근처에서 살았고 즐거운 소년시절을 보냈다고 합니다. 하기야 남편은 그 장소에 대한 뚜렷한 기억을 갖고 있지는 않았지요. 우리들은 일생의 대부분을 외국에서 보냈습니다. 그럴 경우, 대개의 사람들은 생활의 뿌리를 내릴 수 있는 곳에 정착하고 싶다는 소망을 갖게 되는 법입니다.
 저로서는 영국의 이 고장이 굉장히 마음에 들었습니다. 이 고장 사람들은 아주 명랑하고 친절하며 또한 우리들의 이웃이 되어 줄 사람들도 쾌활하여 우호적인 것같이 느껴졌던 것입니다. 자리를 잡고 살기에 이만큼 좋은 고장은 여간해서 찾기 힘들었지요. 그런 좀더 편리한 좋은 집을 보다 싼 값으로 산다는 것은 그러한 것들과는 전혀 다른 문제였습니다.
 우리들은 모레스테드나 그 근처에 자리를 잡아야겠다는 생각을 단념하지 않으면 안되겠다고 생각했습니다. 그러자 수많은 부동산업자들 가운데 한 사람이 우리들이 묵고 있는 호텔에 전화를 걸어 왔습니다. 이 복덕방의 이야기에 의하면, 적어도 집 값이나 모양, 위치 그리고 크기라는 집으로 미루어 보아서 바로 우리들이 구하고 있는 것에 꼭 알맞은 집을 알선할 수 있을지도 모른다는 것이었습니다.

다만 그 집에는 단 한 가지 결점이 있노라고 그는 말했습니다. 그 집에서는 이상한 소리가 들리기도 하고 야릇한 일이 일어나기도 한다는 소문이 있다는 것이며, 복덕방으로서는 그러한 일들은 전혀 믿고 있지 않지만 우리들이 집을 살 마음을 갖게 되기 전에 그러한 소문만은 솔직하게 이야기해 드리는 것이 좋다고 느꼈기에 털어 놓는다는 이야기였습니다.

소개인은 이에 급히 덧붙여서 '많은 조사도 행해졌으나, 그 집안에서 무엇인가 좋지 않은 사건이 일어났었다는 것을 나타내는 자료는 하나도 발견되지 않았고, 기록을 찾아보아도 그 집에서 범죄(犯罪)가 행해졌다는 사실은 없습니다'라고 이야기했습니다. 또한 그 집에 일찌기 살았던 사람들로서 그러한 일의 반증(反證)을 들 수 있었던 이는 한 명도 없었다는 이야기였습니다.

실제로 그 집에 살았던 여러 가족들은 모두 훌륭한 사람들로서 행복한 가정생활을 하고 있었습니다. 이 고장의 소문으로 이 집에서는 그런 이상한 일이 일어나는데도 불구하고 쾌적한 분위기에 차 있다는 이야기였고, 또한 이상한 일들이 뚜렷이 일어나게 된 것은 바로 전해 부터라는 것이었습니다. 마아틴은,

"우리들은 둘이 다같이 유령현상 따위는 믿지 않는 성품이나, 소개인이 구경하라고 한다면 그 집을 구경해 보겠다."

고 말했습니다. 그리고 소문은 그렇다고 치고, 소개인이 말한 그대로의 조건을 지닌 집이라면 우리로서는 크게 관심이 있노라고 이야기했습니다. 그리하여 우리들은 그날 오후에 소개인을 차에 태우고 그 '폭스 관(館)'을 구경하러 가기로 이야기가 결정되었습니다.

지하실 안에서의 끔찍한 사건

큰 길에서 약간 들어선 곳에 지나치게 큰 것도 아니고 그렇다고 초라하지도 않은 집이 서 있었습니다. 옆으로 넓고 천정이 낮은 그 집은 3월의 약한 햇빛을 받고 서 있었습니다.

아주 인상이 좋은 집이었습니다. 우리들은 집안을 구석구석 빠짐없이 구경했습니다. 선반과 찬장 속을 들여다보기도 하고 지붕 아래의 방도 살펴보았습니다. 그런데, 보면 볼수록 마음에 들었습니다.

이 집이야말로 우리들에게 꼭 어울리는 집이라는 것에 우리들 부부의 의견은 일치했습니다. 마치 우리들이 설계해서 만든 집과 같다는 생각조차 들었습니다.

우리들은 아랫층으로 내려와서 현관 앞 넓은 홀 안에 서 있었습니다. 그때 마아틴이 이곳에 오는 도중에 소개인이 훌륭한 중앙 난방시설이 되어 있다고 말했다고 하였습니다.

과연 우리들은 칠만하면 될 뿐인 얼른 보아서 지장이 없을 듯 싶은 라디에이터가 있는 것을 보았습니다. 그러나 보일러는 어디 있는 것일까? 지하실일까?

만일 그렇다면, 소개인의 사무실로 돌아가서 흥정을 시작하기 전에 지하실을 조사해 두는 것이 좋겠다고 생각했습니다. 소개인도 이에 찬성을 하며 보일러는 지장 없이 사용할 수 있고 지하실은 환기가 잘 되어 건조하며, 벽돌을 깐 훌륭한 바닥일 것이라고 덧붙여 말했습니다. 마아틴은 바깥으로 나와 차에서 회중전등을 가지고 왔고 우리들은 경사가 완만한 계단을 내려가 최초의 지하실로 들어갔습니다. 과연 커다란 보일러가 있었습니다.

소개인이 말한 그대로의 것인 듯 싶었습니다. 커다란 아치 모양의 길이 다음 지하실로 통하고 있었습니다. 그리고 마아틴이었는지, 복덕방 사람이었는지 지금에 와서는 분명히 생각이 나지 않습니다만, 두 사람 가운데 누군가가 회중전등의 불빛을 그곳에 비추었을 때 우리들 세 사람은 동시에――라고 생각됩니다――같은 것을 보았던 것입니다.
　회중전등 불빛 속에 아주 분명하게 몇 시간인 것같이 느껴진 그러나 사실은 몇 분 동안에 일어난 일이겠습니다만 살인이 행해지고 있는 광경을 보았습니다.
　어째서 제가 그때, 아무런 행동도 하지 않고 다만 물끄러미 그것을 지켜만 보고 있었는지 솔직이 말해서 지금에 와서는 그 이유를 알 수가 없습니다. 알고 있는 것은 아무것도 할 수가 없던 힘 빠진 상태이면서, 나는 아무런 두려움도 느끼지 않고 완전히 넋을 잃고 있었다는 사실뿐입니다.
　나중에 마아틴이나 젊은 복덕방 사람도 저와 똑같은 상태에 빠져 있었다는 것을 고백했습니다. 둘이 다같이 그때는 입을 다물고 있었고, 회중전등의 불빛이 전혀 움직이지 않았던 것으로 미루어 보아 나는 그들의 이 고백이 사실이라고 믿습니다. 우리들이 넋을 잃고 멍하니 서 있는 동안, 붉은 머리의 아주 잘 생긴 젊은이가 역시 붉은 머리의 젊은 여인――대단히 매력적인 여성이었습니다――의 목을 졸라 죽이고 말았던 것입니다.
　우리들이 여전히 넋을 잃고 서 있는 눈 앞에서 젊은이는 땅바닥의 구멍을 막고 있던 커다란 상자를 옆으로 치우고 난 후, 여자의 시체를 구멍 속에 넣은 채 위에서 삽으로 흙을 채워 넣고 벽돌을 먼저 위치에 깔아놓고는 발로 밟아서 굳혔습니다. 그리고는 손에 묻은 먼지를 터는 시늉을 하면서 자취도 없이 그 자리에서 사라지고 말았던 것입니다. 그곳에는 그리고 아무것도 없었습니다.
 상자도 없고 아무 흔적도 볼 수가 없었습니다.

헛수고로 끝난 발굴

 지하실은 텅 비어 있었습니다. 비로 말끔이 쓴 것처럼 아무것도 없었고 벽돌은 몇 년 동안이나 움직여 본 일이 없는 것처럼 바닥에 빈틈없이 깔려 있었습니다. 우리들은 지하실에서 나와 밝은 햇빛 아래로 돌아왔습니다. 그때까지는 방금 본 광경에 어느 정도 충격을 느낄 만한 감정은 갖고 있었습니다만, 이상하게도 공포심은 조금도 느끼고 있지 않았었습니다. 복덕방 사람은 말할 것도 없이 상당히 당황해 있었고, 일이 이쯤되었으니 이 집에 대한 우리들의 마음이 변해도 무리가 아니라고 말했습니다. '무슨 소리를 하는 거요' 하고 마아틴은 말했습니다. 그리고는 '유령은 결국 유령에 지나지 않아! 살아 있는 사람을 해칠 수는 없는거요'라고 덧붙였습니다.
 남편은 이제 와서 유령의 존재를 믿게는 되었지만, 그렇다고 해서 이 집을 단념할 수는 없다는 생각이었습니다. 저도 그 생각에 찬성이었습니다. 복덕방 사람의 동의를 얻을 수 있다면 우선 해야 할 일은 무엇보다도 지하실 바닥을 파 내어서 시체를 찾아내는 일부터 시작해야 하며 그렇게 하면 이 수수께끼는 모두 해명되리라고 생각했습니다. 저는 그런 조치를 취하는 데 다소 의구심을 느끼기는 했으나 특별히 강하게 반대하지는 않았습니다. 그리하여 그 일을 하기 위하여 건축업자들을 고용했습니다. 비용은 복덕방 사람과 우리들이 함께 부담을 했습니다. 우리들 세 사람은 당분간은 경찰에 아무것도 알리지 말자는 데 의견이 일치되었습니다. 유령의 살인사건 같은 것을 고발해서 좀 머리가 이상한 사람들이 아닌가 하고 취급받게 되면 난처하지 않느냐는 것이 우리들의 공통된 감정이었습니다. 그야말로 좀더 확실한 근거를 찾아 내기 전에는 경찰에 연락할 성질의 것이 아니라고 생각했던 것이지요.

지하실 바닥을 파헤쳐 보는 작업에는 입회하지 않고, 호텔에 머물러 있었습니다. 그리고 작업원(作業員)들은 그곳에 무서운 것이 묻혀 있는 줄도 모르고 파 내다가 상당히 놀라리라 생각하고 동정을 했던 것도 사실입니다.

저는 가만히 앉아서 그 이상스러운 사건을 생각하고 그 광경을 머리 속에서 재현(再現)시키고 있었습니다. 저는 그 남녀의 모습을 분명히 기억하고 있었습니다. 두 사람이 다같이 정장을 하고 있었습니다.

그 복장으로 미루어 그들이 속해 있던 시대를 판정한다는 것은 어려운 일이었으나 몇백년 전 사람들이 아닌 것만은 분명했습니다.

마아틴이 돌아와서 발견한 것을 저에게 이야기해 주었습니다. 우리들은 결국 그 집을 사지 않았습니다. 하지만 그것은 지하실 바닥 밑에서 발견된 것 때문은 아니었습니다. 왜냐하면 아무것도 찾아내지 못하고 말았으니까요. 그곳에는 아무것도 없었습니다. 이것은 기묘한 일인 것같이 생각이 되었습니다. 사실 이야기 속에서 가장 이상한 점이라고 해도 좋을 정도입니다. 그 광경을 본 사람이 하나뿐이었다면 그것은 환영(幻影)이었다는 생각도 성립이 되겠지만, 그렇지는 않았으니까요. 그 장면을 본 것은 우리들 세 사람이었고 세부에 이르기까지 완전히 똑같은 것을 보았던 것이 사실이었으니까요. 정말 이상한 일입니다. 그리하여 그것을 구실삼아 우리들은 '폭스 관'을 사지 않기로 했던 것입니다.

우리들은 많은 사람들에게 여러 가지로 물어보았습니다만, 그 누구도 우리들이 이미 알고 있는 것 이상의 사실을 알고 있는 사람은 없었습니다. 결국 가장 직접적인 정보를 얻었던 사람은 다름아닌 우리들 자신이었던 것 같습니다. 또한 우리들은 지방의 경찰이 우리들의 정신상태를 어떻게 생각할까 하는데 신경을 쓸 필요도 없었습니다. 경찰에서는 이미 우리들이 체험한 것을 알고 있었고, 그 고을의 그 지역에 살고 있는 지방인들은 우리들이 목격한 것은 몇십년 전에 범해진 범죄의 유령현상(幽靈現像)의 재현이라고 처음부터 확신하고 있었던 것입니다. 그 누구도 그 집이 어째서 '폭스 관'이라고 불리어지고 있는지 조차도 모르고 있었던 것입니다.

조카딸의 결혼 축하 파아티

이상 말씀드린 것은 10년 전에 일이났던 일입니다. 우리들은 이 일에 대하여 많은 이야기를 주고 받았습니다. 그리고 지난 10년 동안, 우리들은 그 남녀의 모습을 마치 현실에서 본 것과 같이 선명하게 기억하고 있었습니다.

어젯밤, 우리들은 꽤 오랫동안 하지 않았던 행동을 하였습니다. 어느 집에서 주최하는 댄스 파아티에 초대되었던 것입니다. 그 파아티에는 악단과 또한 아직 3월이었으므로 특별한 난방장치가 준비되었고 많은 손님들이 초대된 꽤 큰 규모의 파아티라는 말을 우리는 들었습니다. 우리를 초대해 준 그 집의 주인은 내 남편의 단 하나뿐인 형님과 그의 부인으로, 오랫동안 외국 생활을 보낸 뒤 영국으로 돌아온 사람들입니다.

이 댄스파아티는 그 부부의 밀월여행에서 막 돌아온, 신혼의 단꿈에 젖어 있는 딸과 사위를 위해 열린 그야말로 호화스러운 것이었습니다. 신혼 부부는 파아티가 끝나면 곧 새 가정으로 돌아가기로 되어 있었습니다.

중년을 훨씬 지난 우리 부부는 너무 떠들지는 않았으나, 그래도 새 신부는 마아틴의 단 한 사람인 조카딸일 뿐만 아니라, 그가 대리인 노릇을 계속해 온 탓도 있었겠지만, 부모 대신 그 애의 이름을 지어준 탓도 있었기 때문에 매우 즐거워했습니다. 시아주머니가 오랫동안 외국에 있었으므로 우리 부부가 그 딸을 만난 일은 그 때까지 한 번도 없었습니다.

그런 탓으로 이번만큼은 초대에 응하기로 하였습니다. 여행으로 피곤해지는 것과 내가 그곳에서 입을 어울릴 드레스를 사는 일, 남편의 연미복은 남편이 비대해져서 입을 수 없게 되었으므로 그 옷을 빌리기 위해 드는 비용 등, 이 모든 일이 귀찮기는 하였습니다만.

또한 나는 마아틴이 그의 가족들과 보다 더 친밀하게 지내야만 된다고 생각했기 때문입니다. 젊었을 때, 이 두 형제는 꽤 친밀했었고 따로 헤어져서 살게 된 일도 단지 두 사람의 직업때문에 하는 수 없었던 것입니다. 또 이 두 사람은 편지쓰기를 싫어하는 성질이 대단한 편인데, 1년에 한 번 크리스마스카드 안쪽에 소식을 적어 넣는 것으로 때우고 마는 형편이었으니까요.

나의 동서는 글을 못쓰는 사람이 아닌가 하고 생각할 정도였습니다. 한번도 편지를 본 일이 없으니까요. 나는 언제나 이 여성은 몹시 머리는 나쁘지만, 명랑한 성격의 여성인 것으로 생각하고 있었습니다. 그렇긴 하지만, 지금부터 그 집으로 가는데 남편도 나도 그 딸의 남편 세례명 조차 알지를 못하는 형편이었으니 이것은 웃음거리가 아닐 수 없었습니다. 다만 우리는 그 청년의 성이 네빌이란 것과 비교적 쾌활하고 꽤 재산이 있다는 것만은 알고 있었습니다.

신혼 부부를 10년 전에 보았다!

자동차가 고장 났으므로 그곳에 도착하는 시간이 늦어졌습니다. 파아티는 그야말로 호화로운 것이었습니다. 나는 이만한 파아티를 열 경우, 얼마만한 비용이 들었을까? 하고 머리 속으로 생각해 보았고, 또한 나의 불쌍한 마아틴도 부자인 여자와 결혼했더라면 좋았을 것을, 또한 우리 부부에게도 딸이 하나 있었더라면 남편은 보다 더 행복했을 텐데…… 등 하염없는 생각에 잠기곤 하였습니다. 아레크와 에바는 자기의 딸을 아주 자랑하고 있었고, 나는 이 부부의 풍족한 생활과 더 없이 행복해 보이는 모습을 진정 부럽게 여겼던 것입니다.

우리는 마실 것을 손에 들고 댄스 회장 입구 옆에 서 있었습니다. 또한 동서는 지금 춤을 추고 있는 듯한 신혼부부에 관해서 수다를 떨고 있었습니다. 하지만, 조명을 어둡게 한 탓과 회장이 혼잡한 탓으로 동서는 그 신혼부부를 찾아낼 수 없었습니다.

나는 '헌데 두 사람은 어데서 살게 되는 건가요? ──아니 그것보다 신랑의 이름이 무엇이죠?' 하고 물어보았습니다.

그러자 에바는, '그 이름이 아주 부자다운 좀 별난 이름이라오. 또한 그 이름과 인연이 있어서 신랑은 모레스테드의 한 집을 샀지 뭐유. 그것은 그가 딸에게 주는 생일 선물이라오. 딸은 어제 바로 스물 한 살이 되었죠' 하고 대답했습니다.

나는 그녀가 아직 말하기 전부터, 그 집이 저 '폭스 관(館)'이라는 걸 알았습니다. 음악이 멎고 조명이 밝아졌습니다.
이윽고 우리는 마아틴의 조카딸과 폭스·네빌에게 소개되었습니다. 우리가 소개된 것은, 바로 저 지하실에서 본 빨강 머리의 남녀였던 것입니다.

"나는 이때 생전 처음으로 정말 무섭다는 것을 알았습니다."

이 선집(選集)을 위한 초자연기담(超自然奇談)의 수집을 끝내기 2,3주일 전에 나는 첸버어즈 부인으로부터 다시 소식을 받았다. 부인의 조카딸이 행방불명이 되었다는 것이다.

또한 나는 그녀가 덧붙여서 말해 준 '무서운 일은, 바로 지금 시작됐을 따름입니다'라고 하는 말의 뜻을 알았던 것이다.

2. 미래를 비쳐 주는 난로

거목(巨木)이 쓰러질 것을 불길이 그려내다

 텔레비젼이나 래디오가 일상생활의 흥분이나 따분한 세상살이에서부터 우리를 해방시켜 주기도 하고, 현대인들이 원하는 것은 무엇이나 제공해 주는 오늘날에 와서, 가족이나 친구들이 모닥불을 피워놓고 모여 앉아 벽에 비치는 불길의 그림자가 흔들리는 것을 바라보면서 평온한 저녁 한때를 보내는 경우는 상상조차 할 수 없다.
 하지만 선명한 마음이란 오늘날 스크린 위에 비치는 어떤 영상(映像)보다도 속도와 행동면에서 훨씬 뛰어난 영상을 만들어 낼 수 있다. 때로는 시각(視覺)에 따라 마음이 속는 수도 있을 것이다.
 그렇지 않다면, 그런 힐끗 나타나는 그림자에는 단지 시각적인 환영(幻影)이라는 것만으로는 설명할 수 없는 그 무엇이 있는 것일까?
 프랑크・피스모어 박사──임시로 그렇게 부르기로 하자──는 하여튼 그렇게 생각하고 있는 것이다. 그와 그의 아내인 엘리자베드가 불을 때지 않고도 살 수 있을 만큼 따뜻한 날 이외에는 내슈빌에서 자동차로 한 시간 가량 간 곳에 있는 주말 휴가용 별장에 좀처럼 가지 않는 것은 이런 이유에서였다.
 하지만 그것은 예전부터 계속 그랬던 것은 아니다. 처음에는 2,3일의 휴가만 생겨도 반드시 이 시끄러운 테네시 주(州)의 도회를 빠져 나갔던 것이다. 여름이건 겨울이건 그들은 오두막집에 가서는 그곳에서 평안한 고독과 신선한 공기를 마음껏 즐기는 것이었다. 밤이 되면 마른 가지를 모아서 난로에다 푸짐하게 불을 피우는 것이 그로서는 도회생활에서 해방된 쾌적한 시간 중에서도 중요한 시간의 일부였다. 그 이외에는 아무런 오락도 필요하지 않았다.
 두 사람이 함께 등의자에 기대앉아서 독서를 하거나, 글을 쓰거나 불을 바라보거나 혹은 잘 손질된 벽의 검은 나무 틈에 비치는 불길의 하늘거림을 바라다 보면서 시간을 보냈던 것이다. 나무 향내와 연기 냄새가 섞여서 마음이 차분히 가라앉고 행복한 평화로움이 찾아오는 것이었다.
 피스모어 박사는 결코 신비주의자는 아니었다. 그는 심령이라든가 유령이라고 하는 것은 믿지 않았다. 그도 엘리자베드도 자기들이 어떤 불행한 한 줄기의 사건에 관련이 되고, 더우기 그 사건이 일어나기 몇년 전에 이미 그것을 목격하게 되리라고는 도저히 상상조차 못했던 것이다.
 그들이 이상한 일을 처음으로 알게 된 것은 몇년 전의 일이었다. 한 그루의 나무가 폭이 넓은 도로 위에 쓰러지는 영상이 몇번쯤 되풀이 하여 나타난 것이다. 처음에는 엘리자베드가 그것을 가끔 보았고 그런 뒤 남편이 보게 되었다.
 그 뒤부터는 두 사람이 같이 뚜렷한 영상을 보게 되었다. 그 나무가 무서운 힘으로 쓰러지고 그 충격으로 가지들이 굉장한 먼지를 풀썩 일게 하는 모습과, 불똥을 튀기는 모닥불

빛으로 벽에 비치는 그림자가 분명히 그려내는 것이었다.

순서대로 계속 미래를 미리 알다

수주일 뒤의 어느 날 밤, 천둥까지 울리는 폭풍우가 불어 닥쳐서 그들은 거의 꼬박 하루를 오두막 속에 갇혀 있었다.

다만 이번에는 나무가 쓰러질 때, 불 속의 통나무가 팅그러져서 큰 불길이 일어나고 그 소리가 마치 괴로워하는 목쉰 비명 소리처럼 들렸던 것이다. 이윽고 몇분 뒤에 문을 두드리는 소리가 들리므로 박사가 문을 열자 그곳에 한 쌍의 남녀가 서 있었다.

"죄송합니다만, 우리를 이곳에서 하룻밤만 재워 주시지 않겠습니까?"

하고 남자가 말했다.

"하이웨이를 드라이브하고 있었습니다만 쓰러지는 나무에 부딪쳤습니다. 다행이 아내도 저도 다친 곳은 없습니다만, 하마터면 목숨을 잃을뻔 했습니다."

피스모어 박사는 이것을 단순한 우연의 일치려니 생각했을 뿐 별로 개의치 않고 집 안으로 안내했다. 하지만 그 뒤, 그들은 다시는 불길이 하늘거리는 그림자 속에서 그때의 영상을 볼수는 없었다. 그대신 다음 주말에 머무르는 동안, 피스모어 부처는 다른 영상을 보게 된 것이다. 바다······호화로운 정기여객선······큰 파도······그리고 한 척의 보트가 거품 밑으로 가라앉는 광경이었다. 그들은 그 광경을 그 뒤 15번 이상이나 계속 오두막을 방문했을 때마다 본 것이다. 하지만 그것도 일단 '플라잉·엔터프라이즈호'가 조난당했다는 뉴우스가 온 세계에 보도되자 이미 두 번 다시는 나타나지 않게 되었다.

　다음에 모닥불의 불길이 그리는 그림자의 영상은 그의 환자의 몇 사람 모습을 비쳐 주게 되었다. 그 가운데 한 사람인 마아가렛·피보디 부인은 그의 병원에 몇 번인가 찾아와 어째서 자기에게는 어린애가 생기지 않느냐고 물은 일이 있었다. 처음에 박사는 그녀에게 참고 기다리라고 말했으나, 결국 소장(小腸) 수술을 할 것을 건의했다.

　"이번에는 아기를 낳을 수 있을까요?"

　하고 부인은 수술이 끝난 뒤에 물어보았다. 그는 고개를 끄덕였다. 하지만 그는 부인에게 그와 같은 희망을 주어서는 안되었다. 그것은 그의 직업적인 양심에 위배되는 일이었다. 하지만 그렇다고 하더라도 그는 오두막의 벽에 비친 그림자 속에 애기가 태어나는 광경을 몇 번인가 목격했던 것이다. 물론 그것은 누군가 다른 부인의 출산(出産) 장면이었는지도 모를 일이었다.

　아내인 엘리자베드가 최초로 피보디 부인의 독특한 폭이 넓으면서도 휘청거리는 걸음거리를 그림자 속에서 확인하였던 것이다. 박사 자신으로서도 저 피보디 부인을 다른 사람과 혼동해 볼 수는 없었던 것이다. 그 부인의 출산 소식은 이 일이 있은 지 얼마 후였다.

이상한 오두막을 팔다

　그밖에도 여러 가지 이론이나 단순한 우연만으로는 설명할 수 없는 일이 있었다. 그래서 당황하고, 공포심을 느껴서 그와 같은 환영이 나타나는 일이 없도록 부부는 불을 때는 일을 그만두었던 것이다.

그리고 오두막에서 불을 피우지 않고 밤을 지내기 추운 계절에는, 본의는 아니지만 그대로 도회에 머무르기로 했다.

박사가 그 양심적인 의무감에서 두 사람의 환자에게, 미리 자기가 본 것을 말하지 않으면 안될 만한 사태에 이르는 일만 없었던들 부부는 그 오두막을 팔지 않았을 것이다.

로웰·토드와 그의 아내는 차츰 흥미 깊게 그의 이야기를 듣고 있었다.

"나도 유령현상에는 조금쯤 관심을 가지고 있습니다. 박사님, 아니 정말 흥미 깊은 이야기입니다."

하고 그는 말했다.

"도대체 우리에게 언제 그것을 보여주시겠습니까?"

"우리는 이미 18개월이나 그곳에서 불을 피운 일이 없어요, 토드씨."

피스모어 박사는 말했다.

"아내도 나도, 이런 일은 자세히 알지 못하는 터이니까요. 당신들에게 특히 그 오두막을 사라고 권하는 건 아닙니다. 어떻든 엘리자베드도 나도, 아직까지 그것은 우리의 공상의 산물(産物)이었다고 생각하고 싶습니다."

로웰·토드가 그 고집을 꺾으려고 하지 않으므로 피스모어는 할 수 없이 그 다음 주말 휴가에 그들과 함께 오두막에 갈 것을 승낙하는 수밖에 없었다.

로웰·토드는 실험을 기다리기가 지루한듯 했으나, 그의 아내는 갑자기 두려워진듯 했다. 그녀는 남편이 난로에 통나무를 쌓아올리고 있는 것을 지켜보면서 몸서리를 치는 것이었다. 하지만 아마 그것은 저녁 때의 냉기 탓으로 돌려 버렸다.

통나무가 젖은 탓이지, 그렇지 않으면 불을 붙이는 것이

서툴기때문인지는 모르나, 불은 두 시간 가깝게 거의 완고하리만큼 붙지 않았다. 그들은 의자에 거북하게 앉아서, 벽에 불 그림자가 흔들리기를 기다렸다. 간신히 통나무에서 불길이 일기 시작했다. 그리고 영상은 곧 비쳐지기 시작했다.

자기의 사고사(事故死) 장면을 보다

"바로 이것이다. 바로 이거야."
하고 로웰·토드가 흥분한 나머지 큰소리를 질렀다
"정말, 분명히 무엇인가 보이는군요. 강이네……양쪽 기슭에 풀이 우거져 있는 모습이 보입니까?……어! 저게 무엇일까? 총을 가진 사나이야. 쏘려고 하네, 허! 지금의 것을 보았습니까? 저건 자기를 쐈군요. 자기의 턱 바로 밑을?"
의사는 재빨리 일어나서 화덕 안의 불타고 있는 통나무를 발로 밟아 뭉개며 꺼 버렸다.
"자 이제 잡시다. 실험은 끝났습니다."
하고 그는 냉담하게 말했다.
피스모어 박사와 엘리자베드는 다시 그 오두막에 가지 않았다. 로웰·토드는 오두막을 살 결심을 한 지 1주일도 채 되기 전에 사 버렸기 때문이다. 그는 커다란 계획을 세우고 있었다. 박사에게 그곳을 관광용 명소로 삼는다고 말했다.
"세계를 향해 창문이 열린 통나무집인 셈입니다."
그 뒤 몇개월 동안, 로웰·토드는 자기 계획의 진행상황을 보고하기 위하여 의사의 진찰실을 몇차례 방문했다.
"하이웨이 옆에 간판도 붙였습니다. 화살 모양의 거울 같은 간판이죠. 선전 효과는 만점입니다. 내주일에는 공개하기로 했습니다. 저 총을 쏜 자살 광경이 쭉 계속된다면 좋을텐

데요. 저 장면은 정말 극적이니까 곧 관객을 많이 끌 수 있을 것입니다. 실은 저는 거의 매일 밤, 그 광경을 불길에 비쳐보며 즐기고 있습니다. 그 장면은 항상 변하지 않고 있습니다."

하지만 그런 일이 있은지 이틀 뒤, 토드 부인은 그 광경을 마지막 보게 되었던 것이다. 그녀는 몇 사람의 친구와 오두막에서 남편 로웰이 사냥에서 돌아오기를 기다리고 있었다. 하지만 그는 돌아오지 않았다. 그들은 로웰의 시체를 강 기슭의 무성한 풀 숲속에서 찾아 낸 것이다. 그의 총이 시체 옆에 딩굴고 있었고 그의 턱 밑의 총탄을 맞은 상처에서는 많은 피가 흘러 내려서 넓게 피바다를 이루고 있었다.

누구나 이것은 사고사(事故死)가 틀림없다고 말했으나 피스모어 박사는 검시의 의뢰를 거절했다. 그는 너무나 강한 공포심에 휘말렸던 것이다.

3. 1천년 뒤의 대전(大戰)을 투시한 소녀

히틀러의 출현을 1천년 전에 예고

드디어 제2차 세계대전도 종국(終局)을 맞이하게 되었다. 때는 1945년 4월 1일, 승리에 도취된 연합군은 사방으로 부터 독일로 쳐들어 갔다.

그날 이른 아침에 제1 프랑스 군단의 무장부대가 라인강 전선을 돌파하고 곧이어 오데리안부르크라고 부르는 그림같이 아름다운 마을의 돌로 포장된 도로를 요란하게 진격하고 있었다. 전차(戰車)의 한 떼가 작은 교회의 경내를 통과할 때, 탑승원들은 바짝 긴장하여 포구를 그 쪽으로 돌렸다.

그들은 나무나 묘석 뒤에 저격병의 한 떼가 잠복해 있을지도 모르리라는 것을 이미 충분히 각오하고 있었기 때문이다.

하지만 예상된 공격도 없고, 샤먼 전차의 일대는 교회 경내를 죽은 사람들에게 맡기고 무사히 요란하게 소리를 내며 통과했다.

그곳에 어떤 놀라운 여인의 무덤이 외롭게 서 있던 것을 그 탱크의 승무원들은 알리가 없었다.──그들이 오는 걸, 무서울이만큼 정확하게 어쩌면 천 년 이상이나 더 예전에 예상했던 여인의 무덤이 있다는 것을!

제8장 심령의 신비 275

그녀의 이름은 오데리아라고 부르며, 서기 660년에 독일의 귀족의 딸로 태어났다. 그녀는 나면서부터 앞을 보지 못하는 장님이었다. 하지만 59세 때, 그리스도교도가 되자, 그녀는 기적적으로 시력이 회복되었다.

그녀의 이름이 지금까지 전해지는 중요한 까닭은, 그녀가 자기의 오빠에게 보내는 편지를 쓰고 있을 때 머리속에 순간적으로 번쩍 스친 한 예언이 있었다.

그 예언이 얼마나 놀랄 만큼 정확성을 지니고 있었던가는, 지금에 이르러서 겨우 전면적으로 뚜렷해졌던 것이다. 까닭인즉, 1,200년이나 전에 쓴 그 편지 속에 오데리아는 제2차 세계대전이라는 사건을 믿을 수 없을 만큼 정확하게 묘사하고 있었기 때문이다.

'오라버니'라고 그녀는 라틴말로 썼다.

〈제 가슴은 두려움으로 찢어질 것만 같습니다. 왜냐하면 저는 숲도 산도 쓰러뜨릴 만한 아주 무서운 것을 보았으니까요. 그때가 오면 사람들은 독일이라는 이름을 저주하고, 독일을 세계에서 가장 호전적인 나라라고 부를 겁니다. 독일은 그의 자궁(子宮)에서 그리스도의 적이라고 불려지는 무서운 전사(戰士)를 낳을 겁니다. 전쟁과 굶주림을 그는 세계 온갖 곳에 뿌릴 것입니다. 또한 그의 이름은 내 자손의 피를 칼로 물들이게 하고 내 집이 그 때문에 파괴된 수천의 어머니들에게 저주를 받을 것입니다. 그 전사는 그때까지 상상도 못했던 고민을 세계에 가져올 것입니다. 그 사나이는 다뉴브 강변에서 나타날 것입니다. 또한 사람들 사이에서 위대한 통솔자로서 두각을 나타낼 것입니다.〉

예언의 이 부분이 아돌프·히틀러를 가르키고 있다는 것에는 의심할 여지가 추호도 없다. 까닭인즉 그는 확실히 다뉴브 강이 보이는 곳에서 태어나, 그 권력에 대한 욕망은 세계를 사상 최악의 전쟁으로 빠뜨리고 말았기 때문이다. 그는 몇천이 아니라, 몇백만의 사람들로부터 증오를 받았고 저주를 받았다. 또한 그가 사악(邪惡)한 방면에서 상당한 재능을 갖춘 지도자였던 것에 이의를 제기하는 자는 아무도 없을 것이다.
 "그의 병사들은……"
 하고 오데리아는 계속했다.
 "불의 무기를 지닐 것입니다. 그들은 세계를 불태우고, 그 투구 위에서는 번갯불이 번쩍일 것입니다."
 번개가 번쩍인다? 그렇지! 히틀러 친위대의 문장은 두 개의 번갯불을 교차시킨 것이었다.

유대인의 대학살도 알다

 "정복자들의 손은 붉은 피로 물들여질 것입니다. 믿을 수 없을 만큼 잔인한 고문으로 그들은 온 세계를 큰 불행 속으로 빠뜨릴 것입니다."
 벨젠·아우슈비츠 …… 라펜스부르크·리디스·오라드울에서 1천만에 달하는 죄 없는 남녀와 어린이들이 처참하게 살해되었다.
 "온갖 곳에서 그의 군세(軍勢)는 승리를 거둘 것입니다. 그 날개 달린 전차(戰車)를 몰고 그들은 하늘 끝까지 날아오르고, 별을 따서는 불덩이를 만들어 땅 위에 던져 버릴 것입니다. 대지는 부르르 떨고 강물은 붉은 피로 물들어 흘러내릴 것입니다. 바다의 깊은 곳에서는 검은 바다의 괴수가 살륙과 파괴를 목적으로 떠오를 것입니다. 그의 적은 강력하나, 그 앞에서 주춤할 것입니다. 다만 한 나라만 쓰러지지 않고 온 힘을 다하여 강력한 성채를 쌓고 정복자들의 진격을 막아 줄 것입니다."

1940년 말, 영국은 단 한 나라의 힘만으로 나치스 독일에 대항했다.

"전쟁이 일어난 지 2년째 되는 해의 두달째로 접어들면, 마침내 정복자들의 별은 그 빛이 흐려질 것입니다. 그는 그 수많은 적의 머리 위에 불행을 안겨 주겠지만 그들은 항복하지 않을 것입니다."

제2차 세계대전은 1939년에 시작되었지만, 오데리아가 예언한 날짜는 1941년의 6월인 셈이 된다——이 달에, 히틀러는 러시아에 대해 대공격을 가했으나, 이 결정은 전쟁의 추세를 역전시킬 운명이 되고 말았다.

"그런 뒤에……"

하고 오데리아는 써 내려 갔다.

나치즘의 말로도 정확하게 묘사

"그리고는 기나긴 소모전의 시대가 올 것입니다. 20개국이나 되는 나라들이 패권을 잡으려고 고통스러운 싸움을 계속할 것입니다. 사람들은 평화를 원해 소리치지만 그 부르짖음은 아무 효과도 없을 것입니다."

하늘로부터의 새로운 공포? 그렇지. 1943년과 1944년에, 히틀러 측근의 과학자들은 세계에서 최초로 조종이 가능한 제트기와 로케트 병기(兵器)를 발명했다. 온갖 전선에서 독일군은 지나치게 확대된 영토를 지키기 위해 필사적으로 전투를 계속하고 있었다.

"이윽고 큰 눈사태가 나듯, 마지막 날이 올 것입니다. 정복자의 모국인 대지(大地)는 적군의 강철 군화에 짓밟혀서 떨 것입니다. 그의 왕국은 유혈과 암흑의 고장으로 변할 것입니다. 그의

원폭투하도 정확히 묘사했다

잔인성과 부정에 대한 추억이 사람들 마음에 생생하게 살아 있는 탓으로 그들은 자비를 베풀지 않을 것입니다. 스스로의 손으로 정복자는 그의 생명을 끊을 것입니다. 군대를 잃고 조언해 주는 사람들에게도 버림을 받고……"

1945년 4월 30일, 아돌프·히틀러는 러시아군의 우뢰 소리와 같은 포성을 들으면서 불타오르는 베를린의 한복판에서 자살했다.

"하지만 동방에서는……"

하고 오데리아는 경고했다.

"전쟁의 맹화(猛火)는 아직 다 타 버리지 않았습니다. 정복자의 먼곳에 있는 군세는 영토를 유지하기 위해 싸움을 계속할 것입니다. 마지막에 가서 미지의 무서운 병에 시달리게 될 때까지……"

히로시마와 나가사끼의 폐허에 있는 파괴물들이 깨끗이 치워진 지 훨씬 뒤까지도 몇 천이라는 일본 사람들이 '아직도 미지의 무서운 병'──방사능 장해──에 희생되었다.

이것이 오데리아가 1천년 이상이나 전에 본 환영(幻影)이

었단 말인가!

눈 깜짝할 사이, 시간이라는 이름의 소용돌이치는 안개를 그녀에게 투시시킨 것이 도대체 어떤 이상한 능력이었던 간에 그것은 그녀에게 일찌기 없었던 선명함과 정확성으로 투시하는 것을 가능하게 했다.

그녀의 예지는 일본을 덮친 핵의 공포를 대강 본 데서 끝나고 있다. 그녀가 그보다 앞 일을 투시했는지 어쩐지는 기록이 없으므로 알 수 없다. 하지만 결국 모르는 편이 좋을지도 모른다.

4. 대서양을 비행한 심령(心靈)

빛속에서 나타난 여인

 대서양 횡단 여객선(旅客船)이 큰 바다를 헤쳐 나가고 있을 때, 윌리엄·데이트는 불쾌한듯 잠에서 깨어났다. 무엇인가가 그를 깨웠으나, 눈을 뜨고 선실(船室)을 둘러보아도 불안해야 할 이유는 아무것도 찾을 수 없었다. 폭풍우는 고비를 넘었고, 들려오는 소리는 밑의 침대에서 잠들고 있는 사나이의 조용한 숨소리뿐이었다.
 하지만 데이트는 이제 잠을 잘 수가 없었다. 하는 수 없이 그는 침대에 누운 채 담배에 불을 붙이고 기다렸다……. 그런데, 그로서도 설명할 수 없는 그 무엇을 기다렸다.
 1925년 12월의 어느 날 저녁, 계속하여 몇 분 동안에 데이트는 일찍이 연구한 심령현상(心靈現狀) 가운데 가장 믿을 수 없는 것을 경험하기에 이른 것이다.
 불과 일순간 뒤에 데이트는 선실 문으로 희미한 빛이 다가오는 것을 알아차렸다. 처음에는 누군가 문을 열었으므로 갑판 승강구의 빛이 비쳐드는 것이라고 생각했다. 하지만 그렇지 않았던 것이다. 문은 닫힌 채였다. 이윽고 빛은 방 한가운데에서 멎었다.

이어서 있을 수 없는 일이 일어났다. 작은 소용돌이와 함께 빛은 그 윤곽을 나타내고 데이트는 그곳에 매력적인 여성이 서 있는 것을 보았던 것이다. 여인은 자기가 어디 있는지 이해가 가지 않는듯 불안하게 주위를 둘러보았다.

데이트는 여인이 나이트 가운을 입고 있는 것을 알았으나, 그 모습과 형상에는 속세의 사람과 다른 점이 엿보였다. 실체(實體)가 있는 것처럼 보이지 않았고, 희미한 빛이 아직 그녀를 에워싸고 있었기 때문이다.

그때 그녀는 데이트의 아랫층 침대에 잠자고 있는 윌리엄슨을 발견하였다. 선실을 그가 있는 쪽으로 가로 질러 가서 미소를 띄고 잠시 서 있었으나 이윽고 몸을 굽히더니 그 이마에 다정하게 키스를 했다.

문으로 되돌아 갈 때, 비로소 여인은 데이트가 그녀를 보고 있었던 것을 느낀 것 같았다. 당황한 기색이 얼굴에 떠오르고 조용히 미소 짓더니 '잠자코 있어 주세요' 하는 듯이 입술에 손가락을 갖다 댔다. 다음 순간, 선실은 어둠에 잠기고, 그녀는 사라졌다.

꿈이냐 초자연이냐

한동안은 꿈을 꾸었구나 하고 생각했다. 이윽고 담배가 아직 손바닥에서 연기를 내뿜고 있는 것을 느낄 수 있었고, 입 안에서 담배맛을 느꼈다. 그녀가 나타난 순간에 들여마신 담배 연기의 맛이. 데이트는 침대에서 뛰어 내려 선실(船室)의 문에 달려들어서 열려고 했다. 그러나 문은 안쪽에서 볼트로 조여서 잠겨진 채였다. 그러나 그 소리때문에 윌리엄슨이 잠을 깨어 전등불을 켜고 친구에게 왜 그러느냐고 물었다.

데이트는 이 사건을 웃어 넘기려고 노력하면서 이렇게 아침 일찍, 자네를 찾아온 그 엷은 옷을 걸친 여성은 도대체 누구냐고 물었다. 윌리엄슨이 난처한 표정을 짓기에 데이트는 일어난 일들을 자세히 설명해 주었다.
　이번에는 데이트가 쇼크를 받을 차례였다.
　"내 아내라네."
　하고 상대는 조용히 말하고,
　"나도 같은 경험을 했다네——다만 꿈 속에서 말이네."
　하고 덧붙여 말하는 것이었다.
　항해가 끝날 때까지, 이 사실에 대해서 생각하면 생각할수록 데이트는 그때 몇초 동안 잠을 잤게 틀림이 없다는 확신을 굳혀 갔다, 그리고 윌리엄슨이 꾼 꿈을 함께 꾼 것이라고.
　항해가 끝날 무렵에, 그는 마음 속으로부터 그렇게 믿게 되었다. 만일 그 뒤에 이상한 사건이 계속 일어나지 않았더라면 그것으로 끝났을지도 몰랐으리라.
　윌리엄슨의 아내가 리버풀의 부둣가에서 남편을 기다리고 있었다.——데이트와 그녀는 다같이 서로 낯이 익었다. 그러나 선실에 나타났을 때, 그가 자기에게 말을 걸어오지 않은 것을——남편이 잠자는 것을 방해하지 않은 것을——그녀가 데이트에게 감사했을 때, 일은 더욱 무시무시해지고 말았다.
　윌리엄슨은 소스라치게 놀랐다. 무슨 이야기를 하고 있는 것이냐고 그는 아내에게 물었다.
　"어떻게 선실에 찾아들 수 있었다는 거요.······배는 영국에서 거의 2천 마일이나 떨어져 있었다오. 그것은 전부 꿈이었어!"
　그러나 정말 단순한 꿈에 지나지 않았던 것일까?
　또, 그의 아내는——그녀가 굳게 믿고 있는 것과 같이——

어떻게 시간과 공간을 뛰어 넘었던 것일까?

이 사건과 관계있는 그 누구도 심령적인 배경을 갖고 있는 흔적은 없었다. 심령연구가를 동원한 조사에서도 모든 사실을 설명하는 데는 실패했다.

그 일이 있었던 날 밤, 대서양 위에서는 상당히 심한 폭풍우가 불어닥치고 있었다. 다른 배가 행방불명이 되었다고 하자, 윌리엄슨 부인은 몹시 걱정이 되었다. 남편의 안부가 마음에 걸려서 잠이 오지 않을 정도였다. 그녀가 바다를 뛰어 넘은 것은 바로 그때였다.

그때 일어난 일들은 모두 뚜렷하게 기억하고 있었다. 폭풍우로 바다는 몹시 거칠어지고 있었다. 이윽고 남편이 탄 배는 조용한 해역에 있는 것을 확인할 수가 있었다.

그 중에서도 각별히 이상한 것은 그녀가 배와——그리고 선실에 대해서 무엇이든 자세히 말할 수가 있었다는 점이었다. 그녀는 배 안의 모양을 세부에 이르기까지 정확하게 묘사했다.

배에는 한 번도 타 본 일이 없었는데, 이상스럽게도 그녀가 이야기하는 것이 전부 맞는다는 사실을 데이트도 그녀의 남편도 인정하지 않을 수 없었다.

그녀가 무엇인가 믿을 수 없는 초자연적인 여행의 경험을 했다고, 심령연구가에게 깊은 확신을 갖게 한 것은 배가 조용한 바다 위에 떠 있었다는 그녀의 증언이었다.

그러나 이로부터 30분도 지나지 않아서 배는 또다시 폭풍우 속으로 빠져들어 갔던 것이었다.

그리고 그녀가 꾼 '꿈' 이야기를 했다는 것······데이트가 상단 침대에서 엽연초를 피우고 있었다는 자세한 점까지 이야기했다는 것을 알면 충분하리라고 생각한다.

5. ESP를 증명한 사나이

북극과 ESP통신

　어떤 사실이 일어나기 전에 미리 알아 내거나, 지구의 반대쪽에서 일어나고 있는 일을 감지하는 능력이란 꾸민 이야기가 아니다. 우리들 가운데 누구나 다 같이 갖고 있는 이상한 힘일 뿐이다. 그러나 우리들의 대부분은 그 능력을 자기 의지의 힘으로 불러일으킬 수가 없다.
　우리들은 흔히 예감이라고 하는 것을 무시하고 본능(本能)을 가볍게 여기고 인상(印象)이라고 하는 것은 곧 잊어버리고 만다. 우리들이 ESP(초감각적 지각)를 인정하는 것은 무엇인가. 일어난 것을 보고 그것을 전에 본 일이 있다고 느낄 때뿐이다. 그때 우리들은 다음에 무엇이 일어나는가를 알고 있다.
　그러나 이 세상에는 이 이상스러운 힘을 자기 의지의 힘으로 마음대로 발휘할 수 있는 사람도 실제로 있는 것이다. 그들은 자기가 원할 때, 타인의 생각을 읽고 지구의 어딘가 다른 곳에서 일어나고 있는 일을 볼 수가 있다.
　이를테면 믿기 어려울 정도로 텔레파시(Telepathy) 능력을 갖추고 있는 해롤드·셔어만과 같은 사람이 있는 것이다.

그는 여러 번에 걸쳐서 그 놀랄 만한 힘이 있음을 증명하고 있다. 그 때마다 그는 가장 객관적인 입회인들을 완전히 난처하게 만들곤 했던 것이었다.

아마도 가장 잘 알려져 있는 실험은 북극 탐험가인 하아버드·휠킨스 경(卿)과 사고파(思考波)만으로 연락을 취했다는 사실이 아닌가 한다. 셔어만은 뉴욕에 있었고, 그때 하아버드 경은 북극에서 불과 2백 마일 떨어진 곳에 있었던 것이었다.

이 실험은 6개월 동안 계속되었고 나중에는 셔어만도 완전히 지치고 말았다. 몇 천 마일이나 먼 곳에 마음을 보낸다는 지나친 긴장때문에 위궤양이 되고 말았던 것이었다. 그래서 그는 인제는 완전히 병이 완쾌되었다고 느낄 때까지 어떠한 ESP능력의 행사도 거절하고 힘이 회복되기를 꾀하지 않으면 안되었던 것이었다.

병이 나아갈 무렵, 그는 친구인 토마스·가러트 박사로부터 전화를 받았다.

각별히 환영할 만한 전화는 아니었으나, 박사는 이에렌이라는 젊은이를 만나게 하고 싶어했던 것이었다. 그 젊은이의 아버지가 캐나다의 아주 북쪽에서 소식이 끊어졌다는 것이었다.

셔어만은 정중하게 그러나 단호하게 박사에게 이야기를 했다. 저는 육친이 행방불명이 되었다는 수백명의 사람들로부터 원조 의뢰를 받고 있으나 건강이 좋지 않기 때문에 하는 수 없이 거절하고 있다고 했다.

그러나 박사는 단념하지 않고,

"정말로 유감이구먼. 이에렌 군도 몹시 서운해 할 걸세. 자네로부터 직접 그렇다는 이야기를 해 주었으면 좋겠는데. 그를 실망시키고 싶지 않단 말이네."
 셔어만은 체력이 쇠약해졌음을 느끼고 있었기 때문에 약간 성급해져 있었다.
 "좋아, 이에렌 군을 바꿔 주게."
 하고 그는 말했다. 이어서 그는 설명했다.
 "잘 들으라구요. 힘이 들기 때문에 싫다는 것은 아니라오. 지금은 일할 기분이 내키지 않는다는 거요. 기분 나빠하지 않았으면 좋겠오."
 이에렌은 사과했다.
 "죄송합니다, 셔어만 선생님. 저는 하아버드·윌킨스 경과의 훌륭한 실험에 대한 이야기를 들었기 때문에 아버지를 찾아 내는데 도움을 받을 수 있지 않을까 문득 생각한 거예요. 아버지는 꽤 오래 전에 캐나다에 수렵여행을 떠나셨는데 그리고는 소식이 끊어졌습니다. 가족의 뜻을 받아서 제가 아버지를 찾으러 나섰는데 어디서부터 찾아야 할지 전혀 짐작이 가지 않아서—그뿐만 아니라 살아 계신지 어떤지도 알 수 없구요."

적중한 투시(透視)

 자기도 모르게 셔어만은 젊은이에 대한 동정심이 샘물처럼 솟아 오름을 느꼈다. 그러자 인상(印象)의 흐름을 느끼기 시작했다.
 "당신의 아버지가 보입니다."
 셔어만의 목소리가 약하게 전화선을 통해 들려 왔다.
 "4, 5일 동안 길을 잃고 헤매고 계십니다. 오래된 인디안의 길을 더듬어 가고 있습니다. 지금 아버지는 어디로 가야 할

지 갈피를 잡지 못하고 있습니다. 두 갈래 길 가운데 어느 하나를 선택하지 않으면 안됩니다. 왼쪽으로 가야 하느냐? 오른쪽으로 가야 하느냐? 왼쪽 길로 가야만 한다고 나는 느낍니다. 불과 1마일 가량 앞으로 나가면 오두막이 있습니다. 두 사람의 사냥꾼이 모피를 깔아 놓은 계단에 앉아 있습니다. 잘 되었군! 아버지께서는 왼쪽길로 접어 드셨습니다. 하지만 다시 걸음을 멈추시는군! 아! 방향을 바꾸어서…… 오른쪽 길로 가기로 정했습니다.

　이쪽의 길은 장해가 있다는 것을 나는 알 수가 있습니다. 숲속 깊이 자꾸만 들어가게 되기 때문입니다. 하지만 아버지는 급한 걸음으로 걸어가십니다.

　나무가 길 위에 쓰러져 길을 가로막고 있는 곳에 도착했습니다. 나무를 타고 넘거나 되돌아 가거나 하는 수밖에 없습니다. 아버지에게 좋지 않은 일이 일어날 것만 같은 예감이 드는군요. 가슴이 두근거립니다. 몇 번이나 나무 위로 기어 올라가려고 하시는 게 보입니다. 하지만 이것이 아버지에게는 아주 힘든 일이었습니다. 나무에서 떨어져 그대로 누워 있습니다. 심장마비로 돌아가신 게 분명합니다."

　이에렌의 쇼크를 받은 고함소리가 전화선을 통해 들리는 순간, 숲 속 남자와의 연락의 줄이 끊어지고 말았다.

　놀라서 셔어만은 자기가 한 일을 깨달았다.

　"실례했습니다. 이에렌씨. 내가 말씀드린 것은 전부 무시해 주십시오. 이것은 분명히 말씀드리겠는데 아버지께서 돌아가셨다는 분명한 이유는 하나도 없습니다."

　"선생님이 보신 것이 틀려 주었으면 하고는 생각하고 있습니다만, 저는 선생님이 하신 말씀을 기록해 두었습니다. 그

것이 사실과 조금이라도 비슷하거든 알려 드리겠습니다. 아버지를 찾았을 경우의 이야기입니다만"

얼마 뒤, 셔어만이 뉴욕의 호텔에서 나가려던 날, 두 젊은이가 그의 앞에 나타났다. 한 젊은이가 자기가 이에렌이라고 스스로 자신을 소개했다.

"셔어만 선생님, 당신의 판단은 맞았어요."

하고 그는 말했다.

해롤드·셔어만의 이상한 능력은 훌륭하게 증명이 되었다. 셔어만은 다른 그 누구보다도 ESP의 이상한 힘과 정확함을 증명해 보였던 것이다.

6. 싸움터에서 허깨비를 본 병사

싸움터에서 본 허깨비

마리쿠우르의 수마일 북쪽에서 미셸·브리엘은 숨을 죽이고 누워서 새벽이 되기를 기다리고 있었다. 소므라는 싸움터의 거친 들판을 보아도 아무런 소리가 들리지 않았다.

1916년 8월의 어느 날 아침, 전선(戰線)의 양쪽에서 산개(散開)된 수많은 병사들과 함께 미셸은 새로운 날이 시작되는 것을 기다리고 있었다.

이 날이 자기의 최후가 될지도 모른다는 것을 그는 알고 있었다. 저격용 참호 속에 몸을 숨기면서 그는 프랑스군을 힐끗 돌아다 보았다. 눈에 띄는 바, 그의 전우들은 전투가 없는 시간을 충분히 활용해서 아직 잠들을 자고 있었다.

머지 않아서 날이 밝는다고 그는 생각했다. 이미 희미한 아침 햇살이 동쪽 하늘을 물들이고 있었다. 그때, 그는 놀라서 몸이 굳어졌다.

무인지대(無人地帶) 한 가운데에 빠른 속도로 밝게 커져가는 불덩어리가 나타났기 때문이었다. 몇 분 사이에 그 불덩어리는 그 근처 수백 야드 사방으로 퍼지고 있었다.

미셸은 신기루(蜃氣樓)를 보고 있는 것이라고 생각했다.

그러나 무슨 신기루가 이럴 수 있단 말인가——사람들은 그 쪽을 향해 걸어가고 있었다.
  그 빛 속으로 들어온 총알 구멍 투성이인 황야는 배후에 굽이쳐 흐르는 넓은 강물이 있는 경사가 급한 언덕으로 그 모습을 바꾸고 있었다. 젊은 남녀가 눈 앞에 보이는 버찌가 열린 과수원 안을 거닐고 있었다.
  미셀에게는 그들이 아주 뚜렷하게 보였기 때문에 다른 사람들도 그 두 사람을 보고 있으리라고 생각했다.
  갑자기 소년과 소녀는 싸움을 시작했다. 소녀는 재빨리 그 자리를 피했으나 소년은 그 뒤를 쫓아 소녀의 팔을 잡았다.
  화를 내는 젊은이에게 소녀는 탄원을 하고 있었으나 그 얼굴에는 공포가 떠올라 있었다.
  소년은 소녀에게 뭐라고 외쳤으나 미셀에게는 들리지 않았다. 그리고 마침내 그는 팔을 올려 주먹으로 소녀의 얼굴을 때렸다.
  소녀는 땅 위에 쓰러졌고 소년은 그녀를 발길로 찼다. 이어서 그는 자기가 한 짓이 무엇인지 겨우 눈치챈 듯 그녀 곁에 무릎을 꿇고 앉아서 오랫동안 그녀를 지켜보고 있었다. 공포가 한 순간 스치는 듯하더니 그는 도망쳐 갔다. 바로 그 순간이었다.
  참호의 대포가 발사한 탄환이 머리 위로 적진을 향해 소리치면서 날아갔다.
  미셀은 소년이 도망쳐 감에 따라서 허깨비가 차차 희미해지고 마침내는 새로운 하루의 밝아지는 새벽 하늘 속에 빨려 들어 가는 것을 보았다. 곧 전투는 재개되었다. 대포의 포탄이 머리 위를 앞 뒤로 날아왔다.
  독일군의 보병이 곧 공격을 해올 것 같았으므로, 미셀은 전우도 그가 본 것을 보았는지 어떤지 확인할 수는 없었으나 며칠 뒤 고향에 살고 있는 가족들에게 편지를 쓰고, 그 사실을 알렸다.
　미셀은 전우들에게 허깨비를 보았는지 아닌지에 대하여 끝내 물어보지를 못하고 말았다. 일주일쯤 지나자 수많은 독일군이 참호로 쳐들어 와서 전초지점(前哨地點)에 있던 이 젊은 프랑스 병사는 맨 처음에 공격을 받았다. 포물선을 그리면서 날아온 수류탄을 맞고 그의 소총이 침묵할 때까지 많은 독일군 병사들이 그의 총알에 맞아 죽었다.

죽어가는 병사의 고백

　그뒤 몇 년 동안, 미셀이 보낸 편지를 알고 있는 것은 그의 부모들 뿐이었다. 그러나 또한 사람, 만일 이 이야기를 들었더라면 믿었을 것이 분명한 사람이 하나 있었다.
　이름을 데이터·슈타체라는 소므를 가운데 두고서 프랑스 군과 대치하고 있었던 독일군 병사였다. 아까 그는 자기의 기관총으로 미셀을 겨눈 적이 있을 것이고, 미셀도 데이터를 그 총의 조준 속에 잡은 적이 있었을 것이다.
　슈타체 하사가 기관총을 설치한 참호 안으로부터 전쟁이 파괴하고 지나간 자리를 들여다보고 있었던 것은 무시무시한 정적이 가득차 있던 새벽녘의 같은 시간이었다.
　갑자기 햇살이 어둠을 물들이자 데이터는 포격을 받아 참담해진 싸움터가 아닌 그가 잘 알고 있는 낯익은 곳의 광경을 보았다. 포도밭의 싱그러운 푸른 잎사귀들이 라인 계곡의 급한 비탈을 덮고 있었다.
　그는 검은 머리의 소녀와 그녀의 애인이 버찌가 익은 나무들 사이를 거닐고 있는 것을 보았다. 소녀는 갑자기 뒤를 돌아다보며 화를 내고 있는 상대에게 탄원을 하기 시작했다. 소년이 소녀의 어깨를 붙잡자 그녀는 소년에게 무어라고 외쳤다. 그녀의 이그러진 얼굴로 보아서 그가 몹시 화를 내면서 어깨를 웅켜쥔 것이 분명했다. 이윽고 젊은이가 소녀의 얼굴을 힘껏 때리자 소녀는 쓰러졌다. 소년은 소녀 곁에 무릎을 꿇었다.

이어서 그는 공포의 표정을 나타낸 채, 벗나무 밭에서 뻗어 있는 돌투성이 길을 달려가 버리고 말았다.

그 마지막 순간──그날 최초로 날아온 폭탄이 폭발하고, 무서운 충격이 데이터를 엄폐호 속의 벽에다 부딪치게 하여 그의 혼란된 머리 속에 불빛이 소용돌이 치기 바로 직전 그는 그 도망쳐 가는 젊은이가 누구라는 것을 알았다.

루우커스·홀바인. 연합군의 집중 포화에 시달림을 받은 악몽과 같던 몇주일 동안 줄곧 함께 있었던 사나이었다.

루우커스·홀바인. 독일군의 대포 진지에 날아온 직격탄으로 큰 부상을 입고, 데이터의 곁에서 숨을 거둔 사나이었다.

"그런 생각은 없었어. 나는 그녀를 죽이려고 할 생각은 없었다는 것을 그녀의 가족들에게 전해다오."

루우커스의 목소리에는 힘이 없었으나 필사적인 음성이었다.

데이터는 질문을 하지 않았다. 그럴 필요도 없었다.

"나는 한스·빌란트라는 사람이다."

죽어 가는 병사는 속삭였다.

"나는 어여쁜 그레첸을 죽이고 말았어."

루우커스, 사실 본명(本名)이 한스·빌란트는 양심의 괴로움을 털어 놓고 무거운 짐을 내려 놓기까지 삶에 꼭 매달려 있었다.

그는 포퐈르드에 있는 그레첸의 부모를 찾아 내어 실제의 진상을 이야기할 것을 데이터에게 약속 받았던 것이다.

"그것은 사고였었다고 이야기해다오. 그 사람들에게 용서를 빌어다오. 나를 위해서 그렇게 해 주게 데이터······."

그리고 빌란트는 숨을 거두었던 것이다.

1918년 크리스마스가 가까와지자, 데이터·슈타체는 한스와 그레첸이 살고 있었던 독일의 작은 고을을 찾아갔다. 그는 죽기 직전에 그 마음의 비밀을 털어 놓은 친구와의 약속을 지켰던 것이다.

몇년 뒤, 데이터가 소므에서 본 사실이 영국의 잡지에 실렸다. 그는 아무도 믿어 주지 않으리라고 생각하고 있었다. 그러나 브리엘의 부모는 믿었다. 그들은 전사한 아들인 미셸이 보낸 편지를 그 믿기 어려운 사건의 증거로서 그 잡지의 편집자에게 보냈던 것이다.

7. 미래를 두려워 하는 투시능력자

최초의 ESP 체험

런던의 사람과 차로 몹시 붐비고 있는 네거리에서 교통정리를 하고 있던 경관은 화난 것처럼 뒤를 돌아다보았다. 무엇인가가 통행중인 자동차들에게 급한 브레이크를 걸어서 멈추게 했기 때문이었다.

보니까 두 사람의 젊은 간호부가 자동차의 통행이 심한 도로 위로 달려 나왔고, 더구나 한 간호부는 다른 간호부를 달려 오는 대형 로올리 차의 바로 앞으로 냅다 떠다밀고 있었던 것이다.

교통이 마비되자, 경관은 두 간호부에게 다가갔다. 아마 둘이 다 술이 취한 것이라고 생각했다.

확실히 그 중 한 간호부는 어딘지 정상이 아니었다. 그 날씬한 금발의 아가씨는 미친 사람같은 눈초리로 길바닥을 둘러보고 있었고, 그 눈에는 공포의 빛이 감돌고 있었다.

하지만 경관이 두 사람을 인도로 데려가서 심문을 하려고 했을 때 한 사람의 택시 운전수가 '위험하다!'하고 소리쳤다. 머리 위쪽을 쳐다보던 경관은 높은 빌딩 꼭대기에 얹어 놓은 돌이 바깥 쪽으로 밀려서 떨어지려 하고 있는 것을 보았던 것이다. 그 순간 그 돌은 지붕 끝에서 흔들리더니 마침내 굉장한 속력으로 떨어져 내려와 인도 위에 부딪치고 말았다.

그것을 본 금발의 간호부는 정신을 잃고 쓰러지고 말았다. 까닭인즉 백 파운드가 넘을 것이 분명한 그 돌이 떨어진 곳은, 만약 간호원들이 그대로 계속 걸어가고 있었던들, 그 순간에 그 돌에 맞았을 바로 그 자리였으니 말이다.

이것은 레스리·코파아드의 이상하게 날카로운 초감각적(超感覺的) 지각(知覺)이 작용하여——틀림없이 사람의 생명을 구한, 하나의 작은 보기에 지나지 않았다. 몇 초쯤 전에 그녀는 친구인 존·그리아슨을 충동적으로 인도에서 차도로 떠밀고 그녀도 그 뒤를 쫓았다.

그때, 그녀는 자기가 어째서 그와 같은 행동을 하였는지 스스로 생각해도 알 수 없었던 것이다.

실신상태에서 깨어나자 떨어진 돌을 보고 비로소 그녀는 무서운 예감——절박한 위기에 대한——을 기억했던 일이 생각난 것이다.

레스리는 자기의 믿기 어려운 초감각적 능력을 특히 자랑스럽게 여긴 일은 한 번도 없었다. 여기에는 우선 그 능력이 거의 언제나 절박한 위험이 닥쳐올 때만 생겼기 때문이다.

하지만 그 위기는 항상 그녀 한 사람만의 위기가 아니었다. 그녀가 처음으로 자기에게 초감각적 지각이 있다는 것을 자각한 것은 10년쯤 전의 일이었다. 그때 그녀는 런던의 스트리트햄에 있는 자기 집 근처의 풀장에서 수영을 배우고 있었다.

가르쳐 준 사람은 아저씨였다. 하지만 갑자기 그가 잡고 있던 손이 미끄러져서 레스리는 허우적거리며 물 밑으로 가라앉았다. 가라앉기 직전에 아저씨가 몹시 당황해 하던 모습을 그녀는 지금도 기억하고 있다.

 그것은 공포와 불안이 뒤섞인 표정이었다——그런 뒤 믿을 수 없는 일이 벌어진 것이다. 레스리는 자기가 이미 물 속에서 허우적거리고 있는 게 아니라 폭풍우가 치는 바다 위를 내려다보고 있는 것을 알았다.

 그녀는 그곳이 리틀햄프턴에 가까운 서섹스 해안이라는 걸 알았다. 그녀의 아저씨가 탄 요트가 항구로 돌아가려고 폭풍우와 싸우면서 거센 물결 사이로 가라앉으려 하고 있었다.

 이윽고 요트는 전복되고 그녀는 숙부가 물 위에 떠 있으려고 필사적으로 허우적거리는 모습을 보았다. 하지만 입고 있는 무거운 요트복 때문에 그는 바다 속으로 끌려 들어가고 말았다.

 그 표정에는 공포와 불안이 뒤섞여 있었다. 또한 레스리는 그가 익사(溺死)하기 직전에 놓여 있다는 것을 알았다.

 그런 뒤, 곧 그녀는 의식을 되찾고 자기가 안전하게 아저씨 팔에 안겨 있는 것을 알았던 것이다. 아저씨는 그녀를 안고 풀장을 가로질러 출구쪽 사다리가 있는 곳으로 헤엄쳐 가고 있는 참이었다.

 레스리는 아저씨를 꼭 붙들고 아직도 흐느껴 울고 있었다. 그녀는 오늘의 수영 레슨은 이제 끝났으며, 아무것도 무서워 할 건 없다고 하는 아저씨의 위로하는 말이 전혀 들리지 않았다.

 무서워 할 필요가 없다는 말을 듣고도 공포심은 사라지지 않았다. 까닭인즉 그녀는 자기가 지금 본 것은 반드시 장차 일어나리라는 것을 확신하고 있었기 때문이다.

 3개월 뒤, 그녀의 아저씨는 서섹스 해안 바다에서 갑자기

만난 폭풍에 요트가 전복되어 익사하고 말았다.

그것이 그녀 최초의 ESP 체험이었다. 그것은 분명히 기분 좋은 체험은 아니었다. 하지만 레스리의 경우, 그 이후의 체험은 다행으로 끝난 일은 없었다. 그녀에게는 이 무시무시한 능력이 언제 작용할는지 예측할 수도 없었고, 작용할 즉시 그것은 항상 누군가가 불행한 일을 당하게 되기 때문이다.

열차 사고를 바로 전에 미리 알다

그녀는 투시능력자가 되고 싶다는 의식적인 욕망 따위는 가져 본 일도 없었고, 그녀의 집안에서 이런 능력자가 나온 일도 없었으며, 또한 그녀의 부모들도 초자연현상을 믿고 있지 않는 사람들이었다.

그러나 그녀는 이런 능력이 항상 자기를 따라다녔으므로 받아들이지 않으면 안되었다.

숙부가 돌아가신 지 몇달 뒤, 레스리는 휴일에 부모와 자매(姉妹)들과 함께 바아크셔 지방으로 여행을 했다.

집안 식구들이 열차에 타기 위해 배딘턴 역의 구내를 걷고 있을 때였다. 갑자기 레스리는 발을 동동 구르면서 비명을 울리기 시작하는 것이었다.

그녀는 가고 싶지 않다――특별히 이 열차에는 타고 싶지 않다고 고집을 부리기 시작했다. 그러나 부모들은 그녀가 공연이 신경질이 나서 여러 식구들을 애를 먹이려고 그러는 줄로만 생각했다. 다행히도 일행은 다음 역에서 열차를 내리지 않으면 안되게 되었다. 레스리의 기분이 몹시 나빠져서 기절을 해버렸기 때문이었다.

부모는 걱정을 하면서 그녀를 병원으로 데리고 가기는 했으나 모처럼 노는 날의 계획이 무효가 된 데에 다소 기분이 좋지 않았다. 그러나 그녀에게는 아무런 이상도 없었다. 아니 의사의 진찰을 받기 전에 이미 정상으로 돌아와 있었던 것이다.

그럼에도 불구하고 그때 그녀는 야단을 맞지는 않았다. 왜냐하면 그들이 방금 내린 열차가 조금 전에 사고를 일으켰다는 이야기를 부모들은 들었기 때문이었다. 2, 3마일 가량 되는 곳에 있는 평면교차가 무슨 잘못때문인지 열려 있지 않은 채 열차가 무서운 속도로 달려들어 갔기 때문이었다.

이 사고로 그들이 조금 전까지 타고 있었던 객차는 완전히 파괴되어 승객 전원이 죽었던 것이다.

레스리가 말할 수 있었던 것은 자기가 이제부터 일어나는 일을 미리 알고 있었다는 것뿐이었다. 부모가 그녀를 데리고 그 열차 쪽으로 걸어갔을 때 그녀는 갑자기 눈이 먼 것과 같은 느낌을 맛보았던 것이다.

그녀에게는 그 열차가 보이지 않게 되었다. 눈 앞에 있는 것은 그저 커다란 입을 벌린 검은 무(無)의 심연(深淵)이었다.

주위로 부터의 놀램

부모들은 딸을 다소 호기심이 섞인 눈초리로 지켜보았다. 부모들은 그때까지 초감각적 지각(超感覺的 知覺)에 대해서는 들어 본 일도 없었기 때문에 딸이 이야기한 것이 잘 납득이 되지 않았던 때문이었다.

그들에게 있어서는 꿰뚫어 보는 투시능력이란 흔히 신문에 잘 나오는 점성술과 무엇인가 관계가 있는듯 하다는 정도에 지나지 않았던 것이다.

그들은 딸이 성장하게 되면 그런 이상한 버릇은 없어지리라고 생각하고 있었으나 그 생각이 얼마나 그릇된 것이라는 사실을 그 무렵의 그들은 몰랐던 것이다. 왜냐하면 레스리·코파아드의 이상한 능력은 오히려 세월이 지남에 따라서 더욱 날카롭게 되기 때문이다.

그러나 첫째는 소심한 성격때문에, 또 하나는 친구들로부터 '괴짜'라고 생각되고 싶지 않다는 소망이 있었기 때문에, 레스리는 자기가 지닌 이상한 ESP 능력을 상당한 정도까지 감추는데 성공을 할 수가 있었다. 하기야 자기 자신도 그 능력이 아주 미묘한 면에서 상당히 이용가치가 있다는 사실을 깨닫고 있기는 했었다.

파아티 같은 데서 '제스처 게임'이니 '스무고개'와 같은 꾀를 시험하는 게임이 행해질 때면 그녀는 사람들로부터 천재 취급을 받게 되는 일이 많았다. 그녀는 흔히 대답을 미리 알 수가 있었던 것이다. 그것도 아직 출제도 되기 전에 말이다.

학교에서도 때때로 그녀는 시험 문제를 미리 알아 내 어떤 친구들에게 몰래 알려 주기도 했다.

그런 때의 그녀의 시험성적은 정말 놀라운 바가 있었다. 다만 언제나 그런 것은 아니었다. 그런 현상이 일어나지 않을 때의 그녀의 성적은 반(班)에서 1등과는 아주 거리가 먼 것이었다.

그녀는 학교를 졸업하면 여배우가 되리라는 희망을 갖고 있었다. 그러나 최근 그녀는 필자에게 이렇게 이야기를 했다.

"저는 연기를 전혀 할 수가 없었어요."

하지만 학교에서 연극부의 귀중한 멤버 노릇을 한 것만은 확실했다. 다만 연극이 진행되는 동안 후견인으로서였지만 연극부의 친구들은 그녀의 이 역할에서의 성공에 항상 놀라워 하곤 했던 것이 사실이었다. 그리하여 그녀를 행운의 마스콧으로 보았던 것도 또한 사실이었다.

그녀는 이 역할을 할 때 전혀 말을 하지 않았다. 그녀가 한 일이란 그저 대본(臺本)을 펼쳐 무릎 위에 놓고 무대 곁에 앉아서 대사가 말해짐에 따라 대본을 눈으로 읽어 내려가는 것뿐이었다. 연기자가 망설이거나 대사나 연기를 잊었을 경우에는 그저 그녀를 한 번 쳐다보기만 하면 위기는 해소되게 마련이었다. 도대체 어떻게 해서 그렇게 되는 것인지는 아무도 몰랐다.

그들은 다만 그것을 행운이라고 하는 말로 설명하는 외에는 다른 방법이 없었다.

정확하게 병을 투시

그녀가 학교를 졸업하고 런던의 커다란 간호부 양성학교에 들어가서 간호부가 되었을 때, 그녀의 이 이상스러운 능력은 여러 가지 점에서 장점이 되어 주었다. 기숙사에서 다른 열 명 가량되는 처녀들과 생활을 함께 한다는 것은 결코 쉬운 일은 아니었다. 개인의 물건은 자주 잘못 놓여지기도 하고 분실되기도 했다.

그러나 레스리는 언제든지 분실물이 있는 곳을 알고 있는 모양이었다. 한 켤레의 구두가 없어져서 조그마한 소동이 일어나거나 하면 레스리는 태연스러운 어조로,

"루우스의 침대 밑을 보려므나."

하고 말하는 것이었다.

그녀는 또한 그때까지 한 번도 본 일이 없는 물건을 집어 들고 만져보는 것만으로서 그것이 누구의 것이라는 사실을 알아맞출 수가 있었다.

또한 항상 그녀는 복도에 와 있는 우편물들을 모두 들고 오락실로 가서 그것들을 여러 처녀들에게 나누어 주면서 한 사람 한 사람에게 그 편지가 누구에게서 왔다는 것을 알려 주곤 했는데 그녀는 이런 일을 봉투의 겉봉도 전혀 보지 않고 해치우곤 했던 것이다.

이런 투시능력이 그녀 자신에게 고통을 안겨다 준 일이 적어도 두 번은 있었다.

한 번은 간호부 기숙사에서 작은 도난 사건이 일어나곤 했는데 돈이라든가 그밖의 귀중품들이 단지 부주의한 탓으로 돌리기에는 너무도 자주 없어지고 했던 것이다. 그녀가 충격을 받은 것은 아무래도 다른 간호부들이 자기를 범인으로 주목하고 있는 게 아닌가 하는 것을 눈치 챈 때였다.

늘 잃어버린 물건이 어디 있다는 것을 알고 있는듯 했었는데 어째서 이번 사건에서는 그녀가 물건 찾는 일에 협력을 하지 않나 하고 그들은 수상하게 생각했다.

마침내 어느 간호부가 동료들에게 아마도 도둑은 레스리일 거라고 귓속말로 속삭이는 것을 엿듣게 된 데서 그녀의 입장은 더욱 곤란하게 되었다. '결국은······' 하고 그녀는 자기의 주장을 내세웠다.

"잃어버린 물건이 어디 있다는 것을 안다는 것부터 수상하거든. 그것은 자기가 물건을 감췄으니까 그런 것이 아닐까?"

도대체 그녀로서는 뭐라고 설명을 할 수 있단 말인가? 이런 생각때문에 그녀는 며칠을 괴로워 했다. 하지만 이번 사건에서 가장 문제가 된 일은 그녀를 도둑으로 몰고 비난했던 친구인 그 간호부야말로 진짜 범인이라는 것을 레스리가 알고 있었다는 것이다. 하지만 레스리는 그 아가씨의 나쁜 짓을 모두에게 폭로할 생각은 없었다.

그래서 그녀는 슬기로운 싸움으로 도전함으로써 그 아가씨가 꼼짝 못하게 하려고 했다. 다시 말해서 그 아가씨가 도둑질을 하려고 하는 것을 미리 알고 방지하려고 했다.

레스리는 그 아가씨의 도벽이 생길 때마다 그 사실을 알고 있다는 것을 눈치채게 했으므로 마침내 이 도둑 여인은 그녀를 두려워하게 되었고, 그녀에게 설명할 수 없는 능력이 있다는 것을 인정했던 것이다.

또 한가지의 경우는, 레스리가 응급병동(應急病棟)에 근무할 때 어느 외과의사가 환자에게 맹장염이라는 진단을 내렸을 때였다.

충동적으로 레스리는 그 진단을 정정(訂正)했다. 차마 잠자코 있을 수 없어서 그녀는 격한 말투로,

"그것은 맹장염이 아닙니다. 보다 중대한 질환이란 말이예요."

하고 말했던 것이다.

그녀는 그 일 때문에 꾸중을 몹시 들었으나 환자가 구급수술을 받은 뒤, 레스리는 그 외과의사로부터 이상한 눈초리를 받게 되었다. 까닭인즉 '그녀의 진단'이 옳았기 때문이었다.

이 사건 덕분으로, 이 병원에 소속하고 있던 정신병리학자들의 일단이 그녀의 그 이상한 능력을 조사하게 되었다. 자기들의 병원에 제1급의 투시능력자가 있다는 것을 발견하고, ESP의 작용에 대하여 열심히 연구하고 있던 그들은 매우 기뻐했다.

레스리는 언제든 그들의 연구가 성공하기를 기대하고 있

었다. 성공하면 그녀의 진단법을 알게 될지도 모르기 때문인 것이다. 그녀는 투시자가 되기를 바란 적은 한 번도 없고, 정상적인 생활을 보낼 것을 간절히 바라고 있기 때문이었다.

그녀는 자기의 능력에 대하여 두려운 생각을 품고 있었다. 까닭인즉 그 능력이 자기로서는 억제할 수 없었기 때문이다.

이것은 축복일까? 그녀로서는 잘 모른다……. 다만 그녀가 확실하다고 믿는 것은, 미래는 미래에게 맡기는 편이 훨씬 행복해지리라는 것이다. 언젠가 그녀는 자기의 힘으로는 어떻게도 할 수 없는 일이나 피할 수 없는 재난(災難)을 미리 알 것이다. 그 일을 그녀는 무엇보다도 확신하고 있다.

미지의 일에 대한 이 두려움이야말로 마침내는 병원에서 하는 일을 그만두게끔 그녀의 마음에 끈덕지게 작용을 한 것이었다.

이 두려움은 날로 뚜렷이 더해 가기만 했다. 드디어 그녀는 자기 자신을 죽도록 무서워 떨게 만드는 어떤 사건을 미리 알게 될 것이다.…… 바로 자기 자신의 죽음을…….

영혼의 목소리 上下

세계적인 영매능력자의 체험!
그는 왜 영혼을 부르는가?

심령연구가 차길진 / 저

이것은 실상이며, 진실이며, 정체이다.

- 영혼이란 무엇인가?
- 전생의 인연은 무엇인가?
- 사람은 왜 죽어야만 하는가?

나는 누구인가? 죽고나면 어떻게 될 것인가?
나의 생은 왜 이토록 고달프기만 할까?
전생의 업장은 어떻게 풀 것인가?
이 같은 끝없는 물음에 대한 명쾌한 해답을 제시한다.

저자와의 대화
저자와 당신의 전생 금생 내생의 인연과 운명을 이야기해 보고저 하시는 분은 책속의 우송 신청서를 작성 우송 해주십시오

- 임신 출산을 못하는 분
- 돈에 허덕이거나 사업이 부진한 분
- 취직이나 시험운이 없는 분
- 밤의 여인들이나 주변, 도벽이 있는 분
- 원인모를 병에 시달리는 분
- 역마살이 끼었다고 생각하는 분
- 인생이 꽉 막혀버려 자살직전에 있는 분
- 가문이 쇠퇴하거나 몰락한 분
- 부부간에 애정이 없거나 이혼 직전에 있는 분
- 원한을 갖고 계신 분

전국 유명서점 ＊각권 4,500원

서음출판사 ☎ (253) 5292~4
FAX (253) 5295

주님의 손

이 시대를 대변하는 성직자 55인의 엣세이!

영혼의 빛이여, 낮게 내리비치소서

한경직 외 55

주재용 / 강신명 / 박조준 / 김재준
박종순 / 한경직 / 강원용 / 이천환
이상훈 / 조용기 / 최기채 / 최규철
최내옥 / 지원상 / 장성만 / 김예환
김동익 / 김용기 / 김희보 / 이무경

서음출판사
(253) 5292~4

서음4차원신서

육체와 영혼!　　　　　　　　　죽어서 가는 곳!

심령의 세계
中岡俊哉著／安東民譯

심령의 세계는 어떤곳인가？ 언젠가는 찾아가게 되는 심령의 세계를 미리 가본다. 공포의 심령세계, 그 전부！

●값 3,800원

사후의 세계
中岡俊哉著／安東民譯

죽어서 가는 세계는 과연 어떤곳인가？ 사후세계를 보고 온 사람들이 고백하는 엄청난 이야기！ 과연 당신은 어떤문으로 들어갈 것인가？

●값 3,800원

초능력과 영능력
安東民編著

자신의 氣를 개발하여 누구나 쉽게 난치병이나 질병을 극복할 수 있는 비법서！ 당신도 초능력자나 영능력자가 될 수 있다. 베일속의 소련 초능력의 비밀 수록！ (전3권)

●값 각권 3,800원

업장소멸
安東民著

사람이 지은 죄는 어떻게 씻을수 있는가？ 그동안 수많은 독자와 대담을 통하여 밝혀지는 당신의 전생·내생에 따른 업보！ (전4권)

●값 각권 3,800원

이 땅에도 소련과 같은 수용소군도가 있었던 사실을 당신은 아십니까? 그것이 바로 악명높았던 국토건설단과 삼청교육대, 반체제 인사들을 강제 연행, 차마 인간으로서는 상상조차 할 수 없는 고통과 공포의 도가니 속으로 몰아넣었던 인간도살장이다!

이것이 바로 정치군인들에 의해 판매 금지 당했던 문제의 그 소설이다!

한국판 수용소군도, 그 기막힌 이야기들

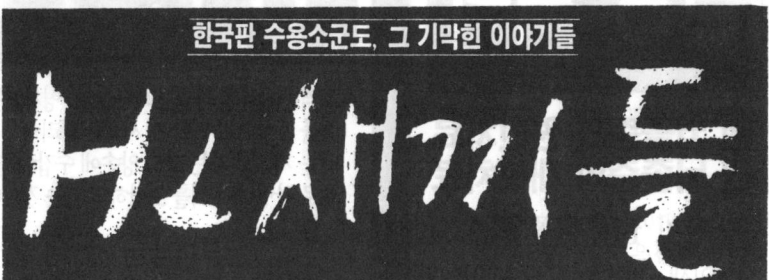
개새끼들

상 하 우리는 그들을 어떻게 심판할 것인가? 정을병 장편현장소설
한 시대의 증언자, 정을병 문학의 대표작

총검으로 자신의 부패를 가리며 국민들을 치밀하게 이용했던 박정희 정권 18년 5개월, 재임 8년 3개월 동안 민중에 대한 대량학살과 반체제 인사들에 대한 대규모 투옥, 안정속의 개혁이라는 간판 밑에 공포속의 침묵만을 강요했던 5공 정권── 그 암울했던 극한 상황속에서 그들의 하수인들에 의해 자유가 어떻게 유린되는가를 5인의 솔제니친 중 한명이었던 저항작가 정을병에 의해 비로소 파헤쳐진 한국판 수용소군도, 그 실체!

이 작품〈개새끼들〉은 '개새끼'로서 취급을 받아도 좋을 사람을 욕하기 위해서 쓰여진 작품이다. 우리 사회에는 언제부터인가 '개새끼' 같은 더러운짓만을 골라 하는 속물적 인간들이 너무나 많다. 그들에게는 어떤 체면이나 국가의식 같은 것은 전혀 찾아볼 수 없으며, 다만 철저하게 무장된 몰염치한 근성만을 발견할 수 있을 따름이다. 단군 이래 최대의 도둑들이 국민에게 남긴 선물이란… 그야말로 불쾌감 밖에 아무것도 없다. 각하 아저씨들── 그러는 게 아니예요.

全國베스트셀러 1位 突破!

전국유명서점 공급중 ●값 5,000원

서음출판사 253-5292~4 FAX 253-5295